我国国有企业促进经济绿色发展机制与路径研究

RESEARCH ON THE MECHANISM AND PATH FOR
PROMOTING GREEN ECONOMIC DEVELOPMENT OF
STATE-OWNED ENTERPRISES IN CHINA

王金胜 著

人民出版社

目 录

前　言 1

绪　论 1
  第一节　研究背景 2
  第二节　现有学术史梳理和研究现状 7
  第三节　研究内容 26

第一章　国有企业生态责任的理论研究 31
  第一节　生态责任理论 31
  第二节　国有企业的生态责任 44

第二章　国有企业促进经济绿色发展的动力机制研究 75
  第一节　国有企业的决策理论 75
  第二节　国有企业促进经济绿色发展的动力机制 93

第三章　国有企业促进经济绿色发展的传导机制 100
  第一节　国有企业产品竞争力与经济绿色发展 100
  第二节　国有企业品牌影响力与经济绿色发展 114
  第三节　国有企业技术外溢力与经济绿色发展 122

第四节　国有企业社会引领力与经济绿色发展.................................132

第四章　国有企业促进经济绿色发展绩效的实证分析....................143

　　第一节　国有企业促进经济绿色发展的案例分析.................................143

　　第二节　国有企业促进经济绿色发展的实证分析.................................158

第五章　国有企业促进绿色经济发展的制约因素及原因分析........179

　　第一节　国有企业外部因素.................................180

　　第二节　国有企业内部因素.................................190

第六章　国有企业促进经济绿色发展的优化路径............................204

　　第一节　完善绿色制度供给.................................204

　　第二节　优化国有经济产业布局.................................211

　　第三节　加大国有企业绿色技术研发.................................214

　　第四节　深化国有资产监管体制改革.................................217

参考文献.................................225

前　言

大自然是人类赖以生存发展的基本条件。在人类发展进程中，大自然是哺育人类成长的"母亲"，它不仅给我们提供了山川草木、虫鱼鸟兽、大气河流，也通过不断地提供各种资源能源，使人类能够创造出越来越多的物质财富、精神产品，帮助人类不断获得解放自由。大自然从不背离它热爱的人，但也不会对破坏它的人一味地忍让，必然会进行严厉的报复。20世纪30年代至60年代，世界八大环境公害的出现，使人们深刻认识到自然报复的烈度，大大加深了尊重自然、顺应自然、保护自然必要性的认识。此后，世界范围内生态环境保护主义运动逐渐兴起，世界开始进入了"环保时代"。

人类只有一个地球，人与自然是一个生命共同体，生态环境没有替代品，用之不觉，失之难存。因此，我们必须像保护眼睛一样保护生态环境，像对待生命一样对待生态环境，坚定推动人与自然和谐共生。推动人与自然实现和谐共生，需要正确处理好发展和保护的关系，在发展中保护，在保护中发展，推动形成绿色发展方式和生活方式，表现为经济发展的绿色转型。

国有企业是一种古老的企业形式，也是一种世界各国普遍存在的经济现象，但在不同国家和制度下，其地位和作用存在明显差异。我国是社会主义国家，国有企业是中国特色社会主义的重要物质基础和政治基础，是我们党执政兴国的重要支柱和依靠力量。新中国成立以来特别是改革开放以来，国有企业发展取得巨大成就。我国国有企业为我国经济社会发展、科技进步、国防建设、民生改善作出了历史性贡献，功勋卓著，功不可没。改革开放以来，我国国有企业改革也不断深化，国有资产管理体制改革不断完善，国有企业从过去高度集中统一的计划经济体制下的"政府附属物",转变为自主经营、自负盈亏的市场主体,成为社会主义市场经济的重要企业组织形式和微观主体。

生态经济理论非常关注对经济绿色发展理论的微观基础的研究,因为正是一个个个人或企业组织这样的微观市场主体的决策行为构成了纷繁复杂的经济现象。西方国家虽然也存在很多国有企业,但其功能定位主要是弥补市场失灵,提供公共物品,并不处于经济活动的主体地位,因此,西方的生态经济理论对于国有企业如何在经济绿色发展中发挥作用的研究相对较少。

在我国社会主义市场经济中,国有企业是重要的微观市场主体。2015年,在党的十八届五中全会上,习近平总书记提出了创新、协调、绿色、开放、共享的新发展理念,绿色成为我国经济高质量发展的鲜明底色和普遍形态。绿色发展是发展观的深刻变革,推动经济绿色发展成为我国推动经济转型的重要方向。在这一过程中,如何发挥好国有企业的作用,推动我国经济绿色发展进程,具有重要的理论意义和现实意义。

本书立足于我国现实,从世界经济绿色转型的大背景与我国经济绿色发展的现实需要出发,突出国有企业这一微观主体视角,以我国国有企业促进经济绿色发展的动力机制、传导机制作为研究重点,并运用实证分析和比较分析方法,探讨我国国有企业促进经济绿色发展的制约因素,并提出了相关的对策建议。本书的主要内容包括:

第一部分主要是对研究背景、学术史梳理及研究现状、研究主要内容简介等。

第二部分主要介绍国有企业生态责任的相关理论分析。本部分从马克思的企业理论、新制度经济学的企业理论及生态文明理念出发,借鉴生态马克思主义、企业社会责任理论等成果,研究国有企业的生态责任,建立国有企业促进经济绿色发展的逻辑基础。

第三部分主要分析国有企业促进经济绿色发展的动力机制。本部分结合我国国有企业的案例分析,通过理论与实证研究相结合等来分析国有企业高管人员进行绿色决策、履行生态责任、促进经济绿色发展的内在诱因。

第四部分主要分析国有企业促进经济绿色发展的传导机制。本部分主要从产品竞争力、品牌价值力、技术外溢力、社会引领力四个维度来分析研究国有企业绿色决策转化为促进经济绿色发展绩效的传导机制。

第五部分主要对国有企业促进经济绿色发展绩效的实证分析。本部分主要通过案例分析和数量分析两种方法对国有企业促进经济绿色发展的绩效进行分析研究，在案例分析方面，分别从中央管理国有企业、地方（省级）管理国有企业及区域（省域）三个维度来分析国有企业推动经济绿色发展的案例。在实证分析方面，主要从产品竞争力、品牌价值力、技术外溢力、社会引领力四个维度来分析国有企业对企业自身发展与区域经济绿色发展的影响。

第六部分主要对国有企业促进经济绿色发展的制约因素及原因分析。本部分在前文理论分析和实证分析的基础上，主要从国有企业内部因素和外部因素两个视角，从国有企业产权结构、行业布局、公司治理、技术约束、激励约束、意识培育等方面进行了研究。

第七部分主要对国有企业促进经济绿色发展的路径进行分析。本部分主要从完善绿色制度供给、优化国有经济产业布局、加大国有企业绿色技术研发、深化国有资产监管体制改革等方面进行了研究。

本书是在我主持的国家社科基金课题"国有企业促进经济绿色发展的机制与路径研究"（课题批准号：16BJL045）结项报告的基础上经过修改完成的。在研究报告撰写和本书的修改过程中，许多师长朋友给予了很多帮助和支持，包括中共山东省委党校（山东行政学院）二级教授、经济学部原主任杨珍教授，中共山东省委党校（山东行政学院）研究生院院长丁兆庆教授，中共山东省委党校（山东行政学院）经济学教研部徐加明教授、韩振普教授，山东省国资委张娜同志，包商银行胡宏海博士，南开大学博士研究生王枫同学，山东司法警察干部学院张咪老师，以及山东国赢国企混改研究院王雪原同志等，在此一并表示感谢。在本书出版过程中，也受到了中共山东省委党校（山东行政学院）重大项目攻关创新科研课题的资助。

  由于本人知识能力所限，书中遗漏不足之处在所难免，欢迎学界同仁多批评指正。

王金胜

2022 年 12 月 27 日

绪　论

国有企业作为一种普遍存在的经济现象，在世界各国经济发展中都发挥着重要作用。对这种作用的不同理解，决定了各国国有企业在本国经济发展中地位和作用的差异性。我国作为社会主义国家，国有企业曾被誉为"共和国的长子"，无论是独立工业体系的建立，还是"大国重器"的研发，抑或是推动经济快速增长、从农业国向工业国转变等，国有企业都发挥着重要作用。改革开放以来，我国经济发生着重要变化，社会主义计划经济转向社会主义市场经济，社会主义的制度属性与市场经济的体制优势在中华大地上实现有机结合，焕发出蓬勃的生机和活力，推动中国经济创造出连续40年保持年均9.5%左右的经济高增长"奇迹"，这一过程中，国有企业的作用也功不可没。

经济发展是多种要素协作的结果，经济发展的影响也是多维的，既包括更多物质财富的创造，以更好地满足民众生存和发展的需要，提高社会的文明程度，但在一段时间内也导致资源枯竭、环境污染、生态破坏，最终使人类因为经济发展导致的实际福祉大打折扣，任其发展，甚至会因生态系统破坏导致作为人类生存载体的地球出现灭亡，最终也使人类毫无立锥之地，没有生存空间，也就意味着人类的灭亡。虽然有科幻作家曾设想在地球毁灭以后，人类可以凭借着未来科技进行星际移民，但现实中这种机会可能非常渺茫，在发展中保护，在保护中发展可能是人类保护地球，也是保护自己的唯一途径。因此，保护生态环境，推动绿色发展转型就成为一种必然的选择。世界是如此，有责任担当的大国亦是如此。

我国是世界经济大国、人口大国，虽然许多重要资源总量位居前列，但从人均量来看却是人均资源小国，环境承载能力也基本或已经达到上限。虽然过去的几十年中，我国在保持经济快速增长的过程中，并没有出现发达国家曾出现的"环境公害事件"，但不断出现的沙尘暴和雾霾、黑臭的水体、下降的地下水位、重金属等超标的土壤，等等，都在提醒着我国必须坚持人与自然和谐共生，走生态优先、绿色发展道路，推动经济绿色发展转型。

经济发展是各类市场经济组织生产经营行为的综合结果。西方资本主义国家建立在私有制企业组织基础上的经济转型中，虽然也达到了生态环境状况总体改善的效果，但经济发展速度衰减、污染产业向发展中国家转嫁、"先污染后治理"的治理模式等问题使其效果大打折扣。显然，我国决不能走西方的模式，必须开创出中国经济绿色发展转型的新道路。在这一过程中，作为我国中国特色社会主义重要物质基础和政治基础、我们党执政兴国的重要支柱和依靠力量的国有企业，如何顺应这一新趋势、新要求，如何构建推动引领经济绿色发展转型的机制，如何探索创新实现路径，需要进行理论阐释和实践探索。而本研究将围绕这一主题而展开。

第一节　研究背景

第二次世界大战后，随着世界经济的快速发展，能源短缺、水土流失、空气污染、气候变暖、生物多样性减少等各种资源环境问题日益凸显，引发了关于人的前途和命运的思考，特别是关于人与自然关系的思考。蕾切尔·卡逊、罗马俱乐部、肯尼斯·鲍尔丁、赫尔曼·戴利、大卫·皮尔斯……众多学者都开始反思传统的经济发展模式，提出人类要实现可持续发展，应该关注生态环境保护，努力实现人与自然关系的和谐共处。众多学者的理性反思以及现实发展中出现的众多环境问题，特别是在西方发达国家出现的"八大环境公害"现象，极大地引发了民众对生态环境保护的重视，促进了民众生态意识的觉醒，以及对于经济发展模式的关注。

绪 论

在探索人与自然和谐共生的实现形式过程中，西方学者提出了众多的思想理论，既有乐观主义者，也有悲观主义者，还有中性论者。乐观主义者以朱利安·西蒙等为代表，该理论认为人类的理性以及市场"看不见的手"的作用，能够自然而然地解决各类发展中的问题，包括人与自然关系视角的资源短缺、环境污染、生态破坏等问题，并不用特别地去关注这类问题。悲观主义者以罗马俱乐部等为代表，该理论认为人类生存于地球这一生态空间中，人类只有一个地球，对生态环境的保护是避免人类走向灭亡的必然要求，必须改变传统的经济发展模式，甚至应该牺牲经济发展来保护生态环境，因为这直接关系到人类发展的未来前景，甚至人类的存亡。中性论者以科尼什等为代表，该理论认为，虽然人类发展中面临着人口剧增、资源枯竭、环境污染等问题，但一方面，市场机制具有刺激人们解决资源短缺的力量，因此，经济增长可以继续下去，人类的生活水平会继续提高；另一方面，从总量来看，地球上存在的自然资源与人类的消费量相比还是非常丰富的，现实中之所以会出现资源短缺、环境污染等问题，是因为经济发展面临技术和市场的限制。

尽管理论界存在一些分歧，但随着生态环境问题越来越凸显，推动经济发展绿色转型，在发展中协调好经济增长与生态环境保护的关系，努力实现可持续发展，越来越成为世界共识。在西方主流的经济理论中，经济增长的微观基础是厂商（企业），虽然现有的经济学教材很少有明确指出这种厂商是私有制企业，但从西方主流经济学的人性假设和论证逻辑来看，暗含着这类厂商就是私有制企业。也有西方马克思主义学者指出，建立在私有制基础上的市场经济必然导致资源环境问题的出现，因为私有制条件下资本对利润的追逐，使得厂商（企业）会努力实现自身成本的外部化，即：努力使厂商（企业）的私人成本小于其经济行为的社会成本。国有企业作为一种世界普遍存在的经济形式，虽然在西方发达国家中也有数量不一的国有企业存在，但其处于经济的补充地位，以弥补市场失灵为主要目标，而国有企业在经济绿色发展中能否发挥作用、如何发挥作用等相关研究比较缺乏。

新中国成立后，我国一直重视生态环境保护。如毛泽东多次强调要把淮河治理好、要植树造林、治理沙漠等。1972年世界环境会议召开的时候，我国就派出代表团参会，并于1973年召开了我国第一次生态环境保护会议，对我国环境保护工作进行了安排部署。改革开放后，我国对生态文明建设越来越重视，出台了《中华人民共和国环境保护法》等法律法规，成立了国家环境保护总局（后来相继改组为环境保护部、生态环境部）等机构，把保护环境上升为基本国策，等等。这些措施有力地推动了我国生态环境保护。但客观来看，由于当时我国经济发展水平比较落后、管理比较粗放、技术水平不高，要实现经济赶超，要解决中国人民的吃饭穿衣等生存问题，就必须把经济增长作为首要任务，因此，邓小平提出"发展是硬道理"，并成为我国改革开放后的流行语。在经济发展成为首要目标任务后，我国经济表现出高速增长态势，但这种增长很大程度上是依靠拼资源、拼投入、拼环境等为代价换来的，是高污染、高排放、高投入、低效益的粗放的经济发展模式。这种发展模式对生态环境保护的效果不太理想，出现了"说起来重要、干起来次要、忙起来不要"的情况，经济快速发展的同时，资源环境的压力也日益严峻，特别是2012年党的十八大以前，我国生态环境的状况是"总体恶化，局部改善"。当然，这种粗放发展模式的形成，我们不应苛责，因为当时社会的主要矛盾是人民群众日益增长的物质文化生活需要同落后的社会生产力之间的矛盾，填饱肚子解决温饱问题成为全国人民的共同期盼和根本福祉。正如马克思曾经指出的，"忧心忡忡的穷人甚至对最美丽的景色都没有什么感觉"[①]。因此，在生产力水平比较低的时候，人民群众在面临"生态"和"生存"的时候，往往选择"生存"，在面临"环保"和"温饱"的时候，人们往往选择"温饱"。在这样的共识下，我们才形成了粗放的发展方式。但随着生产力的发展，在2000年我国就实现了总体小康，2005年提出到2020年全面建成小康社会。伴随着我国小康进程的不断发展，我国的

---

① 《马克思恩格斯全集》第42卷，人民出版社1974年版，第126页。

经济规模、财富创造能力、人民生活水平、社会进步状况等都发生了重要变化，我国社会的主要矛盾也在发生着变化。因此，2017年党的十九大报告中作出重要判断，我国社会主要矛盾转变为人民日益增长的美好生活需要和不平衡不充分的发展之间的矛盾。社会主要矛盾的变化，意味着人民群众对生态环境的关注越来越大、期待越来越高。社会主要矛盾的变化是一个从量变到质变的渐进过程。早在2002年，习近平同志在担任福建省省长时就生动地指出，"如果经济增长了，人们手中的钱多了，但呼吸的空气是不新鲜的、喝的水是不干净的，健康状况不断下降，那样的经济增长并不是人民群众所希望的。"[①]2014年，在中央经济工作会议上，习近平总书记又指出："从资源环境约束看，过去能源资源和生态环境空间相对较大，现在环境承载能力已经达到或接近上限，必须顺应人民群众对良好生态环境的期待，推动形成绿色低碳循环发展新方式。"[②] 为了推动经济发展模式的转型，从高速增长阶段转向高质量发展阶段，2015年，在党的十八届五中全会上，习近平总书记提出创新、协调、绿色、开放、共享的新发展理念。2017年12月召开的中央经济工作会议明确指出：党的十八大以来的五年，我们党观大势、谋全局、干实事，成功驾驭了经济发展中的一系列风险和挑战，在实践中形成了"以新发展理念为主要内容的习近平新时代中国特色社会主义经济思想"。绿色发展成为我国经济发展的重要理念，也是我国经济高质量发展的重要内容。经济发展是建立在市场微观主体经济行为决策基础上的，我国经济绿色发展必然建立在微观市场主体的绿色转型基础之上。从市场微观主体来看，我国存在着国有企业、民营企业、外资企业、股份公司、有限公司、集体企业、混合所有制企业等不同类型市场主体，我们需要研究不同市场主体在经济绿色发展过程中的决策行为和特点，为政策制定提供参考。

我国是一个文明古国，在中华优秀传统文化滋养下，我国经济规模曾

[①] 本书编写组：《闽山闽水物华新——习近平福建足迹（下）》，人民出版社、福建人民出版社2022年版，第628页。

[②] 《中央经济工作会议在北京举行　习近平李克强重要讲话》，《人民日报》2012年12月12日。

经长期位居世界前列,甚至世界第一位。根据著名经济学家麦迪森的研究,在1820年,我国的经济规模约占全球经济总量的32.9%,居世界第一位[①]。但近代以来,我国发展落后了。到1949年新中国成立的时候,国民经济已经到了崩溃的边缘,我们在一穷二白的基础上开始了经济建设。依靠解放前形成的一部分解放区的公办企业、三大改造过程中没收的官僚资本、发展过程中建立的国有企业等,新中国成立后,我国逐步建立了以国有企业为主体的经济体制,这种体制为我国建立独立的工业体系和完整的国民经济体系奠定了基础。改革开放以来我国经济体制从计划经济逐步转向了社会主义市场经济,在所有制结构上形成了以公有制为主体,多种所有制经济共同发展的基本经济制度,在这一基本经济制度优势下,各种生产要素的积极性和优势都得到了发挥,使我国保持了40多年年均9.5%的GDP增速,被称为世界经济增长的"中国奇迹"。虽然在改革开放过程中,始终伴随着国有企业改革的争论,有"国进民退"或"国退民进"的争议,在我国经济发展中国有企业数量在减少,在产业布局上有进有退,公有制的实现也有多种形式,但国有企业仍然是我国社会主义的重要物质基础和政治基础,在社会主义市场经济体制中具有特殊的作用,也成为我国中国特色社会主义经济显著优势的重要内容。在中国特色社会主义进入新时代,我国形成了经济、政治、社会、文化、生态文明建设"五位一体"的中国特色社会主义事业总体布局,同时,党的十八大报告指出,"把生态文明建设放在突出地位,融入经济建设、政治建设、文化建设、社会建设各方面和全过程"[②]。在这背景下,在建设人与自然和谐共生的现代化进程中,国有企业如何发挥自身的优势,推动生态文明建设,推进经济绿色转型成为重要的理论问题和现实问题。

[①] [英]安格斯·麦迪森:《世界经济千年史》,伍晓鹰等译,北京大学出版社2003年版,第261页。
[②] 中共中央文献研究室编:《十八大以来重要文献选编》上,中央文献出版社2014年版,第46页。

第二节　现有学术史梳理和研究现状

虽然国有企业是一种古老的企业组织形式,但在不同的社会制度下其地位、作用和决策行为模式都具有重大的区别,特别是对于我国社会主义市场经济体制,国有企业如何在经济绿色发展这样一种经济发展新业态新潮流中发挥作用,是理论界关心的重要问题。

一、经济绿色发展理论的演进

经济发展是经济学研究的永恒主题,也是各国始终追寻的现实目标。如何推动经济发展,也即富国裕民之术是什么,这个问题曾经困扰着世界众多的学者。从经济学说史来看,古希腊学者色诺芬在《经济论》中提出经济的概念,仅仅是用来指代"家庭管理",也就是如何使作为奴隶主的家庭发财致富的学问。由此可见,最初的经济学理论是一种微观研究,研究家庭个体的经济行为。1615年,法国学者蒙克莱田在《献给国王和王太后的政治经济学》小册子中提出了"政治经济学"的概念,使经济学的研究重点从微观个体的家庭"致富之学"上升为宏观整体的国家的"富国裕民之学"。随着资本主义的发展,特别是商业资本的发展,把金银作为财富、把多卖少买作为富国裕民之术的"重商主义"学者也研究如何推动财富创造,即经济发展。到亚当·斯密的时代,产业资本已经取代商业资本成为社会主导的经济形态,经济学研究的经济发展也从强调流通领域的"多卖少买"转变为强调生产过程的物质财富创造,从强调商业资本作用转向强调产业资本作用。这种财富创造能力历史地表现为资本主义生产方式,伴随着工业革命的出现而迅速膨胀。资本主义生产方式的出现,极大地推动了生产力发展,实现了财富的快速增长,正如马克思指出的:"资产阶级在它的不到一百年的阶级统治中所创造的生产力,比过去一切时代创造的全部生产力还要多,还要大。"[1]

---

[1] 马克思、恩格斯:《共产党宣言》,人民出版社1997年版,第32页。

这深刻反映了资本主义生产方式对经济发展的推动作用。

资本主义生产方式，是伴随着工业文明对传统农耕文明的替代而出现的，是工业化生产方式取代传统农耕生产方式的经济形式。工业化生产方式极大地拓展了人对土地、机器设备、原材料等生产资料开发利用的边界，增强了人的劳动能力、提高了人的劳动强度，虽然这确实提高了单位投入上的产出水平，也即提高了资源利用效率，表现为经济增长的加快，但同时，经济增长是伴随着人们对资源利用的广度与深度拓展而出现的，从而引发了经济发展与资源环境保护的矛盾，也就是人与自然的矛盾。由此，经济学出现了两条不同的道路：一条道路是主流经济学的发展范式，主流经济学的发展理论以 GDP 作为衡量经济增长的标准，把自然环境看作既定的外生物，可以取之不尽用之不竭，因此，假设资源环境的供给是不变的，人的经济行为既不用考虑各种自然资源的宏观可获得性，也不用考虑经济增长导致的废弃物对生态环境，进而对人自身福祉的影响，而只需要考虑如何在资本、劳动和技术要素之间进行配置来推动经济增长。这种经济理论从实践来看，容易形成"GDP 崇拜"，出现"有增长无发展"的局面，造成人口爆炸、资源短缺、环境污染、生态损害、农业衰败、两极分化等许多经济社会问题，因此，主流的经济增长理论看不到资源环境和生态变化对经济增长有没有影响、如何影响，以及如何趋利避害。另外一条道路是以可持续发展为研究对象的新发展理论，研究如何通过控制人口、经济转型、保护资源、环境污染治理、生态保护等发展模式转型，增加人的福祉，实现人与自然的和谐，提高发展的可持续性。

尽管从历史来看，人与自然的关系是人类社会出现以来一直面临并需要处理好的关系。但在原始文明形态下，生产力水平十分落后，虽然可能在某些区域或地方人对自然形成了一定的破坏能力，但相对于整个地球或自然界自身的生态承载潜力来说，人类的这种破坏能力对自然生态的持续性难以形成影响。到农耕文明形态，虽然人对自然规律的认识在不断增加，生产力在不断发展，但总体上人类仍然比较弱小，人对自然是一种依附性利用的关系,如农耕文明人们的生活状态是"日出而作、日落而息",是"土里刨食"的生活,这种生活状态对自然环境会有一定的影响,但仍然不会带来质的破坏。但工业文明的出现,极大地改变了人与自然的关系,特别是在资本主义制度下,人对财富的无穷尽的追逐,正如马克思指出的整个社会面临着"货币拜物教","资本害怕没有利润或利润太少,就像自然界害怕真空一样。"[①]而一旦有足够的利润刺激,就可能出现近似疯狂的举动,马克思在《资本论》中引用英国学者托·约·邓宁在《工联与罢工》一文的话说:"一旦有适当的利润,资本就胆大起来。如果有 10% 的利润,它就保证到处被使用;有 20% 的利润,它就活跃起来;有 50% 的利润,它就铤而走险;为了 100%的利润,它就敢践踏一切人间法律;有 300% 的利润,它就敢犯任何罪行,甚至冒绞首的危险。"[②]资本主义对利润的追逐与工业化生产方式结合起来,在创造了巨大的财富的同时,也对资源环境和生态带来了影响,开始出现了一些环境问题。虽然很难确定自然资源保护运动从何时开始出现,但理论界往往把英国古典经济学家、被称为"人口学之父"的马尔萨斯视为"第一位有意识保护自然资源的著名人士"[③]。但是客观来说,马尔萨斯关心的并不是自然资源,他当时也没有提出"自然资源"的概念,而是主要研究人口增长与粮食供给的关系问题,他从两个公理出发,即:(1)食物是人类生存所必需的物品;(2)两性间的情欲是必然的,由于人类不变的情欲导致人口增长比较快,而生活资料增长相对比较慢,赶不上人口增长的速度,因为人口按几何级数增长,生活资料按算术级数增长,因此,要想使人口增长与生活资料增长相平衡,需要有一种强大的力量来阻止人口增长,这种阻止的力量就是贫穷和罪恶,具体表现为两种抑制:一是通过克制结婚,让没有抚养子女能力的人不结婚等措施来降低人口出生率,这被称为道德的抑制,也叫作预

---

① 《资本论》第 1 卷,人民出版社 2004 年版,第 871 页。
② 《资本论》第 1 卷,人民出版社 2004 年版,第 871 页。
③ [英]克拉普:《工业革命以来的英国环境史》,王黎译,中国环境科学出版社 2011 年版,第 1 页。

防抑制。二是减少社会保障和社会福利，让人们从事不卫生的职业、参加剧烈运动、经历严寒酷暑、疾病传染病、战争、饥荒等来提高人口死亡率，也被称为积极的抑制。尽管马尔萨斯的研究主要是协调人口与生活资料的矛盾，但反映出人口的增长从而经济活动会引发自然生态环境的影响，并进而影响人的福祉和经济发展。

以美国为例，作为美洲大陆新建立的后发国家，美国在经历了独立战争和南北战争实现了国家独立、政治稳定、市场统一后，经济取得了快速发展，如1850年到1900年，美国人口增长了3倍，但制造业的产值却增长了11倍。伴随着经济的快速发展，特别是制造业的增长主要是规模和数量扩张型为主，工业发展也以大量消耗原材料和能源为代价，因此，当时美国也出现了各种资源环境问题。有研究指出，美国在拓殖之初是一个森林资源非常丰富的国家，当时森林有8.2亿英亩，加上灌木林达到10亿英亩，但到20世纪初，美国的原始森林面积已经下降到不足2亿英亩，以至于当时美国资源保护主义者吉福德·平肖在其1910年发表的《为保护自然资源而战》中预测，按照当时的开发速度，美国的木材不够30年之用，无烟煤仅够50年之用。[①] 对于如何看待和解决经济发展与环境保护的矛盾，美国出现了以吉福德·平肖为代表的资源保护主义与以亨利·梭罗和约翰·缪尔为代表的自然保护主义思想。前者基于经济至上的功利主义思想和科学管理、明智利用的理性主义思想来分析可持续发展问题，认为当代人有权利开发和利用自然，这是首要原则，在此基础上再坚持避免浪费和为多数人的利益而开发和保护自然。后者基于自然是有生命和人格的生命体假设，认为人仅仅是自然的一个有机组成部分，人与其他生物具有平等的生存权利，因此，应该建立自然公园等载体以保护自然。虽然资源保护主义和自然保护主义之间都强调要保护自然，但前者强调保护是为了更好的利用，而后者则更强调自然本身给人带来的美感等福利，前者具有功利主义色彩，而后者则纯粹是为主观审

---

① 滕海键：《美国历史上的资源与荒野保护运动》，《历史研究（高校版）》2007年第8期。

绪 论

美或精神美感而保护。①

尽管资源保护主义与自然保护主义等理论在具体观点上存在分歧，但都强调环境保护的重要性，代表着一种环境保护主义的思潮。总体来看，这些思潮仍然相对比较抽象和宏观，既缺乏系统的理论实证，也缺乏丰富的实践映照，更多是一种理性的反思和设想，是一种应然性的思考。而第二次世界大战后，随着世界范围内各种资源环境和生态问题不断出现，在出现快速经济增长的同时，各类环境问题也纷纷出现，特别是在发达国家集中出现，引发世界的关注，才开始进入了普通民众的生态觉醒阶段。因此，现代意义上的环境保护主义是从第二次世界大战后开始出现的，更具体地说是从20世纪60年代开始的。其中1962年美国海洋生态学家蕾切尔·卡森（Rachel Carson）发表的《寂静的春天》起到了先驱的作用，该著作也被认为是现代环境保护主义产生的标志。② 在《寂静的春天》这部著作中，蕾切尔·卡森详细考察了美国农业、商业为追逐利润而大量使用农药的事实，并重点分析了DDT的滥用情况，通过大量阅读资料和实地考察，发现大量农药的使用不仅杀死了害虫，而且也杀死了有益的昆虫，破坏了生态链，如果不改变的话，未来的某年春天可能就是"寂静的春天"。该书的出版在美国和世界上都引发了广泛的关注，连续31周成为美国最畅销的书籍，销售量达到50万册，后来在世界上15个国家出版，有人说"只要春天还听得到鸟叫，我们就应该感谢她——蕾切尔·卡森"，③ 美国前副总统戈尔说："因为蕾切尔·卡森这一里程碑式的著作无可辩驳地证明了思想的力量要远远强于政治家的力量。1962年该书首次出版之时，公共政策的词汇表中甚至没有'环境'这个词。"④ 卡森的著作极大地激发了世界众多领域的科学家、理论家对生态环

---

① 滕海键：《美国历史上的资源与荒野保护运动》，《历史研究（高校版）》2007年第8期。
② 刘二艳：《美国环境史的源起》，《重庆工商大学学报》2010年第4期。
③ 尹传红：《卡森：让春天不再寂静》，转引自[美]蕾切尔·卡森著：《寂静的春天》，庞洋译，台海出版社2014年版，前言第1页。
④ [美]阿尔·戈尔：《寂静的春天（序）》，转引自[美]蕾切尔·卡森著：《寂静的春天》，庞洋译，台海出版社2014年版，前言第17页。

境保护的关注,也引发了生态环境保护研究的浪潮。

1968年4月,一些关心世界未来发展和人类命运的科学家、教育家、经济学家、人类学家、实业家组成了一个松散的非正式学术团体,被称为"罗马俱乐部",该俱乐部于1972年发表了第一个研究报告——《增长的极限》。该报告是在西方世界陶醉于高增长高消费的经济增长"黄金时代"的末期发表的,指出了人口问题、工业化资金问题、粮食问题、不可再生的资源问题、环境污染问题(生态平衡问题)等,[1]成为环境悲观主义的代表作。除了环境影响外,著名经济学家罗伯特·海尔布罗纳(Robert Heilbroner)在1974年发表的《对人类前途的追问》中,还反思了人类经济行为对生物圈带来的影响,但他也指出,经济不增长时可能会引发政治灾难。[2]

与罗马俱乐部等对未来经济发展的悲观判断不同,被认为是乐观派重要代表人物的经济学家朱利安·西蒙在其1981年发表的《最后的资源》一书的"序言"中指出,尽管存在资源的紧缺,但到目前为止,自然资源的短缺状况一直在趋向缓和。污染当然也是个问题,但平均说来,我们现在生活的环境与过去几个世纪相比,是更干净更卫生了。每增加一个人口,是增加抚养的负担,但同时也是一种有利因素,因为事实上新增加的人口的生产大于消费,对于资源也是如此。[3] 乐观主义者之所以对未来充满信心,基本逻辑是相信市场"看不见的手"的作用,认为市场会对各种资源进行有效配置,即使是对不可再生资源、外部性问题、生态问题,市场也能够找到诸如鼓励创新、资源资本化、价格调节、产权保护等足够的方式来调节。正如著名经济学家保罗·罗默指出的:"每一代人都觉得,要是发现不了新食谱、提不出新想法,有限的资源和不良的副作用就会为发展设下限制。可每一代人也

---

[1] 罗马俱乐部:《增长的极限》,李宝恒译,四川人民出版社1983年版,译序第1—5页。
[2] 参见[美]赫尔曼·戴利、小约翰·柯布:《21世纪生态经济学》,王俊、韩冬筠译,中央编译出版社2015年版,第2页。
[3] [美]朱利安·林肯·西蒙:《没有极限的增长》,黄江南、朱嘉明编译,四川人民出版社1985年版,"原著序言"第1—4页。

都低估了找到新食谱、提出新想法的潜力。我们从来无法弄清,到底还有多少新的想法有待发现。"①因此,人类没有必要像悲观主义者那样对未来,特别是对经济增长产生恐惧。要避免悲观主义的命运,需要整体性考虑经济发展与资源生态环境保护的关系,探寻一条经济发展与资源生态环境保护协调发展、和谐共生的绿色发展道路。

绿色是一种生命色,往往意味着活力、生机、健康、安全等,而绿色发展也被用来形容人与自然和谐共生的一种可持续的发展模式。从强调人与自然和谐共生的经济理论演进来看,尽管不同的学者提出了不同的理论,有不同的假设前提、价值观、研究方法和政策主张,但从广义的角度来看,可以用绿色发展理论来统指主张人与自然和谐共生、互利共赢的经济理论。如我国著名学者诸大建2001年在其主编的"绿色发展前沿译丛"的"总序"中,分析了第二次世界大战后绿色发展思想的脉络,指出环境与发展分列的"浅绿色"环境观念是20世纪60—70年代第一次环境运动的基调。而对环境与发展进行整体性思考的"深绿色"环境观念则构成90年代以来第二次环境运动的基调。②实际上就是用绿色发展理论来统称关于环境与经济发展关系的各种理论。具体来说,经济绿色发展理论包含诸如生态经济思想、循环经济思想、低碳经济思想、绿色经济思想、永续发展思想、可持续发展思想等各种理论流派。

生态经济的概念是美国学者鲍尔丁于1966年提出来的,其在《一门科学——生态经济学》的论文中首次正式提出了"生态经济学"的概念。③根据我国著名经济学家许涤新的研究,生态经济是一个系统,是生态系统和经济系统相结合的有机整体。④生态经济本质上是按照生态学原理来改造传统

---

① 转引自[美]马特·里德利:《理性乐观派:一部人类经济进步史》,闾佳译,机械工业出版社2011年版,第261页。
② [美]巴里·康芒纳:《与地球和平共处》,王喜六、王文江、陈兰芳译,上海译文出版社2002年版,第1页。
③ 许涤新:《生态经济学》,浙江人民出版社1987年版,第40页。
④ 许涤新:《生态经济学》,浙江人民出版社1987年版,第3页。

经济发展模式的新型经济形式。而"生态学"这一概念是 1858 年美国作家梭罗（H. D. Thoreau）首次提出的，但对生态学概念进行清晰界定的则是德国科学家恩斯特·黑克尔（Ernst Haeckel），他提出生态学是"动植物之间以及其生存的所有外部环境之间的关系"[①]。虽然黑克尔对生态学的界定不是明确地从经济发展与生态环境之间的关系来理解生态，但强调了生态学研究的对象是包括人在内的动植物与外部环境之间存在的相互关系。到 20 世纪 30 年代，对生态学的研究越来越广泛，学者们开始追溯大量使用化学农药如杀虫剂给动物种群带来的相关反应和影响，反映出当时已经开始出现了生态意识的觉醒。[②] 但总体来看，当时环境保护问题还没有提升到政府、社会经营人士、企业、民众等的议事日程。根据研究，一直到第二次世界大战后，或者说石油危机前，人们对于生态环境，特别是自然资源保护问题都没有提到议事日程。根据研究，1945 年到 1969 年的 25 年里，《泰晤士报》（The Times）的索引根本就没有关于环境问题的报道。后来，随着生态环境问题不断凸显，生态经济逐渐成为突破传统经济发展模式带来的生态环境影响，努力实现经济增长与自然生态协同共赢的发展模式的重要方向。但同时也要看到，国内外学者在研究生态经济及生态经济学时，其针对的侧重点也存在明显差异。国外学者针对的主要是相对剩余状态（或过度消费）下的生态恶化问题，而国内学者在 20 世纪 80 年代针对的主要是绝对短缺（或基本消费不足）下的生态恶化[③]，随着我国经济快速发展，特别是 2020 年全面建成小康社会，我国也解决了绝对贫困问题，我们研究生态经济及生态经济学所针对的问题也在发生着演变。

稳态经济思想是 1973 年美国经济学家赫尔曼·戴利在《走向稳定的经

---

① [英] 克拉普：《工业革命以来的英国环境史》，王黎译，中国环境科学出版社 2011 年版，第 4 页。
② [英] 克拉普：《工业革命以来的英国环境史》，王黎译，中国环境科学出版社 2011 年版，第 5 页。
③ 李周：《生态经济学》，中国社会科学出版社 2015 年版，第 2 页。

济》一书中提出的概念,但其实早在1857年英国著名经济学家、经济学说史上第一次经济学大综合的代表人物约翰·穆勒(J. S. Mill)就提出了静态经济的思想,他曾指出:"资本和人口的停止状况并不意味着人类发展的停滞,在这种情况下,治理教育、道义、社会进步各方面的目标仍然不比从前少。"[1]而戴利则发展了穆勒的思想,提出了稳态经济思想,并把稳态经济认为是人口与财富维持稳定状态,并且人类的累计生命和物质资本存量持久利用最大化的经济。其思想内涵是指通过人口维持一个持续均衡的水平,通过维持生产率等于折旧率来保持人均资本存量的均衡水平,而人口数量和物质资本的持续均衡水平足以保证人们较好的生活可以延续。[2]他指出新古典经济学研究的实际上是一个特例,即经济增长可以看作是用以维持商品生产和消费的经济活动的物质/能量流量在物理规模上的增加。这种经济增长受到两种因素的限制,一种是生物物理限制,另一种是社会伦理限制,经济系统在这两种限制内通过合理的配置要素比例,整体与部分都能达到一个永远的增长。而古典经济学像物理学一样,在接近极限的地带往往无法有效地起作用,而要避免这种情况,就需要在实践中实现从增长狂热到稳态经济的转变,即:把增长的失败作为迈向稳态经济的有力的第一步。[3]

循环经济思想是1965年美国学者肯尼斯·鲍尔丁(Kenneth E. Boulding)在《宇宙飞船经济学》中提出来的,他认为:"只有在人少且受技术限制时,人才把地球视为一个无穷大的仓库,有无限的资源,一个可以向其无限排放废物的垃圾场。"[4]因此,面对资源枯竭和各种环境污染问题,人类需要采用新的技术来推动废弃物的循环化再利用。对于循环经济的内涵,不同的

---

[1] 戴利、汤森编:《珍惜地球:经济学、生态学、伦理学》,商务印书馆2001年版,第36页。
[2] 李佳阳:《赫尔曼·戴利稳态经济思想探析》,硕士学位论文,北京林业大学2012年,第7—8页。
[3] [美]赫尔曼·戴利:《超越增长可持续发展的经济学》,诸大建等译,上海译文出版社2001年版,第46页。
[4] 转引自刘湘溶、罗常军:《经济发展方式生态化 从更快到更好》,湖南师范大学出版社2015年版,第43页。

学者有不同的界定,但一般都强调循环经济依靠生态学原理,运用生态学规律,推动"资源—产品—再生资源"的反馈式流程,最终实现3R原则(减量化、再循环、再利用)的经济发展模式。循环经济的提出,为减少经济发展对资源环境的破坏程度,提高资源利用效率,减少废弃物排放对环境的影响等提供了理论指引,成为从资源合理利用领域推动绿色发展的重要理论。

低碳经济思想是在2003年英国能源署发布的《我们能源的未来:创建低碳经济》中首次提出的。英国由于是工业革命最初出现的国家,经济快速增长的过程中出现了严重的环境污染,英国伦敦也曾因大量煤炭使用引发严重雾霾而被称为"雾都"。20世纪中期还出现过伦敦光烟雾事件,成为震惊世界的"八大环境公害"之一。为了应对气候变化、治理空气污染,也为保障能源供应和环境安全,英国提出了低碳经济的理论。作为另一个经济快速增长与环境问题集中爆发的国家——日本也面临着严重的环境污染问题。由于日本是一个资源非常贫瘠的岛国,能源主要依靠进口,为了确保能源安全和改善环境,2008年日本提出建设低碳社会的目标。2003年胡锦涛就提出科学发展观,2007年党的十七大报告首次提出生态文明的概念,2010年7月国家发展改革委《关于开展低碳省区和低碳城市工作的通知》中首次出现了"低碳发展"的概念。低碳发展、低碳经济主要是着眼于减少化石能源的消耗,提高能源利用效率和强度,减少温室气体排放对全球气候变化的影响,进而推动人与自然和谐共生,促进绿色发展的重要方式。

可持续发展思想是1987年挪威首相布伦特兰夫人主持发布的《我们共同的未来》中提出的新的发展理论,有时也称为永续发展思想。永续发展最早是1980年由国际自然和自然资源保护联盟、联合国环境规划署、世界野生动物基金会三家机构出版的《世界自然保育方案》(*World Conservation Strategy*)中提出的,而进行解释的则是1987年布伦特兰夫人在《我们共同的未来》中进行界定的,该报告是世界环境与发展委员会(World Commission on Environment and Development, WCED)关于人类未来的报告,后来经过第 42 届联大辩论通过，该报告中把可持续发展认为是指既满足当代人需求，又不损害后代人满足其需求的能力。由于 WCED 的界定有些抽象和宏观，因此经济学家佩泽（Pezzey, 1989）把可持续发展的概念用经济学术语表示为人均福利不能随时间而减少。①

绿色经济思想是 1989 年英国学者大卫·皮尔斯（David Pierce）在《绿色经济的蓝图》中首次提出的，他把传统工业化和城镇化发展过程中导致资源环境问题日益严重的经济发展模式称为黑色经济，为了避免因为生态环境损害给人类福祉带来的不利影响，他提出需要将有害环境和耗竭资源的经济活动纳入国家经济平衡表中，建立一种可承受的"绿色经济"发展模式。虽然大卫·皮尔斯提出了"绿色经济"的概念，但其并没有对这个概念进行清晰地界定，只是认为"绿色经济是从社会及其生态条件出发，以求建立一种可承受的经济"②。虽然绿色经济的概念提出较早，但由于绿色概念内涵的丰富性，使得如何界定绿色经济成为比较困难的事情。从目前来看，理论界对绿色经济的内涵主要从狭义和广义两个维度来理解，从狭义的角度来看，绿色经济主要是指某些具体的产业。如最初绿色经济主要是针对农业来提的，20 世纪 60 年代，南亚和拉美等地区应用农业生物技术实现粮食生产大量增加的"绿色革命"。③ 联合国环境规划署（2008）曾把绿色经济的内涵理解为生态环境系统的基础设施建设、清洁技术、可再生能源等八个领域。④ 从广义角度来看，绿色经济主要是指一种经济发展模式，这种模式能够通过经济发展方式的绿色化转型，有助于实现人类经济发展与环境保护的共赢，推进可持续发展。如 2011 年联合国环境规划署把绿色经济定义为"可增加人类

---

① 联合国环境规划署：《迈向绿色经济，实现可持续发展和消除贫困的各种路径》，2011 年，第 18 页。Pezzey, J.C.V., "Economic Analysis of Sustainable Growth and Sustainable Development", Environment Department Working Paper No. 15, The World Bank, Washington, D.C., 1989.
② 转引自王兴文、高兴国：《国内外绿色经济发展理论和实践研究综述》，《生产力研究》2016 年第 9 期。
③ 成思危等：《绿色革命与绿色时代》，中国言实出版社 2014 年版，第 215 页。
④ 转引自郑德凤等：《绿色经济、绿色发展及绿色转型研究综述》，《生态经济》2015 年第 2 期。

福祉和社会公平，同时显著降低环境风险和生态稀缺的经济"①。由于绿色经济内涵越来越广义化，因此，绿色经济和经济的绿色发展的内涵越来越契合，经济绿色发展的过程本质上是不断降低经济发展的生态环境影响的过程，也是经济发展与资源环境保护协调共赢的过程，而这和广义的绿色经济的内涵是非常一致的。

从经济绿色发展理念的演进来看，人类在追求经济增长过程中面临着资源环境的代价，而人与自然的相互依赖关系，使传统的以牺牲资源环境为代价的经济发展模式必须转型，转向资源节约型、环境友好型经济发展模式，而这种转变的过程也就是经济发展的绿色化程度不断提高的过程，或者，要实现人与自然的和谐共生，实现经济发展与生态环境保护的共赢，需要推进经济绿色发展，不断提高经济发展绿色化程度，而从广义来看，也可以称为大力发展绿色经济的过程。

二、经济绿色发展理论的微观基础理论演进

经济发展或经济增长的基础是企业的生产经营行为。经济绿色发展，或者说发展绿色经济的过程，作为一种经济行为必须要建立在现实且符合逻辑的微观基础之上，即需要从微观企业主体的角度来分析和研究，才能够科学认识和推动经济绿色发展的进程。从学术史梳理来看，经济绿色发展的相关基础理论主要萌发于西方发达经济体，是基于主流经济学的分析范式逐步演进而来的，这种理论范式暗含着否定公有制强调私有制的逻辑。正如美国学者热拉尔·罗兰（Gerard Roland）指出的："令人震惊的是，经济理论的核心，尤其是一般均衡理论，竟丝毫没有谈到所有权问题。""其通常的假定是，私有制是企业谋求利润最大化的条件。"②

---

① 联合国环境规划署：《迈向绿色经济，实现可持续发展和消除贫困的各种路径》，2011年，第17页。
② [美] 罗兰主编：《私有化：成功与失败》，张宏胜等译，中国人民大学出版社2013年版，第8—9页。

绪　论

　　由于西方主流经济学的理论逻辑是私有制条件下的企业主体，在"理性经济人"假设和"充分信息"假设条件下，能够通过自发的市场交易来实现自身利益的最大化。因此，私人企业被假定为只有一个目标——为所有者创造利润，除此之外，别无其他，私人企业既不应该，也不能被赋予创造利润之外的其他目标。如以米尔顿·弗里德曼为代表的自由主义学者认为，企业作为一种"人为的人"不可能成为道德主体，因此，根本不存在包括环境保护在内的企业社会责任，如果说存在所谓社会责任的话，那企业的唯一社会责任就是增加利润。[1] 美国环境主义的开创者、前总统西奥多·罗斯福也认为，"私人企业并不为未来考虑，或者无论如何，没有充分考虑"[2]。美国学者彼得·休伯（Peter Huber）以黄石公园为例，认为如果作为私营企业的迪士尼公司经营黄石公园的话，它要远比美国国家公园服务署经营得好，但是黄石公园将因此贬值，因为价值存在于公民权、国家和爱国主义之中，而任何私有化的市场无法包容和保存这样的价值。[3] 因此，作为微观市场主体的私有制企业，既不用承担包括环境保护在内的社会责任，也难以成为推动经济绿色发展转型的市场主体。

　　在19世纪末20世纪初，随着世界主要资本主义国家先后从自由竞争的资本主义过渡到垄断的资本主义，企业之间的兼并重组风起云涌，一些优秀的企业迅速地做大做强，出现了众多大型企业，甚至越来越多的超大型的跨国公司也不断涌现。随着企业规模的不断扩大，其生产经营行为不仅仅影响企业股东的利益，而且对社会其他的群体产生的影响也越来越大，从而使人们对企业的认识也在不断深化。越来越多的人开始从过去把企业认为是创造企业利润的"机器"，逐渐转变为承担社会责任的组织，也逐渐形成了

---

[1] 张春晓：《国有资产管理：国有企业的社会责任与公益性思考》，《国有资产管理》2012年第4期。
[2] [美]彼得·休伯：《硬绿：从环境主义者手中拯救环境——保守主义宣言》，戴星翼、徐立青译，上海译文出版社2002年版，第111页。
[3] [美]彼得·休伯：《硬绿：从环境主义者手中拯救环境——保守主义宣言》，戴星翼、徐立青译，上海译文出版社2002年版，第113页。

企业社会责任理论。企业社会责任的概念最早是由英国学者奥利沃·谢尔顿（Oliver Sheldon）于1924年在《管理的哲学》一书中提出来的。目前，关于企业社会责任主要形成了三个有代表性的理论。第一种是传统主流经济学的社会责任理论，该理论认为企业的社会责任就是创造利润，其逻辑是企业通过创造合格的产品来为股东创造利润，为消费者提供满意的商品，企业追求利润最大化的行为，按照一般均衡理论，最终会带来社会总体利益的最大化。其实这是亚当·斯密"看不见的手"原理的引申。但一般来说，企业社会责任往往是指企业对股东利益之外的，与公司发生各种关系的其他利益群体的责任。第二种理论是利益相关者理论，该理论是1984年美国学者爱德华·弗里曼（Edward Freeman）在《战略管理：利益相关者理论研究》中提出的，该理论基于企业是利益相关者合作的契约网络的逻辑，认为企业的生产经营状况不仅影响股东的利益，而且会影响公司雇员、顾客、供应商、代理商、债权人、政府、社区等众多的主体，因此，企业理应是代表各种利益相关者共同利益的经济组织，其中生态环境保护和可持续发展因为影响深远，包括消费者、政府、社区，甚至股东本身在内的所有人都会在环境损害中形成利益损失，而在生态环境改善中获得福利增加，所以，企业理应承担生态环境保护以推动可持续发展的社会责任。第三种理论是三重底线理论，1995年，英国学者约翰·埃尔金顿（John Elkington）提出了"三重底线"的概念，他在1997年出版的《用叉的加勒比人：21世纪企业的三重底线》[①]中对这一理论进行了阐释。该理论认为，不能仅仅关注企业增加的经济价值，还要关注企业对于社会和生态环境的价值，任何企业应该至少要达到经济、社会和环境这三重底线，企业不仅要关注经济价值，还要关注社会价值和环境价值，努力实现经济效益、环境效益和社会效益的共赢，企业不能满足于"经济人"，还要看到其也是一个"社会人"，

---

① 转引自陈文军、乐烨华：《基于可持续发展理念视角的企业社会责任》，《财会通讯》2010年第3期。

成为企业公民。

第二次世界大战后，随着生态环境问题日益凸显，民众的生态意识不断觉醒，如何推动生态环境保护，成为社会共同关心的问题，环境保护、可持续发展也成为社会责任的重要内容。但总体来看，现有理论对企业履行社会责任的意义、动机、实现路径及宏观上的应然性的研究较多，而在经济增长理论中，履行社会责任的企业的生产函数、行为模式等仍然比较少，在环境约束下的企业行为还没有真正成为经济增长理论的分析基础。

企业是经济发展的微观基础，在不断加强环境保护约束等推动经济发展绿色化的过程中，企业的生产成本会增加，因此，在激烈的市场竞争中，政府的环境规制肯定会增加企业成本，从而削弱企业竞争力，其原因在于，由于政府的环境规制，加上政府的政策制定者不可能比企业家做得更好，而且越是严格的环境规制，该产业越会出现竞争力下降的压力[1]（Jaffe, A. B. et al., 1995; Ederington, 2010）。但波特假说认为，环境规制与企业竞争力之间存在U形曲线关系，在初期环保投入的增加会因"侵占效应"而对企业竞争力会产生削弱，而长期来看，环境规制会刺激企业创新，获得创新补偿以弥补规制成本，从而实现环境改善与企业竞争力提升[2]。也有学者提出政府可以通过环境规制来推动本国产业率先实现绿色发展，从而创造出先行者优势[3]（Simpson & Bradfor, 1996），包括环保税在内的环境规制也可以加快技术进步和降低环境污染[4]（Marconi, 2009），因此，合适的环境规制能够激励企业

---

[1] Jaffe, A. B., S. R. Peterson, P. R. Portney, and R. N. Stavins, "Environmental Regulation and International Competitiveness: What does the Evidence Tell Us?", *Journal of Economic Literature*, Vol. 33, No.1 (1995), pp.132–133, (93), 63–132.Ederington, J., 2010, "Should Trade Agreements Include Environmental Policy?", *Review of Environmental Economics & Policy*, 4 (1), 84–102.

[2] 杜龙政等：《环境规制、治理转型对绿色竞争力提升的复合效应——基于中国工业的经验证据》，《经济研究》2019年第10期。

[3] Simpson, D., and R. L. Bradford, "Taxing Variable Cost:Environmental Regulation as Industrial Policy", *Journal of Environmental Economics and Management*, Vol.30, No.3 (1996), pp.282–300.

[4] Marconi, D., "Trade, Technical Progress and the Environment:the Role of a Unilateral Green Tax on Consumption", *Asia-Pacific Journal of Accounting & Economics*, Vol.16, No.3 (2009), pp.297–316.

技术创新而获得某种竞争优势①（Porter & van der Linde, 1995）。

三、国有企业与经济绿色发展的理论演进

国有企业虽然是一种世界各国普遍存在的经济形式，但国有企业的相关理论却是近代才出现的。传统的国有经济理论主要来源于马克思主义经济理论和西方新古典经济理论。马克思主义经典作家和传统的社会主义经济理论一般认为，国家占有生产资料是向共产主义过渡的必然要求。要克服资本主义经济的无政府状态就必须实行计划经济，而计划经济的实现就需要生产资料的共同占有，也就是主要采取国家所有的形式。因此，计划经济的历史必然性是国有经济的逻辑基础。而西方的新古典经济理论则基于"理性的经济人"假设，提出国有经济只应该局限于市场失灵的领域，被动地弥补市场缺陷。尽管以约翰·梅纳德·凯恩斯为代表的政府干预主义认识到，市场经济并非总是出清的，需要采取财政政策、货币政策等工具来干预经济运行，消减经济波动，而国有企业作为一种政府投资控制的企业，在经济出现危机的时候，应该多一些，而在经济发展平稳的时候，应该少一些。因此，国有化或私有化往往伴随着宏观经济形势的变化而交替出现。比如，在经济危机的时候，政府往往通过国有资本注入的方式来挽救濒于倒闭的民营企业，而在企业进入正轨后，往往会通过某种形式来退出。但客观来说，国有化的程度更多地取决于当时政府的执政理念，以美国为例，在1861—1865年的南北战争后，美国通过土地国有化为铁路、邮政、军工、钢铁等产业发展奠定了基础，而在凯恩斯主义兴起以及罗斯福新政和战争需要的背景下，美国的国有企业和国有资产在1929—1933年大危机以及第二次世界大战后都有了较大发展，根据研究，二战后，美国政府对道路、桥梁、机场、供水等基础设施的投资一直占全国基础设施投资的60%左右②。从某种意义上来说，国有

---

① Porter, M. E., and C. van der Linde, 1995, "Toward a New Conception of the Environment-competitiveness Relationship", Journal of Economic Perspectives, 9 (4), 97–118.
② 董有德：《国有企业之路：美国》，兰州大学出版社1999年版，第1页。

企业提供的公共物品为降低私营企业成本，推动经济发展做出了重要贡献。但随着"滞涨"的出现，供给学派等新自由主义经济理论影响越来越大，在深受其影响的里根总统的推动下，美国出现了私有化的浪潮。而2008年国际金融危机后，美国政府为福特公司等出现经营困难的企业注资，也是政府帮助企业渡过难关的重要举措。

从经济理论来看，环境保护、可持续发展往往被视为市场失灵的领域，尽管环境乐观主义者提出了可以依靠市场实现生态环境保护，但考虑到乐观主义者提出的严苛的条件，人们一般认为环境保护等难以完全依靠市场机制自发实现，因为环境保护和可持续发展面临着外部性问题，企业总是希望把企业内部成本外部化来降低企业成本，提高企业利润，因此，需要政府干预，包括制定法律法规、产品质量标准、污染排放标准、环境经济政策、环保教育和宣传等各种制度供给和市场倒逼措施来推动企业积极推进绿色转型。正如前文指出的，由于西方经济体中国有企业只限于弥补市场失灵的定位，而有些市场失灵领域仍然可以通过政府购买服务等变通的方式从而依靠市场来实现，因此，从国有企业视角来分析经济绿色发展的研究相对较少。

由于我国是社会主义国家，国有企业在我国国民经济中发挥着主导作用，这是国家宪法规定的。因此，我国国有企业无论从数量、规模、对国民经济的影响力控制力还是行业分布、地位作用等方面，都比国外发达经济体重要得多。因此，我国理论界对国有企业的研究比较多。从实践来看，由于国有企业是我国中国特色社会主义的重要物质基础和政治基础，是中国特色社会主义经济的"顶梁柱"。在改革过程中，国有企业改革一直是改革的重要内容。自改革初期的放权让利、承包制等在保持所有权不变而改变经营权的改革，到开展股份制改革再到"抓大放小"等所有权改革以及"有所为有所不为"的国有经济战略性调整，使我国国有企业逐渐集中于煤炭、钢铁、电力、通信、金融、铁路等行业，主导着原材料、中间品和生产性服务的供给，形成了"上游国企+下游民企"

的产业价值链,[①]也使国有企业既成为对环境影响非常直接的产业组织形式,也成为贯彻绿色发展理念、推进生态文明建设、推动经济绿色发展的重要力量。

围绕国有企业在经济绿色发展中的影响研究,廖桂容、陈炳枝(2013)提出国有企业作为占据国民经济重要行业和关键领域的企业组织,其作用发挥关系到我国经济和社会发展全局,国有企业更应该因自身的公有制性质和对环境所产生的影响来承担更大的责任。[②]薛妙琴(2012)认为,低碳经济作为一种新的发展模式,将会创造一个新的游戏规则,国有企业要重新审视自己的企业文化,考量国有企业责任伦理。[③]杜莉、李阳(2011)认为,传统的多元最大化目标并不利于发展低碳经济,但国有企业承担的特殊社会责任要求积极发展低碳经济。[④]但也有学者研究发现,不同的企业产权因对企业绿色投资行为,从而对经济绿色发展具有不同的影响,国有企业受代理问题动机影响较大,绿色投资行为与绿色效率二者之间存在负相关,而私营企业和外资企业的绿色投资行为与绿色效率均呈正相关[⑤](苏蕊芯,2015)。孙宇(2020)提出国有企业的环境责任主要体现为绿色发展责任、信息公开责任、引导宣传责任等。[⑥]党秀云(2021)从国有企业的"公共性"出发,基于"政府——社会——企业"主导的合作治理机制,认为应通过多元共治来推动我国国有企业履行社会责任。国有企业履行包括环境保护在内的社会责任是推动国有企业融入经济绿色发展进程的重要内容,而国有企业是否履行社会责任也成为衡量国有企业领导干部履职能

---

① 程实:《绿水青山牵动改革全局》,《第一财经日报》2017年11月28日。
② 廖桂容、陈炳枝:《刍议国有企业在生态文明建设中的角色定位》,《河南工业大学学报》2013年第9期。
③ 薛妙琴:《低碳时代国有企业的责任伦理》,《郑州大学学报》2012年第2期。
④ 杜莉、李阳:《低碳经济模式下国有企业行为目标的选择》,《江汉论坛》2011年第9期。
⑤ 苏蕊芯:《成为绿色企业能够获得绿金吗——来自中国绿公司的经验数据》,《财会月刊》2015年第18期。
⑥ 孙宇:《马克思主义视角下的国企环境责任研究》,《现代国企研究》2020年第10期。

力的重要指标①。郑国洪（2017）基于我国经济绿色转型的大背景，提出从我国经济责任审计的发展背景和现实需要来看，迫切需要创建一套国有企业绿色经济责任审计的评价指标体系，他认为，国有企业绿色经济责任就是要求国有企业发展绿色经济，从传统粗放的发展方式转向可持续经济发展方式，国有企业绿色经济责任的评价指标应包括单位产出温室气体排放量、节能减排效果、重金属污染排放率、环保投资比率、清洁生产工艺采用率、固定液体污染物排放降低率等。②而陈欣（2019）对沪深股市上的国有企业开展的ESG评级发现，国有企业与非国有业在环境维度上的分差最大，而且在其中每个指标上都保持稳定的差距，国有企业内部，中央企业的平均得分要高于地方国有企业的平均得分，因此，国有企业（尤其是中央企业）应在环境保护方面起到先进带头作用。③李小璐、逄锦福、高永华（2019）在对我国中央企业参与环保产业基本情况进行分析的基础上，概括了国有企业布局环保产业的三类模式，作为服务主业绿色发展的重要支撑模式、依托既有业务进行产业横向拓展模式、通过投资并购培育新业务增长点模式。④齐绍洲、林屾、崔静波（2018）认为，国有企业因体量大、从业人员多而对所在地政府具有政治稳定和经济发展双重作用，因此，环境规制政策对其绿色创新的激励作用存在时滞。⑤李维安、李元帧（2020）认为，随着绿色发展观的提出，自然作为利益相关者应该纳入公司治理的范畴，推动从公司治理转入绿色治理，但目前既缺乏在治理层面统领协调各个主体开展绿色发展行为的顶层设计，也缺少把绿色发展理念与实践进行有

---

① 党秀云：《国有企业社会责任合作治理的模式构建——结构功能主义的视角分析》，《中国行政管理》2021年第8期。
② 郑国洪：《国企绿色经济责任审计评价的AHP模型思考与改进》，《西南政法大学学报》2017年第2期。
③ 陈欣：《国企应引领ESG领域发展》，《董事会》2020年第10期。
④ 李小璐、逄锦福、高永华：《国企环保业务三类模式》，《企业管理》2019年第11期。
⑤ 齐绍洲、林屾、崔静波：《环境权益交易市场能否诱发绿色创新？——基于我国上市公司绿色专利数据的证据》，《经济研究》2018年第12期。

效衔接的指引性标准。①

第三节　研究内容

一、研究思路

本书以"国有企业应该而且能够在经济绿色发展中发挥积极作用"为立论逻辑，遵循"事实归纳—理论分析—经验验证"的研究思路，运用理论分析国有企业的生态责任，从理论和现实两个维度分析国有企业促进经济绿色发展的内在动力和传导机制，以构建起经济绿色发展的国有企业微观基础，然后通过案例分析和实证分析对国有企业促进经济绿色发展的机制进行评价，获取当前我国经济绿色发展进程中国有企业作用发挥效能的评价，在理论分析和实证分析的基础上，分析当前制约国有企业发挥促进经济绿色发展积极作用的制约因素，最后得出优化国有企业促进经济绿色发展的实现路径和对策建议。

二、主要内容

本书分六大部分展开，具体设计如下。

（一）国有企业生态责任的理论研究

在生态文明建设和经济绿色发展进程中，国有企业作为微观的企业组织承担着不可推卸的生态责任，这是国有企业和国有经济进行绿色转型的逻辑基础。本书从马克思的企业理论、新制度经济学的企业理论，以及生态文明理念出发，借鉴生态马克思主义、企业社会责任理论等成果，研究国有企业的生态责任，建立国有企业促进经济绿色发展的逻辑基础。

---

① 李维安、李元帧：《中国公司治理改革逻辑与趋势》，《董事会》2020 年第 2 期。

（二）国有企业促进经济绿色发展的动力机制研究

因为国有企业特殊的委托代理关系，其决策模式既不同于古典企业的"两权合一"决策模式，也不同于私营公司的"两权分离"决策模式，在动机上既受到内在的产权约束、利己主义倾向、政治关联动机、生态意识等内部影响，也受到外部考核约束、声誉激励约束、社会监督等外部影响。因此，不同于市场经济中的一般企业组织，国有企业作为市场经济组织，在生态责任约束下，企业决策行为、目标函数、影响因素等都会发生改变。本部分结合我国国有企业的案例分析，通过理论与实证研究相结合等来分析国有企业高管人员进行绿色决策，履行生态责任，促进经济绿色发展的内在诱因。

（三）国有企业促进经济绿色发展的传导机制研究

国有企业的管理决策要转化为绿色发展的绩效，发挥绿色引领的作用，需要把内在的动力转化为现实的决策，并不断优化企业的生产经营行为，以期影响企业的产品创造、企业文化、品牌价值、市场竞争、经营绩效，进而对行业和社会产生引领和示范作用，这一过程需要通过相应的传导机制来实现。本部分从构建产品竞争力、品牌价值力、技术外溢力、社会引领力的"四力"模型，从四个方面来分析研究国有企业绿色决策转化为促进经济绿色发展绩效的传导机制。

（四）国有企业促进经济绿色发展绩效的实证分析

由于国有企业决策属于内部信息，不同国有企业决策具有自身特点，因此，本部分从案例分析和实证分析两个方面对国有企业促进经济绿色发展的绩效进行分析。在案例分析方面，分别从中央管理国有企业、地方（省级）管理国有企业以及区域（省域）三个维度来分析国有企业推动经济绿色发展的案例。在实证分析方面，主要从产品竞争力、品牌价值力、技术外溢力、社会引领力来分析国有企业对企业自身发展与区域经济绿色发展的影响，选取我国东部的山东省、中部的湖北省和西部的四川省三省数据作为分析的基础，进行对比和实证分析。

(五) 国有企业促进经济绿色发展的制约因素及原因分析

本部分在前面理论分析和实证分析的基础上，通过结合国外发达国家和地区的比较研究，以及国内典型国有企业的案例分析，研究制约国有企业履行生态责任，促进经济绿色发展的制约因素，并分析其存在的原因。本部分主要从内部因素和外部因素两个维度出发，重点从国有企业产权结构、行业布局、公司治理、技术约束、激励约束、意识培育等方面进行研究。

(六) 国有企业促进经济绿色发展的路径研究

本部分结合国内外的比较研究，结合前面的理论分析和实证分析成果，研究国有企业促进经济绿色发展的实现路径。主要从优化国有企业在绿色发展方面的产品竞争力、品牌价值力、技术外溢力、社会引领力四个大的方面来展开路径研究。具体从国有企业的分类化管理、国有资本投资体制改革、绿色技术研发、产业结构转型、企业社会责任、测评体系等方面来研究国有企业促进绿色发展的基本路径，努力实现由制度规制驱动为主向经济激励驱动为主转变、由重视污染末端治理向全程绿化转变、从被动治理防控向主动投资转变，并结合深化经济体制改革和推进国有资产管理体制改革的现实，提出具有可操作性的对策建议。

三、基本观点

(一) 国有企业履行生态责任既是公有产权内生决定的，也是经济绩效的理性选择

国有企业承担并履行生态责任，是发挥促进经济绿色发展引领作用的逻辑基础，这种生态责任不仅由国有企业实现社会整体利益最大化的公有产权性质内生决定，而且在绿色发展成为世界经济转型共识背景下，也是国有企业追求经济绩效的理性选择。

(二) 国有企业履行生态责任，促进经济绿色发展的传导机制具有多层次性

因国有企业在产权结构、行业属性、公司治理、政治关联、政府环境规

制等方面的差异而表现出不同的特征,因此,国有企业履行生态责任,促进经济绿色发展的内在动机的传导机制也具有多层次性。

(三)在经济绿色发展进程中,国有企业履行生态责任的绩效可以通过产品竞争力、品牌价值力、技术外溢力、社会引领力四个维度进行综合考核

在经济绿色发展进程中,国有企业履行生态责任的内在诱因要转化为现实绩效的实现程度,取决于这种行为能否给企业带来良好的经济效益、品牌价值提升、环保技术的外溢程度、对社会其他企业、产业的引领示范带动能力等多个因素。

(四)明晰国有企业目标函数、完善国有企业考核体系、完善国有企业高管人员激励机制、理顺传导机制等是国有企业履行生态责任,促进经济绿色发展绩效的重要突破口

由于国有企业改革和绿色发展的系统性、整体性,需要找到完善国有企业促进经济绿色发展路径的突破口,通过模型检验和深度访谈,在对制约国有企业履行生态责任,促进经济绿色发展制约因素深入分析的基础上,找出优化路径选择的重要突破口。

四、研究方法

(一)系统分析与深度访谈方法

经济绿色发展是生态文明理念在经济领域的践行方式,生态文明具有系统性、整体性等特征,国有企业的运营管理也受到产权结构、国有资本运营体制、公司治理结构、社会意识、政治制度等多种因素的影响,因此,需要运用系统分析方法来综合分析国有企业运营管理与经济绿色发展的关系,以深入发掘二者之间的内在逻辑关系。同时,对国有企业典型案例和区域经济绿色发展影响因素的分析需要运用深度访谈的方法,以对国有企业促进经济绿色发展的制约因素及其原因进行科学判断。

(二)案例分析与数量分析方法

在理论分析的基础上,选取影响典型国有企业开展案例分析以及对国有

企业促进经济绿色发展绩效的产品竞争力、品牌价值力、技术外溢力、社会引领力四个维度来进行实证分析。

（三）比较分析方法

国有企业促进和引领经济绿色发展是一种新生事物，在动力机制、传导机制以及制约因素和优化对策等方面的研究过程中，较多地运用国内外比较，国有企业与民营企业、外资企业的比较，理论与现实的比较等分析方法。

五、创新之处

（一）研究视角独特

本书不从一般的抽象意义的"企业"来研究企业如何履行生态责任，推动经济绿色发展，而是从我国国民经济重要支柱、作为党和国家事业发展的重要物质基础和政治基础的国有企业这一企业组织形式来研究，既聚焦于国有企业这类产业组织，又符合我国中国特色社会主义市场经济体制的现实。

（二）理论研究新颖

从国有企业的生态责任入手，通过分析国有企业在促进经济绿色发展中的动力机制和传导机制，构建了经济绿色发展的国有企业微观基础，拓展了经济绿色发展理论和生态文明理论；构建了基于产品竞争力、品牌价值力、技术外溢力、社会引领力的国有企业促进经济绿色发展绩效的"四力"模型，拓展了国有企业和经济绿色发展绩效的理论。

（三）研究方法的创新

本书在采用演绎与归纳、比较分析、文献研究等基本方法的基础上，采用了深度访谈的研究方法来对国有企业的典型企业和经济绿色发展的典型地区进行深入分析，以全面系统掌握研究对象的真实情况。同时对国有企业促进经济绿色发展绩效进行模型构建和实证分析，提高定量研究的针对性和科学性。

第一章　国有企业生态责任的理论研究

大自然是人类生存和发展的载体。如何看待自然、对待自然始终是千百年来人类思考自己从哪里来、到哪里去、如何生活更美好等必须面对的宏大主题之一。在古代，自然力量比较弱小，人类的梦想是改造自然、征服自然，使自然能够为人类生存发展服务。近代以来，随着科学技术变革和市场经济发展不断加快，人类貌似取得了对自然某些方面的胜利，出现了无节制的开采资源、污染环境、破坏生态等行为，这种人类对大自然的"冒犯"必然会引发大自然的"报复"。因此，各种环境灾难、生态危机不断出现，人类也付出了沉重的财产、健康，甚至生命的代价。面对自然的报复，人们逐渐认识到，要保护人类自身，就需要保护自然，承担保护自然的生态责任。人类对自然生态的破坏，主要表现为个人、企业、国家等各类主体与自然互动的非理性结果，特别是企业这种经济组织在生产经营过程中对自然的影响，因此，企业在生态保护方面也承担着特殊的责任。国有企业作为市场经济中的企业组织，自然也承担着重要的生态责任。如何认识这种责任，往往意味着国有企业在生态环境保护和绿色发展中的行为选择会有差异。

第一节　生态责任理论

在人类的发展历史中，生态环境一直是人类生存和发展的基础性条件，它既为人类的发展提供各种资源、能源和生态空间，也对人类生产生活中所形成的各种废弃物进行消纳。人如何认识自然，既是对外在物的认识，也是对人自身的认识。而生态责任理论从其理论根源来看,也是人对自然认识不断深化的结果。

一、基于人与自然关系的生态责任

自然是一个生态学的概念,也是一个经常出现在人们面前的词汇。根据考察,"自然"一词最早来源于拉丁语中的"nasci",意思是"出生"。《韦伯斯特新世界词典》概括了人们使用"自然"这一概念时可能的定义,包括"事物的基本性质或本质""导致事物变化的某种内在的东西""种类或类型""物质世界的整体""人的初始状态""自然景观"等。自然作为"人的初始状态""自然景观"是18世纪开始出现并在19世纪逐渐流行起来的,是对把自然看作人类和自然界的工具启蒙主义进行反驳而形成的。后来,自然又被理解为"荒野""原始""乡土气"等含义,被视为"一种未被污染的、未被人类之手接触过的、远离都市的东西"[1]。对自然的这种理解是与城市化进程中由于城市工作生活的压力、紧张、快节奏等引起的生活厌倦以及渴望回归乡村田园生活的情感联系在一起的。

对于人与自然的关系,从哲学的角度来说,可以归结为人类从哪里来、要到哪里去、人类如何起源、世界如何发展等相关问题,对这种人自身的终极之问实际上也涉及对世界的认识。根据美国学者恩斯特·迈尔的研究,对于世界的认识可以划分为三种类型:第一种认为世界的历史是漫无边际的,这个世界是永恒不变的,或者即使变化也是会回到最初状态的循环的世界。第二种认为世界恒定不变而且历史很短,持有这种认识的多是宗教界基于上帝造人的理论,认为现在生活的世界仍然是上帝造人时的世界,没有变化。第一种认识主要在一些哲学家群体中,第二种认识主要在一些宗教人士中。而随着现代科学的发展,越来越多的科学观察结果证实了第三种认识,也就

---

[1] [美]詹姆斯·奥唐纳:《自然的理由:生态学马克思主义研究》,唐正东、臧佩洪译,南京大学出版社2003年版,第35页。

是认为世界是不断进化的,即这个世界的历史很久远,而且一直在不断地发生着变化,"地球上的各种生命形态,从不同的物质到动物,一直到人类,表现为一种连续的、线性'巨链'或自然阶梯。"①1859年查尔斯·达尔文的《物种起源》的发表以及一系列考古发现,为"世界进化说"提供了很好的证明。基于进化说,我们赖以生存的地球大约是在46亿年前产生的,当时因为温度太高且辐射很强而不适合生命存在。到35亿—38亿年前,地球上才开始出现生物,而地层中发现的最古老的化石可以追溯到35亿年前。再到地球上出现原核生物到真核生物,再到从古猿到人类的进化,都是自然选择的结果,也是自然环境不断发生变化的结果。

人类的出现是自然进化的结果,但人类的发展也对自然的进化产生了影响。从人类文明形态来看,人类文明从原始文明到农业文明再到工业文明的演进,使人类的生产方式和生活方式发生了巨大的变化,也引发了对人与自然关系的思考。"文明"这一概念虽然经常使用,但要下一个明确的界定仍存在一定的难度。它往往被看作人类摆脱野蛮进入理性社会的状态,文明往往同文化,也就是与人类智力发展和秩序形成有关。文明是反映人类社会发展程度的概念,是人类社会进步的标志。根据张可云(2014)的研究,从人与自然的关系来看,文明的本质是人类的发展方式和生活方式,在价值观的取向上表现为处理人与自然和人与自然关系的态度。在物化结果上表现为人类改造世界的物质和精神成果的总和。②从人类文明史来看,大体上可以分为原始文明、农业文明和工业文明。而根据英国历史学家汤因比的研究,人类历史上曾经出现过26个文明,有些已经消亡,有些仍然存在。总体来看,进入人类社会后,在工业文明以前,由于生产力非常落后,自然的力量比较强大,而人类的力量比较弱小,在强大的自然面前,人类对自然充满了恐惧和崇拜,把自然界的各种自然现象通过图腾崇拜、神话传说等形式给予神

---

① [美]恩斯特·迈尔:《进化是什么》,田洺译,上海科学技术出版社2009年版,第7页。
② 张可云:《生态文明与区域经济协调发展战略》,北京大学出版社2014年版,第2页。

化，希望通过人类这种虔诚的祈祷、祭祀等活动，使自然力量减少对人的生命及生产生活的影响。虽然如此，但自然并没有因为被人神化而改变其自身的规律。自然仍然在按照自己的规律出现刮风、下雨、雷鸣、闪电、山火、火山、海啸、雪崩、地震等，而人类也仍然面临着缺衣少食、生活水平低下的窘境。后来随着生产力的发展，人类从原始文明进入农耕文明，铁器的发明、驯化动物圈养的出现使得人类维持自身生存的能力有所提高，但这一时期，人类的力量与自然界相比仍然比较弱小，仍然过着"日出而作、日落而息"式的依附于自然的生活。到了工业文明以后，人类改造自然的能力大大加强，一方面，表现为生产力的快速发展，单位时间内产品产量迅速增长，物质财富快速丰富，人类真正从短缺经济时代，开始逐步步入相对过剩经济时代。正如马克思指出的："资产阶级争得自己的阶级统治地位还不到一百年，它所造成的生产力却比过去世世代代总共造成的生产力还要大，还要多。自然力的征服，机器的采用，化学在工农业中的应用，轮船的行驶，铁路的通行，电报的往返，大陆一洲一洲的垦殖，河川的通航，仿佛用法术从地底下呼唤出来的大量人口，——试问在过去哪一个世纪能够料想到竟有这样大的生产力潜伏在社会劳动里面呢？"[1] 另一方面，经济发展具有两面性，任何经济发展一定是建立在对资源耗费和环境影响的基础上的，一般来说，经济越发达，物质财富越丰富，对资源的耗费越多，废弃物排放得越多，环境污染也就越重。反之亦然。因此，工业文明的出现不仅通过改造自然创造了大量的物质财富，改变了人们的生产生活方式，而且也给自然环境带来了巨大的损害。如19世纪末在美国就出现了资源的破坏性开发，引发了资源保护运动。20世纪30年代到70年代，以比利时马斯河谷烟雾事件、美国多诺拉烟雾事件、洛杉矶光化学烟雾事件、伦敦烟雾事件、日本四日市哮喘事件、熊本县水俣病事件、富山县痛痛病事件、九州和爱知县的米糠油事件为代表的环境污染公害引发了世界的广泛关注。特别是这些环境公害出现在

---

[1] 《马克思恩格斯全集》第4卷，人民出版社1958年版，第471页。

发达国家,而发达国家又掌握着世界舆论的话语权,发达国家对生态环境污染的重视和生态环境的保护对于世界范围内民众的生态意识觉醒起到了重要的推动作用,引发了人们对于人与自然关系的思考。

随着环境问题的不断出现,越来越多的学者开始反思经济发展与生态环境的关系,逐渐突破人类中心主义局限,认识到人类经济活动承担着环境保护生态责任的社会思潮。人类中心主义是指把人的发展看作第一需要,把自然环境作为一种满足人类发展需要的工具的思潮。人类中心主义反映了工业革命以来,随着工业化、城镇化快速推进而对生态环境持有漠视观点的人的思维,认为只要为了人的利益,特别是经济利益和物质利益,资源、环境和生态等都可以作为增加人们福利的工具,至于对生态环境本身会产生什么样的反作用,不需要去考虑,只需要考虑人的利益即可。但不断出现的环境问题使得人们开始重新思考人类中心主义的观点,特别是各类环境公害不断出现,导致大量人口突然生病,甚至死亡而引发的思考,逐渐形成了环境中心主义。环境中心主义是相对于人类中心主义而言,认为我们生活在一个有限的世界中,各种资源是有限的,各种生态环境也都是有限的,但对于人们的正常生存和发展又具有非常重要的作用,我们必须努力来保护生态环境和有序利用资源,否则人类将面临可怕的灾难,像人口爆炸、资源短缺、气候变暖、生物多样性受到破坏、臭氧层破坏、热带雨林消失等,因此,为了保护人类的长远利益,实现可持续发展,必须努力保护生态环境,把生态环境作为人的伦理观的重要内容。正如美国学者巴里·康芒纳指出的,人们生活在两个世界中,一个是与所有其他生物共同居住的自然世界,另一个是我们人类自己创造的世界,过去我们对人为世界中的食物承担责任,但对自然世界中发生的情况却没有责任,但现在地球上两个世界的划分已经被打破,我们对生态环境的损害,"像巫师之徒那样,全然不知我们的行为所可能造成的灾难性后果"[1]。因此,为了避免这种灾难性后

---

[1] [美]巴里·康芒纳:《与地球和平共处》,王喜六、王文江、陈兰芳译,上海译文出版社2002年版,第2页。

果,我们需要承担起生态责任,履行保护生态环境的义务,为了实现生态环境保护,人口和经济增长都应该有个限度,正如罗马俱乐部在1972年发表的著名的《增长的极限》中指出的,人类面临着两种选择:一种是如果在世界人口、工业化、污染、粮食生产和资源消耗方面以现在的趋势继续下去,这个行星上增长的极限将在今后一百年中发生;另外一种是改变这种增长趋势和建立稳定的生态和经济的条件,以支撑遥远未来是可能的。因此,如果世界人民想选择第二种结果,那行动越早,成功的可能性越大[1],而且"给世界人口和经济增长强加上一个制动器,而绝对不是导致冻结世界各国经济发展的现状"[2]。

尽管罗马俱乐部的《增长的极限》属于悲观主义的代表作,虽然后来也受到很多的批评,但它广泛的传播助推了民众生态意识的觉醒,使人们认识到为了人类未来的发展,为了后代人的发展,我们需要承担起生态环境保护的生态责任。

所谓生态责任,一般是指社会主体所承担的加强生态环境保护,以避免人类陷入各种环境危机而影响可持续发展的任务或义务。生态责任要求责任主体把生态环境保护看作分内之事,是不容推辞、需要尽力履行并愿意为之付出相应努力的价值认同和行为方式。由于生态环境保护是事关全人类福祉的事业,而且也是关系到未来子孙发展福祉的事业,但其系统性、整体性、外部性等特征决定了不同主体之间的生态责任边界难以划分得非常清晰,而是需要一种担当的意识和博大的情怀。

二、企业的生态责任

企业是经济发展的微观基础,也是运用各种生产要素进行协作生产以创造财富的产业组织,它们的生产经营行为既对生态环境起直接决定性的影响,

---

[1] 罗马俱乐部:《增长的极限》,李宝恒译,四川人民出版社1983年版,第20页。
[2] 罗马俱乐部:《增长的极限》,李宝恒译,四川人民出版社1983年版,第228页。

也会因为对消费者及政府行为的影响而对生态环境保护起非常重要的作用。

(一)企业理论的演进

在经典的经济学理论中,企业被看作以追求利润最大化为终极目标的市场组织,它们一方面通过要素市场购买各种生产要素,进行生产协作,创造出合格的产品和消费者满意的服务;另一方面能够把这些产品和服务在市场上出售,以实现企业盈利的目的。从企业史的角度来看,无论是传统企业还是现代企业,都需要一定的资源要素投入,其生产创造出来的产品或服务,也会以不同的形式影响生态环境,但长期以来,生态环境并没有成为企业理论分析的重点。在新古典经济理论中,企业被看作一端输入生产要素,另一端就会自动产出合格产品的"黑箱",企业是一种包含资本和劳动以及技术的"生产函数",虽然包括各种资源环境在内但被统称为"土地"的要素也是重要的生产要素,但一般假定"土地"供给不变,因此不纳入企业经济决策范围中,没有在生产函数中体现,也就是不会影响企业的生产决策,自然也不会对宏观经济增长形成影响。由此可见,在新古典经济学中,企业只是生产函数这种研究经济增长或交换的外在形式,至于企业内部如何运转以及企业为何而存在却缺乏足够的解释。

新古典经济学关于企业的这种假设遭到了以科斯为代表的新制度经济学家的批评,科斯提出企业和市场是组织相同交易活动的可替代的模式。[1]1937年,美国经济学家罗纳德·哈里·科斯在其《企业的性质》一文中提出为什么企业会出现,为什么企业内部的行政命令会取代市场交易的问题。尽管当时该文没有引起大的反响,但到20世纪70年代,科斯的观点引发了越来越多的关注,并开创了"企业理论"的研究。根据该理论,企业被看作一种使行政命令比市场价格机制更为有效的资源配置方式的载体,一方面行政命令比市场价格机制的交易成本更小,因为利用市场价格机制也是

---

[1] [美]威廉姆森、温特主编:《企业的性质——起源、演变和发展》,姚海鑫、邢源源译,商务印书馆2007年版,第2页。

有成本的；但另一方面，行政命令也是存在管理成本的，而企业的边界将会扩展到企业的边际管理成本等于外部的价格机制的边际成本的时候为止。① 因此，当市场价格机制的交易成本比较高的时候，企业就会出现。从理论上来说，尽管科斯开创的企业理论更多的在于事后的解释性阐释，而很难精准地测算出企业会不会产生以及某一个地区或行业可以容纳的企业的数量规模等问题，但毕竟为企业的出现、企业的性质、企业的边界提供了一种理论解释，进而开创了新制度经济学的研究范式，也拓展了产业组织理论，为更好地分析企业行为提供了一种视角。

企业的出现，一方面能够降低交易费用，另一方面会提高管理费用，因此，企业面临着如何权衡规模经济效应与企业活力之间的矛盾，这也被称为"马歇尔冲突"。为了解决"马歇尔冲突"，理论界逐渐形成了产业组织理论。产业组织理论是研究不完全竞争市场中的企业行为和市场结构的理论。早期的产业组织理论侧重于研究市场结构问题，通过对市场中的行业集中度差异与产业或企业利润的关系来分析企业行为和影响。但随着20世纪80年代新产业组织理论的兴起，人们开始认识到市场结构是由企业规模决定的，而企业规模又受到交易费用高低的影响，交易费用的高低则取决于交易活动所面临的不确定性和复杂程度，而实际上都根源于企业作为市场交易者的行为特征。但是考虑到虽然企业都是以盈利为目的，但不同企业的决策行为具有很强的不确定性，要根据外在条件的不同，通过相关主体的博弈行为来谋求最优的决策。政府的政策将会影响企业的决策和行为模式，并最终会影响经济发展。

政府的政策对企业经营决策具有重要影响，因为政策由国家权力机关（在马克思主义话语体系中被称为"暴力机器"）作为政策执行的保障，因此，一般来说政策具有强制性。传统的新古典经济学把政府政策看作经济发展的外生变量，企业只有被动接受，并在既定政策环境下寻求资源配置的优化。

---

① 颜鹏飞主编：《新编经济思想史·第9卷——20世纪末21世纪初西方经济思想的发展》，经济科学出版社2013年版，第53页。

但从 20 世纪 60 年代开始，逐渐兴起了规制经济学，对政府与企业之间的互动研究不断加深。

(二) 环境规制

规制一词来源于英文的"regulation"或"regulatory constraint"，尽管现在经常被使用，但如何定义却仍存在分歧，一般来说是指"一种存在于放任的自由市场与极端的政府所有制之间的一种管理社会的方式"[①]。根据《社会科学纵览——经济学系列》的界定，规制被看作通过设立政府职能部门来管理经济活动的公共政策的一种形式，政府通过对抗性立法程序来协调经济冲突而不是依靠市场力量。卡恩则认为规制是"对该种产业的结构及其经济绩效的主要方面的直接的政府规定，如进入控制、价格决定、服务条件及质量规定，以及在合理条件下服务所有客户时应尽义务的规定"[②]。日本学者植草益在 1992 年提出，规制是根据一定的规则对构成特定社会的个人和构成特定经济的经济主体的活动进行限制的行为。[③] 规制可以根据实施限制行为决策的主体不同，分为私人规制和公共规制，前者主要是指私人约束私人的行为，比如父母对子女行为的约束，后者主要是指政府机关等社会公共机构对相应人群的约束行为，比如法律法规对相应规范群体的约束等。而日本学者金泽良雄则把规制定义为"国家干预"，其中包括消极的干预（限制权利）和积极的干预（保护协助）。[④] 也有学者把规制划分为经济规制和社会性规制，前者一般是指处理自然垄断和信息偏差问题的规制，而后者一般是指处理外部不经济和非价值物问题的规制。[⑤] 而我们一般说的规制大多是公共规制。

[①] 顾正娣：《环境规制对企业绿色技术创新影响研究》，博士学位论文，东南大学 2016 年，第 8 页。
[②] 陈富良：《放松规制与强化规制》，上海三联书店 2001 年版，第 4 页。
[③] [日] 植草益：《微观规制经济学》，朱绍文等译校，中国发展出版社 1992 年版，第 1 页。
[④] 转引自 [日] 植草益：《微观规制经济学》，朱绍文等译校，中国发展出版社 1992 年版，第 2 页。
[⑤] 转引自 [日] 植草益：《微观规制经济学》，朱绍文等译校，中国发展出版社 1992 年版，第 2 页。

美国著名经济学家乔治·施蒂格勒对规制的流行观点进行的梳理获得了广泛的认可,他认为,政府管制的设计和实施应主要是为受管制的产业的利益服务的。一种观点认为管制主要是为了保护全体公众或一些人数众多的社会集团的利益而制定,另一种观点认为政治行为很难进行理性的解释,由于国家拥有一个即使是最有实力的公民也不能分享的资源,即强制权,而管制(实际上是规制)则是政府为顺应一些利益集团的需要而制定和实施的一种强制权的使用。[①]

随着生态环境问题的不断凸显和民众生态意识的觉醒,政府也越来越关注生态环境保护。比如,美国在蕾切尔·卡森的《寂静的春天》发表后,这本被称为"惊醒美国政府和全世界,引发全球环境保护运动"的著作引起了广泛的社会反响,也引发了包括理论界、化学工业产业、民众等广泛的讨论,甚至演变成对个人的攻击,但这种广泛的争论最终因为涉及农药等化学工业发展前景以及相应管理问题,而成为美国政府必须面对的问题。美国的农业部和卫生教育与福利部也都开展了少量的相关研究,对卡森的观点进行了批评。但美国总统科学顾问委员会的介入使这样一个学术研究进入政治的视野,该委员会还曾邀请蕾切尔·卡森进行了一天的研讨,最终卡森的观点基本上说服了与会委员,并在该委员会不久完成的《有关农药的工作报告》中得到体现,该报告被提交给时任美国总统肯尼迪。肯尼迪总统在竞选时还曾经当众吃下被认为受到杀虫剂污染的越橘而表示对种植者的声援,但后来又邀请卡森出席其家庭聚会,说明政府开始意识到环境保护已经引起了公众的关注。更为重要的是,1970年1月1日,被认为是美国最重要的独立的环境法案《国家环境政策法案》签署生效,而且当年还成立了制定环境政策和处理环境问题的政府机构——美国环境保护总署,这就为环境规制提供了政治基础。1972年,美国全面禁止DDT的生产和使用,同一年,联合国人

[①] [美]乔治·施蒂格勒:《产业组织和政府管制》,潘振民译,上海三联书店、上海人民出版社1996年版,第211—213页。

类环境会议也在瑞典首都斯德哥尔摩成功召开。① 以此为代表,环境保护已经由学者的呼吁转变为政府政策的选择和世界各国的共性价值追求。

生态环境保护的价值理念不仅影响到各国政府政策的选择,而且也开始作为一种政治力量进入传统的政治领域,成为一种现实的政治力量。1972年澳大利亚的塔斯马尼亚州(Tasmania)成立了名为联合塔斯马尼亚小组的政治组织,成为世界上第一个绿党组织。同年,在新西兰成立了价值党,该党成为第一个全国性的绿党,该党提出了经济与人口零增长以实现稳定状态和减少污染的主张。新西兰价值党还积极地参加全国议会选举,他们最好的竞选成绩是1975年曾获得5.2%的全国选票。1973年在英国成立了英国绿党,这被认为是欧洲第一个绿色政党。该党在刚成立的时候叫人民党,1975年的时候改为生态党,1985年才正式改名称为绿党。1979年瑞士绿党的候选人丹尼尔·布莱拉兹(Daniel Bre'laz)被选入议会成为绿党历史上第一个全国议会议员,也使瑞士绿党成为第一个全国性议会党。比利时还出现了两个绿党,在1981年的全国性选举中还都获得了议会席位。而德国绿党虽然不是第一个成立的绿党,也不是第一个进入全国议会的绿党,但是其成为德国第三大政党。后来,芬兰、卢森堡、奥地利、意大利、瑞典、荷兰等国家也都先后成立了绿党。② 绿色政党的成立以及进入全国性议会,意味着生态政治原则和绿色政策开始进入政策层面,特别是各种环境保护的法律法规、政策规范不断出现,各国政府开始不断加大和完善环境规制的供给,推动了全球环境保护的进程。

(三)生态视域下的企业责任

传统意义上的企业,往往被视为进行产品创造和经营的产业组织,是为股东创造利润的组织形式。但随着民众生态意识的觉醒和政府环境规制供给的不断增加,企业也面临越来越多生态环境保护的责任。作为市场的企业,

---

① [美]蕾切尔·卡森:《寂静的春天》,庞洋译,台海出版社2014年版,第8—15页。
② 郇庆治:《绿色乌托邦——生态主义的社会哲学》,泰山出版社1998年版,第200—203页。

面临市场的竞争压力，同时叠加环境保护的压力，这种压力无论是来自于民众生态意识觉醒而导致的消费者选择偏好的改变，还是来自政府环境规制的加强，都迫使企业不断加强生态环境保护，开始主动或被动地承担起生态责任。

（1）从生态视域来看，在现代市场经济中，企业并不能"无中生有"地创造财富，必须以某些其他自然生态资源投入作为基础，换句话说，"巧妇难为无米之炊"。企业创造财富的过程，同时也是消耗其他资源财富的过程。因此，企业是一个生态经济系统，"是一个由经济、人口、资源、生态等组成的多目标、多质量、多因素纵横交错的立体网络系统"[①]。企业作为以追求利润最大化为终极目标的组织，无论是大公司还是小企业、传统企业还是现代企业、生产加工型企业、商贸物流型企业，都无法否认自身的生产经营行为依赖于生态环境并可能对生态环境造成或多或少的影响。企业是建立在生态环境系统之上，不能离开生态环境系统而单独存在。从某种意义上来说，在现代社会，企业的规模越大、行业越多、产品越丰富、技术越先进、盈利能力越强，其对生态环境的影响越大，其受到生态环境的影响也越大，企业与生态环境之间存在的相互依存、相互利用、相互融合的关系，使企业内在地承担生态环境保护的责任。

（2）从企业盈利本质来看，企业是以盈利为目的的市场化组织，在市场经营过程中，要受到消费者"货币选票"的检验。如果赢得了消费者的认可，消费者就会用"货币选票"来购买企业的产品或服务，企业自然会实现盈利的目的。相反，如果企业在经营过程中，不能采取符合消费者预期的行为，消费者不认可企业的生产经营行为，企业就很难发展壮大，甚至可能面临着破产倒闭的命运。近几十年来，随着广大消费者生态意识的觉醒，消费者越来越认识到环境保护的重要性，也希望通过自身的消费行为来为生态文明建设作出贡献，以保护人类共同的未来。世界银行数据研究表明，当一个国家

---

① 安艳玲：《绿色企业》，中国环境出版社 2015 年版，第 2 页。

的人均 GDP 超过 3000 美元时，绿色消费量就会明显增加。随着我国生态意识的觉醒和生活水平的提高，我国消费者愿意为绿色产品支付不高于 5% 的溢价。[1] 也有研究发现，我国东部、中部、西部地区在绿色产品溢价的支付意愿上存在差别，以绿色大米为例，东部、中部、西部地区的消费者对绿色大米的意愿溢价水平分别为 145.2%、140.09% 和 91.82%[2]，由此可见，尽管东部、中部、西部地区在绿色产品的意愿溢价方面差异较大，但一方面各地消费者都有较高的意愿溢价水平，另一方面消费者的意愿溢价水平和地区经济发展水平呈现出较强的相关性。在国外，消费者也具有较高的绿色产品溢价支付意愿，如斯科凯（Sckokai）等发现，意大利消费者对有机牛奶的平均意愿溢价为 29%，海（Hai）等发现越南消费者对有机蔬菜的意愿溢价为 70%。[3] 正是由于民众对环境友好型产品愿意提供更高的价格，尽管这些产品的生产成本可能会相对较高，但出于追求利润以及企业生存的考虑，企业也会主动地转向承担生态责任，特别是在信息社会，广大企业的形象会直接影响消费者对其提供商品的认可程度，如果一个企业完全忽视生态环境保护的生态责任，其企业的美誉度、企业形象等都会受到影响，进而影响企业的生存。

（3）从政府环境规制的影响来看，政府环境规制供给日益完善要求企业必须承担起生态责任。政府作为民众共同利益的代表和公共政策的供给者，必须反映公共的利益，作出有利于民众共同利益的政策选择。由于民众生态意识觉醒，政府也必须顺应民众对良好生态环境的关注而不断出台和完善相关的环境规制，各种环境规制也必然会对企业生产经营产生影响，甚至会使企业面临着更为严苛的环保标准、排放标准，如果企业不能尽快转型，不仅

---

[1] 但秀丽：《我国消费者绿色消费行为倾向及驱动因素研究》，《商业经济研究》2020 年第 11 期。
[2] 梁志会等：《基于 MOA 理论消费者绿色农产品溢价支付意愿驱动路径分析——以大米为例》，《中国农业资源与区划》2020 年第 1 期。
[3] 梁志会等：《基于 MOA 理论消费者绿色农产品溢价支付意愿驱动路径分析——以大米为例》，《中国农业资源与区划》2020 年第 1 期。

会面临被市场淘汰的风险，而且可能会因为违反相应的环境标准而受到行政处罚，甚至面临被强制破产的危险。从某种意义上来说，环境规制实际上是通过行政手段强加给企业承担一部分成本，当然这种成本可能是企业自身本应承担的，也可能是由于其他市场主体的行为衍生而强加给企业的，无论哪一种，本质上都是增加了企业的成本支出，因此，对于企业的盈利能力构成一定的影响，当这种影响足够大的时候，该企业甚至行业都可能面临退出市场的风险。因此，随着政府环境规制的不断完善，企业必须承担起相应的环境保护的责任。

从生态视域来理解企业的生态责任，要求企业在生产经营的全过程都要关注企业自身的生产经营行为以及上下游产业链之间的经济活动对生态环境的影响。比如企业产品的设计是否能够贯彻减量化、资源化、无害化的原则，所使用的能源是否是绿色的，企业的生产过程是否做到了减量化、资源化、再利用，企业文化中是否体现出对生态环境的爱护，是否对企业的供货商、经销商有生态环境保护相应的要求和检查，企业产品和服务对生态环境的影响，产品是否能够回收和处置，等等。

第二节　国有企业的生态责任

国有企业作为由国家出资或控股的企业组织形式，在现代市场经济中发挥着重要的作用。由于国有企业产权归属的公共性，使国有企业需要承担更多的社会责任，面临比普通民营企业更多的制度约束。从生态环境保护的角度来看，国有企业需要承担更多的生态责任。

一、马克思主义的国有企业生态责任理论

（一）马克思主义的国有企业理论

国有企业是对企业产权归属的一种描述。虽然国有企业古已有之，但古代的国有企业更多是一种为王权或皇权创造和积累财富的经济形式，在国

家经济格局中处在从属地位。一直到近代资本主义出现，虽然社会占主导地位的企业组织形式仍然是以私有制企业为主体，但在1657年，英国成立了由政府直接经营邮政业的企业组织，而成为近代第一个拥有国有企业的国家[①]，也开创了现代意义的国有企业。从产权组织形式来看，国有企业是对私有制企业的一种替代，是生产资料由私人占有转为由民众或政府代表民众共同占有的一种组织形式。马克思、恩格斯在吸收借鉴空想社会主义者关于国有企业和国有经济思想的基础上形成马克思主义的国有企业理论。

在西方的文艺复兴时期，作为早期空想社会主义者的T.莫尔（Thomas More）、T.康帕内拉（Tommaso Campanella）以及F.培根（Francis Bacon）等人就在其《乌托邦》《太阳城》《新大西岛》等著作中阐述过他们心中的理想社会。他们设想：在那里，没有私有财产、没有不劳而获、没有争斗，以及违法行为，所有的人都是基于对人类社会的最高理想和最高价值以及对实现它的制度安排的一致意见，实现了社会生活的高度和谐和自我管理。在这些著作中，我们无一例外地看到了对私有财产制度以及在此基础上的人类利己行为的强烈抨击，对建立在共有财产制度基础上的、具有一致社会目标的人们高度组织化的社会生活的推崇和向往。19世纪初出现的以R.欧文（Robert Owen）、圣西门（Saint-Simon）和C.傅立叶（Charles Fourier）为代表的空想社会主义者们，由于目睹了资产阶级大革命以来的社会现实，目睹了资产阶级革命并没有带来启蒙运动思想家们所设想和资产阶级宣传、许诺的"自由、平等、博爱"的理想王国，而只是带来了"资产阶级的理想化的王国"——资本主义市场经济。空想社会主义者认为正是由于资本主义私有制，特别是生产资料的私有制决定了资本主义社会矛盾的存在，而要解决这些问题，就需要废除资本主义私有制，建立生产资料公有制。显然，从他们的视角来看，公有制是实现社会公平正义的方法和手段，而国有制是公有制

[①] 邓荣霖：《外国国有企业的来龙去脉·总序》，转引自陈宝明编著：《国有企业之路：英国》，兰州大学出版社1999年版，第8页。

的一种重要组织形式，从而发展包括国有经济在内的公有制经济，对于消除社会不公平现象、实现人类的繁荣和正义具有重要的作用。他们发展国有经济的理论逻辑在于把国有经济看作一种实现公平正义的手段和途径。

马克思和恩格斯在批判的吸收借鉴空想社会主义思想的基础上，形成了历史唯物主义和剩余价值理论，也使社会主义理论从空想变为科学。马克思通过分析认为，资本主义私有制经济下，出于最大化剩余价值的需要，资本家会通过压低工人工资等方式提高剩余价值率。商品具有使用价值和价值的"二因素"特点，使追求资本价值增值，也就是追求剩余价值最大化的资本家要实现其生产目的，必须以让渡使用价值（即售卖出去）来实现。随着生产力的发展，生产日益社会化，社会化的分工一方面会使劳动生产率提高，创造出更多的商品；另一方面会使商品价值实现面临约束，特别是私有制经济为主体的经济结构会在剩余价值规律下面临有效购买力不足的约束，从而导致资本主义经济因为生产的日益社会化和生产资料的私人占有制之间存在不可调和的矛盾，这种矛盾发展到一定程度，以追求剩余价值最大化，从而价值最大化的经济会面临有效购买力不足而导致的价值和剩余价值难以实现的矛盾，现实生活中会表现为经济危机的不断出现。

要避免资本主义经济危机周期性地出现，需要改变资本主义私人占有制为基础的经济制度，构建以公有制为主体的经济制度。在竞争的压力下，市场不断地让位给组织，"在托拉斯中，自由竞争转变为垄断，而资本主义社会的无计划生产向行将到来的社会主义社会的计划生产投降"[1]。在社会上，"资本主义社会的正式代表——国家终究不得不承担起对生产的管理。这种转化为国家财产的必要性首先表现在大规模的交通机构，即邮政、电报和铁路方面"[2]。最后，作为最终解决资本主义市场经济制度不断激化的内在矛盾的唯一出路，必然是："由社会公开地和直接地占有已经发展到除了适于

---

[1] 《马克思恩格斯选集》第3卷，人民出版社2012年版，第809页。
[2] 《马克思恩格斯选集》第3卷，人民出版社2012年版，第809页。

社会管理之外不适于任何其他管理的生产力。"① 而"一旦社会占有了生产资料,商品生产就将被消除,而产品对生产者的统治也将随之消除。社会生产内部的无政府状态将为有计划的自觉的组织所代替"②。"一切生产部门将由整个社会来管理,也就是说,为了公共的利益,按照总的计划和在社会全体成员的参加下来经营。这样,竞争将被这种新的社会制度消灭,而为联合所代替。因为个人管理工业的必然后果就是私有制,因为竞争不过是个别私有者管理工业的一种方式,所以私有制是同工业的个体经营和竞争密切联系着的。因此,私有制也必须废除,代替它的是共同使用全部生产工具和按共同协议来分配产品,即所谓财产共有。"③ 在存在国家政权的社会中,财产共有的基本形式是以国有企业为代表的公有制企业,国有企业的存在既可以因为政府的控制而使生产经营纳入政府计划体系中,使以国有企业为主体的经济制度能够避免私有制经济导致的两极分化和周期性经济危机,也可以通过政府控制而形成体现政府社会共同体利益的经济行为。

恩格斯在《反杜林论》和《社会主义从空想到科学的发展》等著作中,对国有经济也进行了论述,其主要观点有:(1)无产阶级夺取政权以后,要以社会的名义,占有从资产阶级那里剥夺而来的资产,因此,国有制是必然要采取的形式;(2)但国有制不是社会主义的基本特征,因为在其他社会制度下也有国有制;(3)社会主义条件下的国有制只是一种过渡形式,因为国家本身最终也是要消亡的,或正如他所认为的,"国家真正作为整个社会代表所采取的第一个行动,即以社会名义占有生产资料,同时也是它作为国家所采取的最后一个独立行动"④。恩格斯对国有企业的分析告诉我们,国有企业只是一种财产组织形式,是生产经营的组织,国有企业是一种必要的体现公共利益的财产形式,但国有企业并不一定会体现公共利益,不是社会主义

---

① 《马克思恩格斯选集》第 3 卷,人民出版社 2012 年版,第 811 页。
② 《马克思恩格斯选集》第 3 卷,人民出版社 1995 年版,第 663 页。
③ 《马克思恩格斯选集》第 1 卷,人民出版社 1972 年版,第 217 页。
④ 《马克思恩格斯选集》第 3 卷,人民出版社 1972 年版,第 320 页。

的经济制度的特征,不是公共利益的唯一实现形式。因此,从所有制的历史演进来看,人类社会的第一种所有制是部落所有制,第二种所有制是古代的公社所有制和国家所有制,之后才出现了各种类型的私有制。随着生产力的发展,生产资料私有制也会因为孳生出反对私有制的因素而导致私有制被新的公有制所取代。但这种公有制与古代的公社所有制和国家所有制并不完全相同。即使是近代以来的国有制也不能等同地看待,不能把国有制的形式和国有制的性质混同起来。比如恩格斯曾指出,不能把俾斯麦推行的国有化等同于社会主义性质的国有化,也不能把烟草国营看作社会主义性质的国有企业,否则那就是冒牌的社会主义。比如恩格斯指出:"比利时国家出于纯粹日常的政治和财政方面的考虑而自己修建国家的铁路干线,俾斯麦并非考虑经济上的必要,而只是为了使铁路能够更好地适用于战时,只是为了把铁路官员训练成政府的投票家畜,主要是为了取得一种不依赖于议会决定的新的收入来源而把普鲁士的铁路干线收归国有,这无论如何不是社会主义的步骤,既不是直接的,也不是间接的,既不是自觉的,也不是不自觉的。否则,皇家海外贸易公司、皇家陶瓷厂,甚至陆军被服厂,也都是社会主义的设施了。"[①]

如果说空想社会主义者对资本主义私有制的批评是从社会公平正义和未来美好社会构建的角度来展开的,从而论证国有企业和国有经济的必然性的话,那马克思主义经典作家则更多的是从资本主义市场经济运行的内在矛盾视角来展开对私有制的批判和对公有制经济的构建。国有经济和国有企业不仅能够避免资本主义私有制条件下,资本逐利性导致的社会不公问题,而且能够避免经济周期性危机的出现,实现经济健康发展。由此可见,在马克思主义经典作家看来,国有企业是实现公共利益的方式。

(二)马克思关于生态经济的思想

尽管马克思、恩格斯著作等身,但并没有专门论述生态经济思想的著

[①] 《马克思恩格斯文集》第9卷,人民出版社2009年版,第294—295页。

作。虽然如此,我们仍可以从马克思、恩格斯众多的著作中体会到其深邃的人与自然关系思想以及生态经济的认识。

(1)人与自然关系的思想。与传统的经济学理论把自然作为外在的永续供应物不同,马克思恩格斯把自然既看作外在物,认为自然先于人而存在,人是自然的一部分,人的生存要依赖于自然环境提供的各种物质资源和生态环境。同时,也把自然看作人劳动改造的对象,人类通过劳动,特别是生产性劳动能够改变自然的状态,为人类的发展创造出更多的物质财富,但这种财富的创造也会对自然生态环境形成影响。因此,从某种意义上来说,马克思恩格斯把人与自然的关系看作经济社会运行的基本关系。

在马克思恩格斯看来,经济发展是生产力发展的结果或表现,核心是处理好一定生产方式下的经济利益关系,也就是处理好生产力和生产关系、经济基础和上层建筑的关系。马克思之所以从大学时所学的法律以及感兴趣的哲学和历史学科转向了经济学的研究,主要动因是他遇到要对物质利益问题发表意见的"难事"以及分析"市民社会"即经济关系的需要。正如恩格斯曾指出的:"我曾不止一次地听到马克思说,正是他对林木盗窃法和摩塞尔河地区农民处境的研究,推动他由纯政治转向研究经济关系,并从而走向社会主义。"[①] 而在1984年《莱茵报》被查封后,马克思开始研究国家同市民社会的关系,他后来在《〈政治经济学批判〉序言》中写道:"法的关系正像国家的形式一样,既不能从它们本身来理解,也不能从所谓人类精神的一般发展来理解,相反,它们根源于物质的生活关系,这种物质的生活关系的总和,黑格尔按照十八世纪的英国人和法国人的先例,称之为'市民社会'。"[②] 由此可见,马克思认为"市民社会"本质上就是一种"物质的生活关系的总和",也就是生产关系的总和,是指社会经济制度。

在社会经济制度中,人们发展生产力,改造自然,需要借助于以生产工

---

① 《马克思恩格斯全集》第39卷,人民出版社1974年版,第445页。
② 《马克思恩格斯全集》第13卷,人民出版社1976年版,第8页。

具为代表的技术的力量。在西方主流的经济理论中，技术在新古典意义上是外生的，而新经济增长理论把技术纳入经济分析模型从而实现技术内生化，但无论何种经济增长理论，都把技术进步作为一种不会对生态环境产生影响，进而毫无外部约束的自然过程。但实际上技术进步是一把"双刃剑"，它在推动经济增长，增强人们改造自然、创造物质财富能力的同时，也对生态环境本身产生影响。从某种意义上来说，生态环境的破坏根源于技术进步，没有技术进步，人类经济发展难以快速增长，难以养活太多的人口，不会出现人口爆炸，自然也就不会对生态环境产生太大的冲击。因此，现在西方的人类中心主义者和环境中心主义者之间对技术进步持有非常对立的观点。但马克思主义认为，技术进步是人们认识自然、改造自然的能力，但这种改造是以承认和尊重自然为基础的。马克思恩格斯在吸取了达尔文的进化理论、海克尔的生态学理论、李比希的农业化学理论、摩尔根的人类学理论等科学内涵的基础上[1]，指明了人的进化性决定了人与自然的相互影响相互制约的作用，人会受到周围生态环境的影响，人类要进化到文明社会，需要通过劳动的形式综合运用各种科技成果的产物。但人类借助于科学技术来改造自然的劳动，在资本主义制度下往往会造成生态异化的现象，也会影响人类自身的生产和再生产。如马克思在《1844年经济学哲学手稿》中揭露了资本主义借助科学技术造成了违反自然的荒芜和被污浊毒气所污染的穴居的人。恩格斯在1844年发表的《英国工人阶级状况》中也指出，由于工人区空气污染，人们的肺得不到足够的氧气而导致工人的生命力减退，被过早地送进了坟墓。[2]

因此，马克思恩格斯认为人与自然具有内在的统一性。这种统一性表现在，一方面人类是自然界的一部分，是自然界长期发展的结果，人在自然中

---

[1] 张云飞：《马克思主义生态思想》，载陈宗兴主编：《生态文明建设（理论卷）》，学习出版社2014年版，第96页。

[2] 张云飞：《马克思主义生态思想》，载陈宗兴主编：《生态文明建设（理论卷）》，学习出版社2014年版，第97—98页。

同时本身也是自然的组成部分。因为"人直接地是自然存在物,人作为自然存在物,而且作为有生命的自然存在物,一方面具有自然力、生命力,是能动的自然存在物;这些力量作为天赋和才能、作为欲望存在于人身上"①。另一方面,人的生存和发展也离不开自然界,自然也是人无机的身体,人的生存依赖于自然,因为"自然界是人为了不致死亡而必须与之处于持续不断的交互作用过程的、人的身体。所谓人的肉体生活和精神生活同自然界相联系,不外是说自然界同自身相联系,因为人是自然界的一部分"②。"没有自然界,没有感性的外部世界,工人什么也不能创造。它是工人的劳动得以实现、工人的劳动在其中活动、工人的劳动从中生产出和借以生产出自己的产品的材料。"③因此,人在发展生产力的过程中,要辩证地看待人与自然的关系,决不能片面地为了人的发展而损害自然,最终要受到自然的报复。正如恩格斯指出的:"我们走每一步都要记住:我们决不像征服者统治异族人那样支配自然界,绝不像站在自然界之外的人似的去支配自然界——相反,我们连同我们的肉、血和头脑都是属于自然界和存在于自然界之中的。"④因此,"我们不要过分陶醉于我们人类对自然界的胜利。对于每一次这样的胜利,自然界都对我们进行报复"⑤。

(2)资本主义私有制是导致生态危机的真正根源的思想。马克思恩格斯从人的自由全面发展的视角出发,提出在资本主义私有制条件下人的异化问题,其中就谈到人与自然的关系也会出现异化。一方面,自然是人类社会生存的前提条件,自然为人类的生存提供了各种资源和生态空间,因此,人的发展应该以自然为尺度;但另一方面,由于私有制条件下对利润的追求,使得资本把生态环境看作追求价值增值的工具,甚至为了利润而牺牲或破坏

---

① 《马克思恩格斯文集》第1卷,人民出版社2009年版,第209页。
② 《马克思恩格斯文集》第1卷,人民出版社2009年版,第161页。
③ 《马克思恩格斯选集》第1卷,人民出版社1995年版,第42页。
④ 《马克思恩格斯文集》第9卷,人民出版社2009年版,第560页。
⑤ 《马克思恩格斯文集》第9卷,人民出版社2009年版,第559—560页。

生态环境，这实际上是一种以人为尺度的发展模式，必然会造成生态异化现象。

异化作为一种把某种事物由手段演变为目的现象，其背后的主导力量是私有制条件下对价值增值或利润最大化的追逐。私有制条件下的人与自然的关系，本质上是一种人类中心主义，是以实现某些人（资本家）的经济利益和物质利益为目标而把生态环境这一人类生存的载体和空间工具化的重要体现，因此必然会导致生态异化。

作为人生存和发展的生物属性，人需要和自然界不断发生新陈代谢和物质及能量交换，这种物质变换和新陈代谢既是人自身再生产的必然条件，也是资本主义经济增长的重要条件。正如西方生态马克思主义者贝拉米·福斯特所指出的，关于人与自然的物质变换，也就是新陈代谢包含着生态意义和社会意义。"马克思在两个意义上使用这个概念，一是指自然和社会之间通过劳动而进行的实际的新陈代谢相互作用；二是在广义上使用这个词汇，用来描述一系列已经形成的但是在资本主义条件下总是被异化地再生产出来的复杂的、动态的、相互依赖的需求和关系，以及由此而引起的人类自由问题——所有这一切都可以被看作与人类和自然之间的新陈代谢相联系，而这种新陈代谢是通过人类具体的劳动组织形式而表现出来的。这样，新陈代谢概念既有特定的生态意义，也有广泛的社会意义。"[①] 从某种意义上来说，这种生态意义在于人的新陈代谢本质上是与自然的物质交换，既会受到自然的影响，也会影响到自然。而这种社会意义在于人的新陈代谢在资本主义私有制条件下会成为经济发展的重要条件。这是因为，人的新陈代谢需要通过不断消费来实现，表现为对资本逐利驱动而生产出来的商品的消费，而商品的消费，正如马克思指出的，消费的需要决定着生产。没有消费，也就没有生产，因为如果没有消费，生产就没有目的。人的消费是提高或满足人的总体

[①] [美]约翰·贝拉米·福斯特：《马克思的生态学——历史唯物主义与自然》，刘仁胜、肖峰译，高等教育出版社2006年版，第175—176页。

性要求的途径。但在私有制条件下，人（特别是劳动者）必须通过被雇佣获取相应报酬才能够具备进行消费的条件，因此，资本家为了追逐利润会通过不断刺激人们的消费而为资本主义生产创造条件，进而对生态环境产生持续的破坏性影响。

  马克思恩格斯在分析资本主义经济运行的过程中，基于历史唯物主义和辩证唯物主义的分析逻辑，既看到资本主义私有制作为一种新的生产力，取代了封建主义，极大地释放了生产力，推动经济快速增长，使人们从短缺时代过渡到相对过剩的时代。其经济根源在于资本主义商品经济条件下，对于利润的追逐，会导致社会出现资本有机构成不断提高的趋势，表现为生产的工业化、机械化、自动化，同时资本主义扩大再生产的进行也要求生产资料优先增长，这两种趋势都意味着经济发展更多地建立在各种物质资源投入的基础之上，而物质资源投入的不断增加，要求人们更多地对自然生态环境进行改变，经济发展的资源环境和生态投入会更大，进而成为破坏自然生态环境的重要原因。资本主义私有制下，利润或剩余价值是资本家阶层唯一感兴趣并永不满足的追求，正如马克思在《资本论》中引用邓宁的话说："资本害怕没有利润或利润太少，就像自然界害怕真空一样。""生产剩余价值或赚钱，是这个生产方式的绝对规律"[1]，资本主义私有制条件下，资本家会采取"以取得劳动的最近的、最直接的效益为目的。那些只是在晚些时候才显现出来的、通过逐渐的重复和积累才产生效应的较远的结果，则完全被忽视了"[2]。因此，只要能够形成足够的利润，资本主义私有制下都会接纳，至于追求利润而导致生产经营行为对自然生态环境的破坏、威胁工人的健康和安全、资源耗竭、环境污染、生态破坏，在资本主义社会或政治格局中都是可以忽略不计的。恩格斯也曾指出："西班牙的种植场主曾在古巴焚烧山坡上的森林，以为木灰作为肥料足够最能盈利的咖啡树施用一个世代之久，至

---

[1] 《资本论》第1卷，人民出版社1975年版，第679页。
[2] 《马克思恩格斯选集》第4卷，人民出版社1994年版，第385页。

于后来热带的倾盆大雨竟冲毁毫无掩护的沃土而只留下赤裸裸的岩石，这同他们又有什么相干呢？"①

尽管资本主义产生几百年来，资本主义以及具体制度也出现过各种改良，但对利润的无限追求是资本主义的核心规律，这一条永远不会改变。也正是出于对利润的追求，资本家希望在激烈的竞争中获得优势，以赚取更多的剩余价值，因此，资本家往往会把一部分利润或剩余价值转化为投资，实现剩余价值的资本化。资本化的过程，本质上也是迫使劳动力更多更高效率地作用于以生产资料形式存在的生态环境的过程。虽然资本家出于节约成本提高剩余价值率的目的，可能会把一些边角料重新进入生产过程，使生产过程中的各种资源得到最有效的利用，真正实现"吃干榨净"，比如，马克思曾指出："一个生产部门的肥料是另一个部门的原材料。……最后，进入直接消费的产品，在离开消费本身时重新成为生产的原料，如自然过程中的废料等等，用废布造纸等等。"②但这种充满了循环经济意味的经济过程，其目的并非保护生态环境，只是为了提高利润，满足追逐利润的形式而已。

因此，马克思对资本主义私有制条件下经济发展规律的研究，发现了出现生态危机的真正根源。从经济运行角度来看，资本主义经济要顺利进行，就需要保持生产、分配、交换、消费的顺畅转换，使资本在产业资本、商业资本、流通资本等各种形态间实现时间上并存、空间上继起。生产和再生产的不断扩张以及为实现剩余价值而必须维持的消费的扩张，必然建立在对资源的大量投入以及废弃物的大量产生的基础上。从社会政治角度来看，资本主义国家作为资本家的利益代表，作为"总资本家"，必然会维护私人资本逐利的本性，只要能够实现资本的增值，满足资本家对剩余价值或利润的追逐，这样的生产生活方式就是"理性的"，至于这样的生产生活方式会对整个生态环境、整个人类的生态福祉产生什么样的影响，政府都不会去"干

---

① 《马克思恩格斯选集》第4卷，人民出版社1994年版，第386页。
② 《马克思恩格斯全集》第46卷下，人民出版社1980年版，第230页。

预"，只有当生态环境成为影响资本逐利的条件时，政府才会关注并采取行动来开展环境治理。从方法论意义上来看，不同于当时主流经济学者从纯粹的"理性"出发，也不同于当时社会以形而上学为主流的价值取向，采取脱离现实的高举人性口号，忽视人为了追求自身利益，更具体地说是资本家阶级为了追求更多的剩余价值（利润），采取破坏自然的生产方式导致生态环境损害。马克思恩格斯从辩证唯物主义和历史唯物主义出发，对资本主义经济产生和发展的历史进行了考察，包括对人与自然关系在资本主义经济发展过程中的演变，正如恩格斯指出的："美索不达米亚、希腊、小亚细亚以及其他各地的居民，为了得到耕地，毁灭了森林，但是他们做梦也想不到，这些地方今天竟因此而成为不毛之地，因为他们使这些地方失去了森林，也就失去了水分的积聚中心和贮藏库。阿尔卑斯山的意大利人，当他们在山南坡把在山北坡得到精心保护的那同一种枞树林砍光用尽时，没有预料到，这样一来，他们就把本地区的高山畜牧业的根基毁掉了；他们更没有预料到，他们这样做，竟使山泉在一年中的大部分时间内枯竭了，同时在雨季又使更加凶猛的洪水倾泻到平原上。"[1]

（3）人与自然和谐共生的走向。马克思恩格斯依据生产力决定生产关系，经济基础决定上层建筑的社会发展规律，通过对资本主义经济运行以及产生的人与自然关系的分析，为我们理解人与自然和谐共生的未来走向和实现路径提供了启发。马克思恩格斯既坚持人的主体性，认为生产力发展是推动社会进步的主导力量，也是实现人的主体性的基础，认识到生产力落后会影响人们对自然环境价值的认识，比如他曾指出："忧心忡忡的穷人甚至对最美丽的景色都没有什么感觉。贩卖矿物的商人只看到矿物的商业价值，而看不到矿物的美和特性，他没有矿物学的感觉。"[2] 因此，对于美，对于环境的美和价值，是生产力发展到一定阶段的产物。从某种意义上来说，生产力

---

[1] 《马克思恩格斯选集》第4卷，人民出版社1995年版，第383页。
[2] 《马克思恩格斯全集》第42卷，人民出版社1979年版，第125页。

越发展，人越从物质的贫乏和自然的束缚中解放出来，人越能够认识自然的价值，从而为实现人与自然和谐共生提供物质条件。但另一方面，马克思也认识到生产力发展是建立在对资源环境影响基础之上的，生产力越发展对资源环境的影响就越大，包括科学技术的不断创新和应用，在推动生产力发展的同时，也在改变着资源和生态环境的状况，甚至让人们对生态环境的影响更为深远。因此，马克思恩格斯在分析资本主义经济的过程中，提出要改变人与自然的这种悲观的结局，正如恩格斯在《自然辩证法》中指出的"要实行这种调节，仅仅有认识还是不够的。为此需要对我们的直到目前为止的生产方式，以及同这种生产方式一起对我们的现今的整个社会制度实行完全的变革。"① 很显然，这种生产方式的变革是对资本主义生产关系的新的扬弃，这种社会制度的变革是从资本主义向社会主义（共产主义）的过渡。而这种由资本主义向社会主义的过渡，按照马克思主义的基本逻辑，也必然是生产资料公有制逐步取代生产资料私有制的过程。在这一过程中，由于实现了生产资料的公有制，劳动，从而经济发展以及对资源生态环境的影响不再是对剩余价值的无限贪婪驱动而没有"极限"，也会使人们对自然资源的开发利用与自然资源的保护得到和谐统一，从而使生产力日益生态化。正如"化学工业提供了废物利用的最显著的例子。它不仅找到新的方法来利用本工业的废料，而且还利用其他各种各样工业的废料"②。到那时，任何人"都不是土地的所有者。他们只是土地的占有者，土地的受益者，并且他们应当作为好家长把经过改良的土地传给后代"③。而这也意味着国家或全社会来共同占有生产资料。当然，马克思恩格斯设想的人与自然真正实现和谐需要到生产力极度发达，在某种意义上来说只有到实现共产主义社会的时候才能真正实现，但也告诉我们国有制经济有助于避免私人资本逐利本性对自然资源和生态环境的损害。

---

① 《马克思恩格斯选集》第4卷，人民出版社1995年版，第385页。
② 《马克思恩格斯文集》第7卷，人民出版社2009年版，第117页。
③ 《马克思恩格斯文集》第7卷，人民出版社2009年版，第878页。

二、企业社会责任理论中的国有企业生态责任理论

企业社会责任理论在20世纪20年代逐步兴起后,虽然理论界对此争论不休,但本质上是对企业社会责任内涵理解不同。自1924年英国学者奥利沃·谢尔顿(Oliver Sheldon)在《管理的哲学》一书中提出"企业社会责任"概念后,到1953年美国学者霍华德·博文(Howard R. Bowen)在《企业家的社会责任》一书中强调企业家的社会责任,再到1960年肯思·戴维斯(Keith Davis)提出企业家的"责任铁律",企业的社会责任越来越受到社会各界的关注和重视。

(一)社会责任理论的提出

企业社会责任的提出是对新古典经济学中对企业(厂商)"经济人"假设的扬弃,是从强调企业自由到强调企业责任的转变。一般来说,根据经典的经济学理论,在均衡的市场中,企业(厂商)作为"经济人",根据自己掌握的信息,对市场进行判断,按照边际收益等于边际成本的原则组织生产,并赚取符合市场平均利润率的利润。企业(厂商)并不承担也不应该承担"经济人"以外的任何外在的其他责任,因为,承担其他的责任必然会带来企业成本的上升或收益的减少,从而最终会侵蚀企业最关心的"利润"。比如莱维特(Levitt, 1955)认为社会或企业(厂商)对社会责任的关注会与企业成功所需要的利润目标相背离。[①] 而弗里德曼也提出,只要企业(厂商)合法生产经营,而且能够为股东创造利润,这就是一个负责任的公司,企业(厂商)的唯一"责任"就是为股东创造利润,如果强迫给企业(厂商)附加利润以外的责任,则会损害企业(厂商)利润,比如企业可能会借助于更多履行"社会责任"的名义来进行大幅捐赠,这会减少企业利润,这种利润的减少最终会转嫁给企业股东、员工、消费者、政府等各种主体,同时,也会削弱自由经济的基础。由此,他也把企业的社会责任看作强加给企业所有

---

① 转引自柴彩春:《企业社会责任行为演化》,南京大学博士论文,2016年,第3页。

者的一种不合理不公平而且也会因为偏离经济理性而会付出高昂代价的负担，把企业社会责任理论视为一种"完全颠覆性的学说"。①

尽管有学者对企业承担社会责任表示反对，理论界早在20世纪30年代甚至爆发过伯利（Berle）和多德（Dodd）之间关于企业是否应该承担社会责任的"哈佛论战"②，但由于社会分工的细化，社会生产网络的日益紧密，以及企业（厂商）生产行为效果的外溢，企业（厂商）的生产经营行为确实对企业股东之外的社会主体产生了众多的影响，比如劳动权益、环境污染、慈善事业、消费者权益等，使企业社会责任理论日益被人们所接受。这种转变意味着对企业性质认识的深化，从传统的把企业看作为股东（所有者）创造利润的工具，转变为利益相关者的合作治理网络。这种理念的转变使企业社会责任理论具有了现实基础。

从实践的视角来看，西方国家的企业在发展过程中较早地关注企业履行社会责任信息的披露，有研究指出，从1885年开始，澳大利亚的布罗肯希尔控股公司（Broken Hill Proprietary Company Ltd）就已经开始向社会披露关于企业人力资源和社会贡献方面的相关信息。美国钢铁公司在1905年也开始披露相关的社会责任信息。③20世纪50—70年代，随着世界进入经济快速增长时期，各种环境问题也日益凸显。如何看待企业的行为，特别是企业生产经营对环境的影响成为重要问题。20世纪90年代，经济全球化快速发展，"企业社会责任"运动也日益成为各国企业，特别是跨国企业竞相关注的问题。后来，随着跨国公司的影响日益深远，以及各国社会治理的现实需

---

① 鞠芳辉、谭福河：《企业的绿色责任与绿色战略：理论、方法与实践》，浙江大学出版社2008年版，第2页。
② 伯利认为，在出现可以具体、合理而且可以执行的社会责任前，不应该否认企业以股东利益最大化为目标的观点。而多德认为，因为企业财产的运用受公共利益影响的，而企业的权力也来自企业所有者、利益相关者的委托，因此，企业兼有经营盈利和社会服务等功能，企业不应该只为股东利益服务，而应该对包括雇员、消费者、公众负有社会责任。
③ 彭华岗：《中国企业社会责任信息披露理论与实证研究》，博士学位论文，吉林大学，2009年，第2页。

要，鼓励企业履行更多社会责任成为国际社会的共识。

根据卡罗尔（Carroll，1999）的研究，在早期的研究中，人们提到企业社会责任的时候往往用"社会责任"（social responsibility，SR）的概念，后来随着企业形式的演进，特别是在经济全球化背景下，现代企业日益成为各国经济活动中起主导地位的经济组织形式，逐渐开始用"企业社会责任"（corporate social responsibility，CSR）的概念，进而逐渐形成了企业社会责任理论。

（二）企业社会责任理论的主要内容

企业社会责任这一概念虽然被广泛讨论和使用，但对其内涵却缺少一致的认识。如根据达尔斯拉德（Dahlsrud，2010）的统计，理论界存在37个关于企业社会责任不同的定义。[①] 从该理论演进的角度来看，1924年英国学者奥利沃·谢尔顿（Oliver Sheldon）就提出了这一概念，并进行了初步界定，认为企业社会责任是指公司经营者满足企业外部人的各种需求的责任。从谢尔顿的理解来看，企业社会责任是企业应该承担的道德责任，因为无论是当时有关企业的法律还是经济理论都不认为企业理应而且必须承担这样的责任。

1953年霍华德·博文出版的《企业家的社会责任》被认为开创了现代意义的企业社会责任理论，他也被认为是"企业社会责任理论之父"。他认为企业在追求自身利润的同时也应该承担社会责任和义务，这种责任和义务体现了企业的目标和价值观，这一价值观会贯穿企业决策的全过程。他提出，企业关注社会责任并不会成为解决各种社会问题的"灵丹妙药"，但它却会影响企业的长期可持续发展。[②]

1960年肯思·戴维斯（Keith Davis）提出企业家的"责任铁律"，他从

[①] 转引自马志军：《企业社会责任履践研究——解耦的经济后果及内化的影响因素》，博士学位论文，中南财经政法大学，2019年，第15页。

[②] 马志军：《企业社会责任履践研究——解耦的经济后果及内化的影响因素》，博士学位论文，中南财经政法大学，2019年，第15页。

责任和义务相统一的视角对企业社会责任的内涵进行了界定,认为"商人的社会责任必须与他们的社会权力相称"①。具体是指,在特定时期内,社会对企业应该承担的责任或义务的期望应该是该企业自愿基础上给予这一特定社会期望的回应。它反映了社会和企业的互动,既避免社会对企业承担的非经济责任和法律责任之外的社会责任的过高期望,也避免企业为了片面追求自身经济利益而损害社会利益的行为,是企业发展过程中自身权利义务、企业效益与社会效益、利己与利他的辩证统一。

1979年,被认为第一个对企业社会责任进行深入研究的学者卡罗尔(Archie B. Carroll)则认为,企业社会责任是指"特定的社会对企业所寄托的经济、法律、伦理和自由决定(慈善)的期望,是社会寄希望于企业履行之义务"②。他还把企业社会责任分为三种维度,即公司的社会责任(social responsibility)、社会表现(social performance)、社会回应(social responsiveness)。后来,在1991年,卡罗尔又对企业社会责任理论进行完善,提出了企业社会责任金字塔层级论,也被称为卡罗尔模型,该模型把企业社会责任划分为经济责任、法律责任、伦理责任和慈善责任。③其中,经济责任是企业最重要的也是第一位的责任,其他几个责任对于企业来说重要性依次降低(见图1-1)。但随着环境的变化,各种责任之间,特别是后几种责任的范围可能会出现相互转化,比如过去曾经是伦理的责任有可能变成法律的责任,自愿的责任有可能变为伦理的责任,等等。

1997年,英国著名的可持续发展学者约翰·埃尔金顿(John Elkington)提出了企业社会责任的"三重底线"模型,该理论认为企业对社会具有更广泛的责任,而不仅仅是为股东创造利润,因此,企业要想实现持续发展,不

---

① K. Davis, "Can Business Afford to Ignore Social Responsibilities?", *California Management Review*, Vol.2, No.3 (1960), pp.70–76.
② [美]卡罗尔、巴克霍尔茨:《企业与社会:伦理与利益相关者管理》,黄煜平译,机械工业出版社2004年版,第40页。
③ 屈晓婷主编:《绿色低碳发展中的企业社会责任》,北京交通大学出版社2015年版,第24页。

```
慈善责任：成为一个好的企业公民
         给社区捐献资源改善生活质量
   伦理责任：行事合乎伦理
   有责任做正确、正义、公平的事，避免损害利益相关者的利益
 法律责任：守法
 认可法律是社会关于对错的法规集成，遵守游戏规则进行活动
经济责任：盈利
几乎所有的活动都建立在盈利的基础上
```

图1-1 卡罗尔的"企业社会责任金字塔"结构图

能只想着如何实现盈利最大化，而应该在三重底线（也称为三重盈余）中间找到均衡，他把企业的社会责任划分为经济底线、环境底线和社会底线，其中经济底线可以理解为企业获得的保持盈利的最低投资回报，社会底线可以理解为产品安全与健康的最低标准，环境底线可以理解为政府对产品强加的最低环境标准[①]，企业的实际经营行为应该在三重底线之间找到均衡。三重底线理论的内在逻辑是企业的生存来自自身盈利能力，而盈利能力来自消费者（社会）的认可，社会的发展依赖经济发展，经济发展依赖全球生态系统，因此，全球生态系统的健康代表着社会、经济和企业发展的可持续性。

随着经济社会的发展，到20世纪90年代，理论界逐渐形成一种共识：作为负责任的企业，要想有持续良好的发展环境，必须履行企业社会责任，而这有利于企业发展以及企业效益提高，同时，也会提升企业的声誉、品牌和消费者的信任度，有助于企业树立良好的形象，也能够增强现有客户和潜在客户的认可度，提高客户的忠诚度，有效降低企业的风险，特别是有助于提高企业抵抗各种危机的能力。

随着企业社会责任理论的日益传播，到20世纪90年代，理论界讨论的重点不再是企业需要不需要履行社会责任，而是在有义务有必要履行社会责

[①] 杨光勇、计国君：《构建基于三重底线的绿色供应链——欧盟和美国的环境规制比较》，《中国工业经济》2011年第2期。

任的基础上，讨论如何履行企业社会责任、企业履行社会责任会对企业的创新、经营行为、财务指标、利益相关者关系等产生何种影响。由于企业社会责任成为理论界的共识，各种政治力量也开始关注并研究企业社会责任。比如1999年1月，时任联合国秘书长安南在瑞士达沃斯世界经济论坛上提出了被认为企业社会责任的9条主要标准，包括：（1）企业应支持并尊重国际公认的各项人权；（2）绝不参与任何漠视和践踏人权的行为；（3）企业应支持结社自由；（4）消除各种形式的强制性劳动；（5）有效禁止童工；（6）杜绝任何在用工和行业方面的歧视行为；（7）企业应对环境挑战未雨绸缪；（8）主动增加对环保所承担的责任；（9）鼓励无害环境科技的发展与推广。[1] 而在企业社会责任的标准方面，1993年，国际标准化组织就制定了环境管理标准ISO14000，来对企业和社会团体涉及环境影响的行为进行规范。美国在2001年提出了企业社会责任的国际标准SA8000，这是世界上首个可以用于第三方认证的标准，该标准主要是从改善全球工人工作条件的视角制定的标准。2010年，国际标准化组织又正式出台了企业社会责任指南标准ISO26000，这也成为国际社会公认的价值观念和行为准则。[2]

纵观国内外企业社会责任的理论和实践，企业社会责任本意是指企业所应承担的对社会整体利益有益的责任的集合，这种责任如果从产权主体的利益角度来看，主要是指为股东从而为社会创造经济利益的责任；如果从非产权主体的利益角度来看，主要是指为非企业股东创造的各种有益活动的集合；如果从责任的内容来看，则主要是指环境保护、劳动条件、慈善事业、文化引导等方面的集合。企业社会责任理论从提出到被普遍接受，反映了社会化大生产程度日益加深，人、企业、社会、政府，乃至一切生物系统的内在联系更加显性化，这种显性化的关联，使人们对于企业性质的认识发生了

---

[1] 鞠芳辉、谭福河：《企业的绿色责任与绿色战略：理论、方法与实践》，浙江大学出版社2008年版，第3页。

[2] 阳盼盼：《企业社会责任履行：理论逻辑、实践要义与推进路径》，《财会月刊》2020年第22期。

变化，从过去强调其私人属性过渡到强调其社会属性，从过去视为利己之物到视为利己与利他共同之物的转变。由于企业社会责任内涵在不断丰富，大体上形成了经济责任论、道德责任论、法律责任论、综合责任论等多种学说，其本质上是对"社会责任"内涵理解不断延伸的结果。

（三）社会责任视角下的国有企业生态责任

社会责任理论是基于社会契约网络的逻辑而赋予企业为股东创造利润的"经济责任"之外形成的各种责任的理论学说。社会责任理论的本质在于推动企业关注其经济行为的外部性影响，通过实现外部行为的内部化，推动企业生产经营与社会以及人与自然的关系走向和谐，以降低企业、社会、环境发展的各种风险。

1. 国有企业的社会责任

国有企业作为现代企业的一种重要组织形式，国有企业也理应承担相应的社会责任。从产权属性来看，与私人企业产权属于具体的股东（自然人或法人）不同，国有企业的产权最终主体是全体人民，这种全民性要求国有企业必须以社会整体利益为价值追求的目标。虽然在市场经济中，国有企业作为市场主体也必须自主经营、自负盈亏，必须要有经济效益，否则无法生存。但国有企业作为一种"特殊企业"，仅仅考虑经济效益则会大大降低其存在的价值，因为如果仅仅考虑经济效益，创造物质财富，那依靠建立在私人产权基础上的民营企业本身也可以创造经济效益和物质财富，国有企业将丧失其存在的现实意义。比如著名经济学家斯蒂格利茨曾以供水公司为例指出，国有企业还被赋予了分配职能，在保障向穷人也提供清洁的饮用水的情况下，由于穷人的支付价格比较低，使得水费有可能低于平均成本，甚至低于边际成本。私人供水公司在追求利润最大化的原则下，会根据成本收益原则只对那些有能力支付高额水费的人供应清洁的饮用水，而如果净化水的能力达到了极限，私人供水公司将首先不会向穷人供水，如果水费低于边际成本，则私人供水公司就会对所有人停止供水。但国有企业则不会出现这种情况，虽然它们会采用交叉补贴的方式，向高收入群体征收较高价格的所谓

"水税",却可能不足以弥补向穷人供水而产生的损失。[①] 很显然,国有企业的这种属性有助于提高社会整体利益,也是社会所必需的,因此,在许多国家都存在国有企业(或国有经济)承担着市政供水、邮政、供暖、公交等公共服务。

从现实来看,即使是西方发达国家也存在数量众多的国有企业,显然这些国家本可以依靠私有制基础上的民营经济来发展经济,创造财富,之所以仍然存在许多国有企业,其主要目的就在于弥补市场失灵,消除完全依靠私人资本创立的企业组织在维护社会共同利益方面的不足,如维护国家安全、维护社会稳定、提供公共产品等。正如亚当·斯密在《国民财富的性质和原因的研究》中指出的,"按照自然自由的制度,君主只有三个应尽的义务——这三个义务虽很重要,但都是一般人所能理解的。第一,保护社会,使不受其他独立社会的侵犯。第二,尽可能保护社会上各个人,使不受社会上任何其他人的侵害或压迫,这就是说,要设立严正的司法机关。第三,建设并维持某些公共事业及某些公共设施(其建设与维持绝不是为着任何个人或任何少数人的利益),这种事业与设施,在由大社会经营时,其利润常能补偿所费而有余,但若由个人或少数人经营,就决不能补偿所费"[②]。因此,即使是被视为"自由经济"代言人的亚当·斯密也承认仅仅依靠民营经济虽然能够创造物质财富,发展经济,但仍然存在民营经济无法有效供给的领域,这些领域即是国有企业(国有经济)理应发挥作用的领域,也说明了国有企业(国有经济)的价值并非仅仅创造物质财富,发展经济,还有其特殊的作用和意义。这种特殊的作用和意义就是提升全社会的整体利益,只不过在不同的国家、不同的制度环境和不同发展阶段的条件下,对社会整体利益的认识以及实现形式不同而已。以英国为例,作为最早出现资本主义制度,曾经是资本主义经济"最典型"形式的国家,在亚当·斯密、大卫·李嘉图等自由主义

[①] [美]罗兰主编:《私有化:成功与失败》,张宏胜等译,中国人民大学出版社2013年版,第6页。

[②] [英]亚当·斯密:《国民财富的性质和原因的研究》,商务印书馆1983年版,第252—253页。

经济学家思想的引领下，英国曾长期把亚当·斯密的自由主义经济理论作为官方理论并指导制定了自由放任的经济政策，逐步放弃了国家干预的重商主义政策。客观来看，自由放任的政策为经济发展发挥了重要的推动作用，也为英国在经济上成为"世界工厂"和政治上成为"日不落帝国"创造了条件。但19世纪末，英国的"世界工厂"地位受到挑战和动摇，加上美国、德国、日本等国家的兴起，英国的对外贸易开始出现逆差，占世界贸易的比重也从1870年的36%下降到1929年的10.8%。[①] 为了应对英国经济不断衰落的现实，从整体上提升英国经济的实力，为经济发展和保持英国的世界地位创造有利条件，英国在一些基础产业上，比如采煤、机械工程、钢铁等产业领域也出现了私营公司公营化、私人资本社会化的趋势，英国也从自由竞争的资本主义逐渐过渡到垄断资本主义。第二次世界大战后，英国出现了工党和保守党的交替轮流执政，由于执政理念不同，出现了国有化与去国有化的交替，但总体来看，整个经济呈现出一种混合经济的特征，私人产权企业与国有企业相结合构成了英国经济制度的重要特点。随着经济滞胀的出现，特别是1979年撒切尔夫人担任英国首相后，与美国的里根改革等新自由主义思潮相适应，英国也出现了大量国有企业私有化的去国有化浪潮。总体来看，虽然英国在国有化、私有化这种"翻烧饼"式的改革过程中，英国经济自身的问题、"英国病"并没有得到很好地解决，但到目前为止，英国仍然有数量众多的国有企业（当然，英国的国有企业和我国的国有企业有明显的差异），这说明即使在最古老的资本主义国家英国，国有企业的存在并不仅仅在于其创造物质财富，推动经济发展，而在于国有企业承担着私营企业无法承担的责任，发挥着私营企业无法发挥的作用。这种作用一定是对社会总体利益有益的，是能够促进社会整体利益提升的。

从我国来看，我国国有企业的存在，不仅仅在于国有企业是我国经济建设的重要物质基础，还在于国有企业也是我国的重要政治基础。正如习近平

[①] 陈宝明编著：《国有企业之路：英国》，兰州大学出版社1999年版，第8页。

总书记在中央全面深化改革领导小组第四次会议上指出的:"国有企业特别是中央管理企业,在关系国家安全和国民经济命脉的主要行业和关键领域占据支配地位,是国民经济的重要支柱,在我们党执政和我国社会主义国家政权的经济基础中也是起支柱作用的,必须搞好。"①2015年印发的《中共中央国务院关于深化国有企业改革的指导意见》也明确指出:"国有企业属于全民所有,是推进国家现代化,保障人民共同利益的重要力量,是我们党和国家事业发展的重要物质基础和政治基础。"②因此,国有企业不仅仅是重要的经济组织,既承担着创造物质财富和提供经济利润的责任,又承担着重要的社会责任。这种社会责任内涵也随着我国经济体制改革的不断深入而发生演变。在传统的计划经济体制下,国有企业既是我国经济活动的基本单元,也是我国实现社会治理的重要单元。国有企业除了按照国家计划组织生产经营,承担物质财富生产的经济责任外,还承担着重要的社会治理职能,教育医疗、计划生育、工人权利、社会保障、治安维稳、政治宣传、公共服务,等等,基本上是一个"小社会",国家对国有企业的考核,也是全面的,不仅仅考察企业生产计划完成情况,还包括治安维稳、计划生育、教育医疗、社会保障、工人权利、公共服务等各个方面,因此,在计划经济体制下,国有企业也无所谓社会责任之说,其本身就是个"小社会",基本上承担了政府社会治理在企业内部的各种责任。改革开放以来,随着市场化改革的不断推进,我国国有企业也从传统计划经济体制下无所不能的"小社会"向"企业"回归,我国开始实行放权让利、承包制、"利改税"、股份制、"抓大放小"、"有所为有所不为"、建立现代企业制度、建设中国特色企业制度等一系列改革举措,国有企业日益成为市场经营主体,自负盈亏、自主经营、自担风险,国有企业承担的"办社会"职能也不断被剥离,使国有企业从繁重的社会责任中解放出来,成为一个真正的"市场主体"。

---

① 《习近平:共同为改革想招一起为改革发力 群策群力把各项改革工作抓到位》,《人民日报》2014年8月19日。
② 《中共中央国务院关于深化国有企业改革的指导意见》,人民出版社2015年版,第1页。

需要说明的是,我国国有企业剥离办社会的职能与企业履行社会责任是完全不同的两个问题。国有企业剥离办社会职能,是为了让企业减少本身不应承担的社会责任,能够轻装上阵,真正作为一个市场主体,在市场规律下公平地从事生产经营活动和市场竞争。从某种意义来说,改革开放以来,我国国有企业改革的过程同时也是国有企业不断剥离"办社会"职能的过程,当前,剥离的社会职能主要是指教育、医疗、职工养老、供水供气供电物业等"三供一业"等职能。根据国务院国资委的统计,截止到2021年4月,全国国资系统监管企业共完成了1500万户"三供一业"移交工作,还完成了1.4万个市政设施、1831个社区、689个消防机构、1900个教育机构、2525个医疗机构的移交工作,共完成厂办大集体173.2万在职职工安置和2027.4万退休人员的社会化管理工作,按照三年改革攻坚计划,各项改革任务已经完成超过98%。[①] 可以说,我国国有企业剥离办社会职能工作的主体已经完成,基本解决了多年来制约国有企业发展的制度性"包袱",使国有企业能够更好地参与市场竞争,能够实现更好地发展。需要指出的是,国有企业剥离的社会职能主要是指国有企业承担民营企业和外资企业不用承担但又影响企业经营绩效的一些因素。而企业的社会责任则是指所有企业都需要承担的改善劳资关系、保护环境、遵守法治、加强道德引领等方面责任。因此,不能把国有企业剥离"办社会"职能与国有企业承担社会责任相混淆,借口国有企业承担社会责任而阻碍国有企业剥离"办社会"职能的改革。

在我国国有企业改革过程中,党和政府也逐步认识到国有企业要履行社会责任,特别是2007年年底国务院国资委发布了被称为我国第一个由国家部委出台的企业履行社会责任的规范性文件《关于中央企业履行社会责任的指导意见》,明确提出履行社会责任是中央企业贯彻落实科学发展观的实际行动,是全社会对中央企业的广泛要求,是企业实现可持续发展的必然选

---

① 《剥离国有企业办社会职能工作当前已经进展到哪一步?》,2021年4月29日,见http://www.sasac.gov.cn/n2588040/n2590387/n9854147/c18298183/content.html。

择,是参与国际经济交流合作的客观需要。该《意见》还明确提出中央企业应该履行的社会责任主要包括依法经营诚实守信、不断提高持续盈利能力、确实提高产品质量和服务水平、加强资源节约和环境保护、推进自主创新和技术进步、保障生产安全、维护职工合法权益、参与社会公益事业等内容。[①]

从理论研究的角度来看,国内理论界认为我国国有企业应履行的社会责任主要包括以下几个方面:一是经济发展责任,包括上缴红利、促进就业、发展经济等。二是社会发展责任,包括促进社会公平、加强环境保护、推进社会保障、发展社会公益事业等。三是引领示范责任,包括推动科技创新、引领民营经济、提高自主品牌、协调个人企业社会和国家利益均衡、提高经济竞争力和国家综合国力、落实国家宏观调控政策等。[②] 企业履行社会责任的影响因素主要包括:一是企业的特征,如企业的规模、公司业绩、行业环境、商业公平等,这些因素往往与企业社会责任履行的绩效成正相关关系。二是公司治理,如董事会中家庭成员的比例与企业履行社会责任的绩效呈负相关,而董事会中独立董事的比例提高将有助于改善企业的社会责任表现。三是经济动机,企业普遍希望通过积极履行社会责任为企业的发展、市场拓展、消费者获取、降低融资阻力、提高资本市场表现等提供良好的助力。[③] 除了理论上的国有企业社会责任外,与国外国有企业不同,我国国有企业还承担着重要的政治责任。国有企业作为中国特色社会主义事业的重要物质基础和政治基础,是我们党执政兴国的重要支柱和依靠力量。这本质上规定了国有企业的政治属性。习近平总书记在党的十九大报告中指出:"党政军民学,东西南北中,党是领导一切的。"[④] 国有企业作为党领导我国经济工作的

---

① 《关于印发〈关于中央企业履行社会责任的指导意见〉的通知》,见 http://www.sasac.gov.cn/n2588025/n2588119/c2705671/content.html。
② 李晓琳:《中国特色国有企业社会责任论》,吉林大学博士论文,2015 年,第 22 页。
③ 刘海龙、齐琪:《基于文献分析的企业社会责任创新研究模型构建》,《财会月刊》2017 年第 24 期。
④ 《党的十九大报告辅导读本》编写组:《党的十九大报告辅导读本》,人民出版社 2017 年版,第 20 页。

重要力量，也承担着重要的政治职责，包括坚持党的领导，贯彻落实党的路线方针政策，维护党的决策，保证我国经济发展的社会主义方向等。

习近平总书记在2020年7月21日召开的企业家座谈会上指出，"企业既有经济责任、法律责任，也有社会责任、道德责任。任何企业都存在于社会之中，都是社会的企业。社会是企业家施展才华的舞台。只有真诚回报社会、切实履行社会责任的企业家，才能真正得到社会认可，才是符合时代要求的企业家。"[1]我国国有企业也理应在履行社会责任方面发挥引领作用。根据中国社会科学院发布的《企业社会责任蓝皮书（2020）》的研究，"2009—2020年，我国国有企业100强社会责任发展指数已经连续12年领先于民营企业100强和外资企业100强。2020年国有企业100强社会责任发展指数为58.5分，较2019年上升3.9分，处于追赶者阶段，其中，中央企业得分最高，为58.9分，保持领先优势。民营企业100强（29.3分）和外资企业100强（20.1分）社会责任指数虽略有增长，但依然落后于国有企业"[2]。

2.国有企业的生态责任

随着生态环境问题的不断出现并日益严峻，如何协调经济发展、社会进步与生态系统的关系，加强生态环境保护，越来越引发世界的关注。正如习近平总书记所指出的，"生态环境问题，归根到底是资源过度开发、粗放利用、奢侈消费造成的"[3]。因此，要建设生态文明，实现人与自然和谐共生的现代化，必须推动经济发展方式和消费方式的绿色转型。国有企业作为经济活动的重要主体，作为代表全体人民利益的经济组织，在其生产经营活动中，也必须在影响全体人民共同利益的生态环境保护方面不断努力，积极承担生态责任，推动企业绿色转型，加强绿色管理，因此，推动国有企业承担

---

[1] 习近平：《论把握新发展阶段、贯彻新发展理念、构建新发展格局》，中央文献出版社2021年版，第361页。

[2] 《国企社会责任发展指数连续12年领先 精准扶贫、抗击疫情表现突出》，《证券日报》2020年11月16日。

[3] 习近平：《论把握新发展阶段、贯彻新发展理念、构建新发展格局》，中央文献出版社2021年版，第187页。

生态环境保护等生态责任在内的社会责任就成为题中应有之义，也是企业承担社会责任在企业组织领域的具体化和在社会责任领域向生态环境领域的延伸。

企业的生态责任是指企业在生态环境保护方面应承担的社会责任，这种责任既包括国家法律法规规定的企业不能因自身的生产经营行为而对其他个体、社会乃至人类的未来发展产生环境影响，也包括虽未被国家制度规范所约束但应承担的社会道义责任所要求的促进环境保护和可持续发展的责任。由于世界范围内主流的理论是把解决世界各种生态环境问题的根本路径放在绿色发展方面，因此，虽然生态责任和绿色责任严格来说并不完全相同，但一般意义上也可以把企业的生态责任称为绿色责任，主要是指企业在承担生态责任的背景下，需要从目标导向的视角推动企业绿色转型，进而带动整个经济的绿色转型和绿色发展，以真正破解经济社会发展与生态系统保护的矛盾，实现人与自然的和谐共生。

企业的生态责任或绿色责任概念的提出是与20世纪60—70年代生态意识觉醒相适应的，从1962年卡森《寂静的春天》的发表到1972年罗马俱乐部《增长的极限》的发表，开启了生态环境保护的浪潮。在这一背景下，1974年联合国环境规划署（UNEP）和联合国贸易与发展会议（UNCTAD）在墨西哥举办了一场名为"资源利用、环境与发展战略方针"的专题研讨会，首次提出了"环境管理"（environmental management）的概念，与会代表形成了三点共识：①全人类的一切基本需要应得到满足。②要进行发展以满足基本需要，但不能超出生物圈的容许极限。③协调这两个目标的方法及环境管理。而这里的环境管理主要是从宏观的层次要求人类社会加强生态环境保护，转向可持续发展的环境保护和环境治理。后来，随着绿色发展、绿色经济等概念的兴起，一些学者提出"绿色管理"（green management）的概念，用来指代企业微观层面如何处理好企业经营活动与环境保护的关系。比如1993年霍普芬贝克（W. Hopfenbeek）在其出版的《绿色管理革命：环境美德的课程》一书中把绿色管理看作要求企业建立以生态学为基础的经营政策，这样既可以实现企业的利润诉求，也有助于在竞争中获取优势地位。①当然，如前所述，正如生态责任与绿色责任严格来说并非完全一致相类似，环境管理与绿色管理也并非完全一致的概念，如环境管理更侧重于宏观，绿色管理更侧重于微观，但对于日本学者来说，他们更多的用"环境管理"（environmental management）这一概念，由于在日文中 Management 除了"管理"的意思外，还具有"经营""处理"等内涵，所以日本更多地采用环境管理这一概念。但近年来，随着国际上对环境管理出台了一些可操作的标准，如国际标准化组织提出了 ISO14000 环境管理标准，也有些日本学者开始关注"环境管理"与"环境经营"的区别，如日本学者吉泽正与福岛哲郎在其《企业环境经营》一书中提出，环境管理一词具有较强的企业经营活动程序的末端处理及管理的色彩，而新的环境经营概念，是包括企业经营者的信念及责任在内的企业经营的重要活动之一。②

从企业生态责任的内容来看，由于国有企业在世界范围内虽然广泛存在，但在非社会主义国家中，国有企业在国民经济中的地位和作用相对要小得多，国有企业涉及的行业领域、对经济发展的主导作用等方面都相对比较弱，因此，理论界对国有企业生态责任的研究相对较少，更多的是从一般企业的角度来展开的。从企业应该承担的绿色责任来看，1972 年联合国在斯德哥尔摩召开的第一次人类环境会议就提出人类在利用自然开发自然的基础上应该尊重自然，承担起维护自然、保护自然的责任和义务。此外，环境责任经济联盟在 1992 年发布的《环境责任经济联盟责任》中提出企业环境责任的十项内容，具体包括：(1) 对生态圈的保护；(2) 永续利用自然资源；(3) 废弃物减量与处理；(4) 提高能源效率；(5) 减低风险性；(6) 推广安全的产品与服务；(7) 损害赔偿；(8) 开诚布公；(9) 设置负责环境事务的董事或经理；(10) 举办评估与年度公听会。其中特别强调了第 9 项，即企

---

① 安艳玲：《绿色企业》，中国环境出版社 2015 年版，第 8—9 页。
② 安艳玲：《绿色企业》，中国环境出版社 2015 年版，第 9 页。

业董事会和首席执行官应当完全知晓企业行为的有关环境问题，并对公司的环境保护政策负有完全责任，而且认为公司在选举董事会时，应当把对环境的承诺作为一个考虑因素。[1]1998年温特（G. winter）提出了避免企业经营与生态环境发生冲突，实现经济效益与生态效益实现共赢的手段，包括：①企业认清在经营方面重要的生态学问题；②引导管理者和员工以生态学的思维方式作为价值取向，其结果将改变企业文化；③对经营对策进行反思，为了顺应需要而进行扩充，要采用现状分析的结果；④制定经过整合的目标系统；⑤制定适当的战略；⑥确切把握生态学在所有经营方面的渗透；⑦通过设立管理者及环境委员会，保证生态学的思维方式在制度中生存；⑧准备实施环境监测计划和管制所需要的环境管理体系。[2]1999年联合国秘书长安南提出的"全球协议"（UN Global Compact）正式号召全球企业应该履行环境责任。2001年12月12日社会责任国际（SAI）提出的SA8000:2001也明确界定了公司的环保责任。

从我国国有企业对生态责任的认识来看，由于国有企业所具有的特殊经济属性、政治属性，使国有企业在改革过程中主要分布于国民经济的关键行业和基础领域，以行使对国民经济的主导作用，保障党和政府对国民经济的调控能力和经济动员能力，这就使国有企业更多地聚焦于工业、煤炭、冶金、化学、建筑、房地产、交通运输仓储等行业，而这些行业多数位于产业上游，无论是生产型工业企业还是服务型的交通运输等国有企业，都是受到生态环境状况影响较大也会对生态环境产生较大影响的行业产业。因此，国有企业承担着重要的生态责任。

国有企业的生态责任是指国有企业在生产经营过程中所应承担的节约资源、保护环境和生态的责任，它要求国有企业在企业经营的全周期以资源利

---

[1] 殷格非等：《企业社会责任行动指南》，企业管理出版社2006年版，第57页；转引自涂俊：《从企业社会责任到企业环境责任——企业环境责任的批判与重构》，博士学位论文，中国海洋大学，2015年，第38页。

[2] 安艳玲：《绿色企业》，中国环境出版社2015年版，第11页。

用的减量化、生态环境影响的最小化为目标,把生态环境保护的理念融入企业经营的全过程和各方面。因此无论是公益类、功能类还是竞争类国有企业,无论是国有独资企业、国有控股企业还是国有参股企业,都承担着一定的生态责任,这种生态责任既是国有企业作为市场经济中的一般经济组织所应承担的共性责任,也是国有企业作为我国中国特色社会主义经济制度的基本组织形式这一特殊企业性质所决定的责任。这种生态责任是国有企业义不容辞的责任,任何企业都不能拒绝或推脱其所应承担的生态责任。

当然,我们也要认识到,对于不同性质的国有企业,在赋予其生态环境保护等生态责任的基础上,也要按照所在行业、市场环境、资源环境影响等差异,制定差异化的生态环境保护责任。从某种意义上来说,国有企业的行为决策需要在经济目标和生态目标之间进行权衡,实现既定的经济目标是国有企业生存的根本,实现生态目标则是国有企业履行社会责任的重要表现,其对国有企业决策的影响自然不会等同,也不应该等同。根据《中共中央国务院关于深化国有企业改革的指导意见》和2015年国务院国资委、财政部、国家发展改革委发布的《关于国有企业功能界定与分类的指导意见》,我国国有企业划分为公益类和商业类,其中,公益类国有企业以保障民生、服务社会、提供公共产品和服务为主要目标,必要的产品或价格可以由政府调控;要积极引入市场机制,不断提高公共服务效率和能力。商业类国有企业以增强国有经济活力、放大国有资本功能、实现国有资产保值增值为主要目标,按照市场化要求实行商业化运作,依法独立自主开展生产经营活动,实现优胜劣汰、有序进退。从规定来看,商业类国有企业又可以划分为竞争类和功能类两种类型。[①] 由于国有企业实行分类管理,对国有企业的考核也有明显差异,根据2019年发布的《中央企业负责人经营业绩考核办法》,对于主业处于充分竞争行业和领域的商业类企业,以增强国有经济活力、放大国

[①] 《关于国有企业功能界定与分类的指导意见》,国务院国有资产监督管理委员会网站,2015年12月29日,见http://www.sasac.gov.cn/n2588035/n2588320/n2588335/c4258285/content.html。

有资本功能、实现国有资本保值增值为导向，重点考核企业经济效益、资本回报水平和市场竞争能力。对于功能性商业类国有企业，以支持企业可持续发展和服务国家战略为导向，在保证合理回报和国有资本保值增值的基础上，加强对服务国家战略、保障国家安全和国民经济运行、发展前瞻性战略性产业情况进行考核，适度降低经济效益指标和国有资本保值增值率指标考核权重，合理确定经济增加值指标的资本成本率。对于公益类国有企业，以支持企业更好地保障民生、服务社会、提供公共产品和服务为导向，坚持经济效益和社会效益相结合，把社会效益放在首位，重点考核产品服务质量、成本控制、营运效率和保障能力。有区别地将经济增加值和国有资本保值增值率指标纳入年度和任期考核，适当降低考核权重和回报要求。[①] 由此可见，国有企业的分类管理和分类考核使得在生态责任的履行方面也需要实行差异化的管理。特别是对于竞争类国有企业，因为这类企业面临着市场主体多、行业竞争大、企业利润空间小等市场约束，因此，应该在生态责任的考核方面，实行与市场化非国有企业相类似的生态责任认定，避免因为履行生态环境保护责任过大，冲击企业的正常盈利能力。同时，对于在保障经济效益指标的同时承担了更多的生态责任的国有企业要实行激励性考核。

[①] 《中央企业负责人经营业绩考核办法》，中华人民共和国中央人民政府网站，2019 年 11 月 1 日，见 https://www.gov.cn/zhengce/zhengceku/2019–11/01/content_5447595.htm。

第二章　国有企业促进经济绿色发展的动力机制研究

国有企业作为我国社会主义市场经济的重要主体，既承担着创造经济财富的责任，也承担着社会责任，在我国推动经济绿色发展的过程中具有重要作用。如何调动国有企业在决策过程中积极贯彻习近平生态文明思想，落实"绿水青山就是金山银山"的绿色发展理念，推动经济绿色转型，需要结合国有企业和国有资本发展理论，调动国有企业的积极性，构建起国有企业引领经济绿色发展的动力机制。

第一节　国有企业的决策理论

企业是微观经济决策的主体，微观企业的生产经营行为通过调整资源配置的状态而表现为宏观经济绩效，自然也会产生社会效果和生态影响。企业作为资本的集合体[①]，以实现资本增值为目标，因此，企业决策的目标从经济效益来看，非常明晰，就是实现企业利润的最大化。而当考虑企业产权构成的时候，特别是现代企业两权分离背景下，企业的决策目标就表现出一定的差异性。

一、国有企业的决策权配置

一般来说，私营企业的决策权是由其产权主体来行使的。在两权合一的

---

① 这里的资本既包括生产资料等物质资本也包括工人、管理层等人力资本。

个人业主制企业中，私人企业主既行使企业的决策权，也享有企业的收益权和处置权。随着现代股份公司的出现，企业所有权和经营权出现分离，由股东代表组成的董事会负责代表全体股东来决策并监督经理层的具体经营行为，以维护股东的利益。

国有企业作为一种特殊企业，从产权结构来看，国有企业的产权属于全体人民，由于人民概念的"集合性"使国有企业的产权主体无法行使具体的决策权，只能通过委托代理的方式由代理人来行使具体的决策权。国有企业的一级委托代理关系一般只能在人民"集体"与政府之间进行，因此，政府往往自然而然地成为国有企业履行出资人职能的"所有者"，但政府也必须通过再往下的委托代理关系来实现对企业生产经营决策的管理，因此，国有企业的委托代理关系一般具有多层的特点，从产权关系来看，国有资产监管机构和国有企业的管理层之间是最基层的委托代理关系，国有资产监管机构是国有企业的委托人，国有企业的管理层是代理人，代理人负责国有企业的运营并完成国有资产监管机构这一委托人安排的资产保值、生产经营等任务。

（一）委托代理理论

委托代理理论是西方新制度经济学契约理论的主要理论之一，是在20世纪60年代末70年代初一些经济学家深入研究企业内部信息不对称和激励问题的基础上发展起来的。委托代理关系是指一个或多个行为主体根据一种或明示或隐含的契约，指定、雇佣另一些行为主体为其服务，同时授予后者一定的决策权利，并根据后者提供的服务数量和质量对其支付相应的报酬。授权者就是委托人，被授权者就是代理人。现代意义的委托代理的概念最早是由罗斯（Ross，1973）提出的："如果当事人双方，其中代理人一方代表委托人一方的利益行使某些决策权，则代理关系随之产生了。"[①] 詹森和麦克林

[①] Ross, S., "The Economic of Agent the Principal's Proble", American Economic Review, Vol.63, No.2（1973），pp.134–139. 转引自张向前：《知识型人才交易研究》，《科学学研究》2006年第6期。

(M. Jensen, W. Mecking)把委托代理关系定义为:"一个人或一些人(委托人)委托其他人(代理人)根据委托人利益从事某些活动,并相应地授予代理人某些决策权的契约关系。"① 约瑟夫·E.斯蒂格利茨(Joscph E. Stiglitz)认为,委托代理关系是"委托人(如雇主)如何设计一个补偿系统(一个契约)来驱动另一个人(即代理人,如雇员)为委托人的利益行动"②。委托代理理论从不同于传统微观经济学的视角来分析企业内部、企业之间的委托代理关系,它在解释一些组织现象时优于一般的微观经济学。

在新古典的阿罗—德布鲁范式中,企业被认为是一个输入一定数量的要素就能够按照最大化原则带来一定数量产出的"黑箱",它吸收各种生产要素投入,并在预算约束下采取利润最大化行为,这种"人格化"的厂商模型过于简单,它忽略了企业内部的信息不对称和激励问题,无法有效地解释现代企业的很多行为。于是,从20世纪60年代末70年代初开始,一些经济学家从企业的内部关系中来分析和研究企业行为,深入"黑箱"里面研究企业中的组织结构问题,期望得到关于企业这种经济组织的更多理解。对于企业组织和企业内部行为的研究促使新制度经济学的产生和发展,他们对传统的微观经济理论把组织看作一个简单的生产函数的做法提出了质疑,开始把企业作为一种契约结构来看待和研究,逐渐形成了以现代企业理论为基础的新制度经济学。

委托代理关系作为现代企业的基本特征之一,其产生的直接原因在于所有权与经营权的分离。该观点最早可追溯到亚当·斯密,在其著名的《国富论》一书中写道:"股份公司中的经理人员使用别人而不是自己的钱财,不可能期望他们会有像私人公司合伙人那样的觉悟性去管理企业……因此,在这些企业里的经营管理中,或多或少地疏忽大意和奢侈浪费的事总是会流行"③。随着股份经济的兴起,股份制企业越来越多,股份公司这种企业组

---

① 转引自葛兆强:《企业托管经营的理论基础》,《探索》1997年第1期。
② 转引自葛兆强:《企业托管经营的理论基础》,《探索》1997年第1期。
③ 郑红亮:《公司治理理论与中国国有企业改革》,《经济研究》1998年第10期。

织形式与传统的个人业主制企业组织形式具有很大的不同：股东拥有企业的所有权，而经理人拥有企业的控制权。面对这种新的组织形式，1932年，美国经济学家伯利和米恩斯（Berle, Means）在《现代企业与私人财产》中正式提出了现代企业"所有权与控制权分离"的命题，并分析了企业所有权与控制权的分离与制衡问题。在两权分离的条件下，拥有企业经营控制权的股东成为委托人，而企业的经理人成为代理人，股东（委托人）的利益要通过经理人（代理人）的行为来实现。一般认为，现代企业理论的基础是：企业是一系列合约的连接（文字的和口头的，明确的和隐含的）。其代表人物比较多，包括科斯、阿尔钦、德姆塞茨、威廉姆森、詹森和麦克林以及张五常、哈特等。而委托代理理论就是现代企业理论的一个重要分支。

委托代理理论认为，委托代理关系是随着生产力发展和规模化大生产的出现而产生的。一方面，生产力发展使分工进一步细化，企业的规模也越来越大，管理变得越来越困难并逐渐成为一种专门性知识，因此，权利的所有者由于知识、能力和精力的原因不能行使所有的权利；另一方面，由于专业化的分工产生了一大批具有专门知识的代理人，他们有精力和能力代理行使好被委托的权利。或者说，当存在"专业化"时，就可能出现一种关系，在这种关系中，代理人由于相对优势而代表委托人行动。但在委托代理关系中，委托人和代理人的效用函数不同，作为委托人的股东追求的是自己财富的最大化，而作为代理人的经理人追求的则是自己的包括工资津贴收入、职务消费以及闲暇时间等在内的个人效用最大化，这必然导致两者的利益冲突。在没有有效制度安排下的代理人行为很可能最终损害委托人的利益。因此也就产生了委托代理问题。在现实世界中，无论是经济领域还是社会领域，都普遍存在委托代理关系。

由于在委托代理关系中，委托人和代理人双方信息的不对称，就会产生一些代理问题。代理问题主要是指由于代理人目标函数与委托人目标函数不一致，加上存在不确定性和信息不对称，代理人有可能偏离委托人的目标函数而委托人难以观察并有效监督它，从而出现代理人损害委托人利益的现实。因此，代理理论主要研究产生于委托人和代理人之间的目标冲突和改变代理人行为的困难性（或高成本性）所带来的"代理问题"，以及产生于委托人和代理人对风险的不同态度而带来的"风险共享"（risk-sharing）问题。代理理论的焦点在于委托人和代理人之间的契约和从委托人角度如何使契约执行得更有效的方法上。因此，代理理论主要从分析委托人和代理人双方在信息结构、行为选择、信息影响因素等方面的差异来研究，包括逆向选择问题、信号传递问题、信息甄别问题、隐藏信息的道德风险问题和隐藏行动的道德风险问题等。总之，规范的代理理论追求特定形式的合同设计，注重对问题的数学模型化处理，从效用函数、不确定信息分布和报酬安排出发，构造风险适当分担的合同关系，其认为企业的所有权和分配权是给定的，重点在于事前雇佣合同和信息系统的设计。

（二）国有企业的委托代理关系

国有企业作为一种典型的以委托代理关系进行治理的企业组织，其公司治理的基础逻辑在于委托经营和管理。从委托代理关系来看，国有企业的初始委托人是全体人民，也就是一个国家的公民整体，他们拥有国有企业的最终所有权和剩余索取权。由于公民全体是一个整体意义上的概念，不可能让所有的人都来参与企业的经营管理，只能授权最能代表全体人民的一个机构或者组织来代表全体人民行使所有权，这样的机构或组织只能是政府，因此，作为国有企业初始委托人的全体人民就和代表全体人民利益的政府之间形成了第一级的委托代理关系，政府作为一个组织成为全体人民的代理人，管理全国的国有资产，并保证国有资产的保值增值。这是国有企业的第一级委托代理关系。政府又分为中央政府和地方政府，全体人民对中央政府的委托是第一级的委托，既承担社会公共管理职责，又承担代为管理规模庞大的国有资产的责任，它也不可能直接对所有的国有企业进行具体的经营管理决策，只能再次委托给地方政府或某些政府机构（如国资委），而地方政府也不能直接经营，只能再次委托授权给地方的某些政府机构（如地方国资委），这样各级国资委就取得了代替政府对国有资产进行经营管理的权利，而国资委也并不能直接从事企业的具体经营管理,只能委托国有资产经营公司(或国有控股公司),这样就完成了从政府到企业的委托代理。由于国有资产的规模庞大,国有企业的数量众多,因此,国有资产经营公司再通过各种方式授权给国有独资或参控股的各家企业,并参与企业的经营管理,从而完成从初始委托人到企业的委托代理过程。

从以上分析中可以看出,在国有经济中会形成委托代理关系的典型的两大等级体系。第一等级体系是通过剩余索取人(委托人)到中央政府的授权链形成的,它的委托人—代理人方向是向上的(由下至上)。第二等级体系是通过从中央政府到企业内部成员的授权链形成的,它的委托人—代理人方向是向下的(由上至下)。因此,在国有企业中,除了两类特殊的局中人(剩余索取人和企业内部成员),每个局中人均扮演着双重角色:既是委托人的代理人,又是代理人的委托人。

(三)国有企业决策的影响因素

国有企业的委托代理不同于私人企业的委托代理,私人企业的委托代理以追求利润最大化为目标,呈现出目标的单一性。国有企业的委托代理的目标则具有多维性,比如既要实现国有资产保值增值的职能,又要实现政府安排的政治责任的职能,等等。因此,国有企业决策过程中,影响企业高管决策的因素也比较多,具体来说,国有企业决策的影响因素包括以下几个方面。

1. 产权约束

作为一种企业组织,产权约束是最基础性的约束机制。《中华人民共和国国有资产法》规定:"国有资产属于国家所有即全民所有。"虽然国有企业作为市场组织是一个独立的法人,"是全民所有的生产资料的占用者,以对作为全民代表的国家承担财产义务(提供财产收益,使资产增值)为条件,取得资产控制权和完整的经营权,成为自主经营的市场主体"[①]。但是国有企

---

① 林岗:《马克思主义与经济学》,经济科学出版社2007年版,第397页。

业的产权属性仍然是全民所有的公有资产，国有企业公有资产的属性使国有企业在决策过程中必然受到代为履行出资人职能的政府相关职能部门的监管，这实际上是一种产权约束。

从实践来看，我国国有企业一般划分为金融类国有企业、文化类国有企业和一般类国有企业。其中金融类国有企业大多由财政部门进行监管，文化类国有企业由宣传部门进行监管，而除金融类和文化类以外的国有企业一般由国资委进行监管。一般来说，国资委代表政府，也代表全体民众来履行所有权职能，对企业的经营管理以及高管等代理人行使所有权人的权责，通过审定公司重大事项、业绩考核、人员调整、工资分配监管、核定企业负责人收入分配方案、对企业负责人进行奖惩、推动国有企业改革和国有资产保值增值，同时也承担着指导国有企业党建、意识形态及精神文明建设等相关职能。与一般民营企业可以通过"用脚投票"等方式来行使所有权、可以撤换不合格的经理人不同，我国国有企业领导人的选拔任命依据国有企业的性质不同也有不同的方式，以省属国有企业为例，在省属国有一级企业中，有些国有企业的领导人是由省委任命的，有些国有企业领导人则是由省国资委任命的，而国有企业的董事长等主要领导的级别也会有不同，在省属一级企业中，有些国有企业的董事长是正厅级，而有些则是副厅级，因此，虽然国资委在国有企业的监管方面可以代表出资人行使产权约束，但是在"用脚投票"来更换企业主要负责人方面，国资委也面临着一些现实约束。一般来说，在任命国有企业主要负责人的时候，组织部门也会征询和参考国资委等国资监管部门的意见。

2. 利己主义倾向

企业经营是一种面临市场不确定性的工作，这使企业管理成为一种专门的技术性工作。企业的生产经营决策除了受到市场演变、经济规律、管理规律等因素影响之外，还受到决策人主观意志活动的影响。根据西方经济学的理论，市场经济中的每个人都是理性的"经济人"，这一由著名的古典经济学家亚当·斯密在其《国富论》中提出的概念，往往被理解为人都是追求个人私利最大化的人，是会计算、会权衡、有创造性并能获得最大利益的人。早在200多年前，亚当·斯密在该书中认为，"利己性"是"经济人"的本性，"利己心"是每个人从事经济活动的动机。"我们每天所需要的食物和饮料，不是出自屠户、酿酒家或烙面包师的恩惠，而是出自他们自利的打算。我们不说唤起他们利他心的话，而说唤起他们利己心的话。"[1]"每个人都在力图应用它的资本，来使其生产产品能得到最大的价值。一般地说，他并不企图增进公共之福利，也不知道他所增进的公共福利为多少。他所追求的仅仅是他个人的安乐，仅仅是他个人的利益。"[2] 显然，古典经济学家认为个人利益是唯一不变的普遍的人类动机，人们彼此之间虽然需要相互提供帮助，但是这种帮助并不是出于人们的利他主义，而是出于利己主义。所以"经济人"的"理性"体现在是否出于利己的动机，力图以最小的经济代价去追逐和获得最大的经济利益。

作为我国国有企业的高管人员，虽然并不能认为是完全的追求个人私利的"经济人"，他们作为共产党员和领导干部，有党员的觉悟和党性的修养，有为人民谋利益、为企业谋发展的自觉，而且在其选拔过程中，都经过多层程序和组织考察，德、能、勤、绩、廉各方面都有相应的考察，可以成为能够推动企业发展的优秀人才。但客观来看，由于企业管理的专业性、经营风险不确定性、契约合同的不完全性等特点，使国有企业高管人员的决策具有"私人信息"属性。由于信息不完全和不对称，使得外部难以有效进行监管，在这样的背景下，国有企业高管在进行企业决策的过程中，也难以避免会为了实现个人利益的最大化而采取一些"机会主义"行为。因此，利己主义动机是影响国有企业决策的重要因素。

当然，在国有企业改革的过程中，我国从制度设计上，从公司治理结

---

[1] [英] 亚当·斯密：《国民财富的性质和原因的研究》（下卷），商务印书馆1981年版，第14、27页。

[2] [英] 亚当·斯密：《国富论》下册，丹特公司1955年版，第246页；转引自高鸿业主编：《西方经济学》第3版，中国人民大学出版社2004年版，第9页。

构的角度来看，也会对国有企业高管的决策进行权力制衡，特别是通过把党的领导融入公司治理各个环节，把企业党组织建设嵌入公司治理结构当中，通过企业重大决策党委会前置，科学界定党委会、董事会、股东会、监事会及经理层各治理环节的边界，建立企业高层管理人员激励约束机制，完善考核体系等各种措施来实现激励兼容，使作为个人的"利己主义"与企业发展目标实现有效衔接。因此，在国有企业管理中，并不是否认企业高管个人的利己动机，而是通过制度设计使作为个体的利己动机与企业目标相兼容。

3. 政治关联动机

虽然企业属于经济组织，但在现实中，任何企业都处在一定的政治环境之中，企业的生产经营以及企业决策也受到政治环境因素的影响。在国外，2001年费斯曼（Fisman）最早提出了政治关联这一概念，用来指代企业与政府之间的密切关系。而早在1974年，美国学者克鲁格（Krueger）就提出企业与政府或官员保持良好的关系能够为企业带来利益。但从政治关联的具体内容来看，理论界并没有统一的认识，比如有人认为政治关联是指企业通过捐赠等方式参与政治竞选（Khwaja，2005；Claessens，2008），有人认为政治关联是指具有政府工作经历的人来担任企业的高管（潘红波等，2008；吴文锋等，2008），有人认为企业高管具有党代表、人大代表、政协委员等政治身份（邓新明，2011；李建等，2012），也有人认为企业的高管等决策者与政府、国会或其他高级政客具有亲密的私人关系（Faccio,2006）。[1] 也有学者把政治关联概括为"政治家经商、企业家从政、企业家与政治家建立私交"。[2] 应该说，企业的决策者具有政治关联是世界各国普遍存在的客观现象。企业决策之所以普遍存在政治关联现象，主要在于经济与政治之间具有

---

[1] 转引自张金涛、乐菲菲：《政治关联及其断损的经济后果：研究现状与展望》，《天津商业大学学报》2018年第9期。

[2] 吕慧：《中国上市公司政治关联：动机、影响机理及经济后果——基于价值相关性视角的文献综述》，《财务管理研究》2021年第2期。

的天然联系，经济活动与政治活动都是实现利益调整的手段，企业在经济活动中必然受到政治活动的影响，而加强政治关联可以保护自身的财产权利，甚至获得某种寻租的机会，从而促进企业的发展和企业家政治诉求的实现。当然，从实际效果来看，政治关联是否能够有效地改善企业绩效仍然存在分歧，即使能够改善某个产业的绩效，但可能也会扭曲市场的运行，导致资源配置宏观效率的损失。

与一般企业主要从企业高管的角度来分析政治关联不同，我国国有企业本身是我们党治国理政的重要支柱和依靠力量，是中国特色社会主义的重要物质基础和政治基础，本身具有明显的政治属性，因此，国有企业决策不仅仅受经济因素的影响，而且受到政治因素的重要影响。

从国有企业高管的身份来看，目前在我国国有企业的人员管理中一直存在政治身份的区别，对于一般员工基本上属于企业身份，他们按照市场化的招聘和管理规律来进行人力资源管理。但是对于国有企业的高管，特别是一级国有企业的高管，既可能有来自市场化招聘选拔的优秀管理人员，也有来自组织安排的保持公务员序列的管理人员，这也被称为国有企业高管人员来源的"两条腿走路"，对于市场化招聘的高管人员来说，他们一般可以获得市场化的薪酬，但缺少进入政府机关从事工作等政治渠道，而对于保持公务员身份的管理人员来说，他们一般不能获得市场化的薪酬，但可以保留与其职级职务相适应的政治待遇。

从国有企业高管的发展前景来看，目前我国国有企业高管人员中，其发展前景呈现出多元化，丁友刚、宋献中（2011）依据1999—2006年300家政府控制非金融类上市公司董事长职务变动的研究，发现公司董事长离职去向有9种之多（见表2-1）。总体来看，国有企业高管的发展前景大体上可以划分为三类：一类是再回归或转入党委政府的机关工作，一类是到其他国有企业从事高管工作，一类是从本企业到年龄退休。

表 2-1 董事长离职去向调查表

去向	人数
升任政府官员	47
升任母公司职务	55
母公司职务没变，在子公司职务降低	73
在母公司或子公司职务降低	31
退休	49
外部就职	8
去向不明	8
违法涉案	13
去世	5
合计	289

资料来源：丁友刚、宋献中：《基于多元 logit 模型的国有企业高管更换决策机理研究》，《统计研究》2011 年第 6 期。

4.国有企业高管的生态意识

思想是行动的先导。对于决策主体来说，只有内在地认识到一种事物的重要性，才能在自身的实践活动中自觉地把该事物纳入影响因素，成为做决策的重要考虑指标。国有企业作为一个市场经济组织，受到市场约束，面临经济责任的硬性考核，这时如果企业高管自身认识不到生态环境保护的重要性，把企业发展与生态环境保护对立起来，甚至把采用高污染高耗能高排放的生产技术手段作为培育市场优势的重要方向，而把履行生态责任作为负担，把生态环境保护不是看作企业发展的机会而是看作障碍，那样企业很难做到绿色转型，很难成为推动经济绿色发展的重要经济主体。因此，国有企业高管人员对于生态环境保护的重视程度，对于生态文明建设的认识水平会深刻地影响企业决策。

从我国现实来看，我国非常重视提高包括国有企业高管人员在内的社会民众的生态意识。随着我国经济发展中各种资源环境问题的不断凸显，加强生态环境保护，建设生态文明成为人民的期盼，也成为党中央治国理政的现实需要。在此基础上，党的十八大把生态文明建设上升到中国特色社会主义

"五位一体"总体布局的高度，党的十九大把建设生态文明写入了党章并在2018年召开的全国两会上写入新修改的宪法中，2018年5月全国生态环境保护大会上正式提出习近平生态文明思想。习近平生态文明思想科学回答了中国特色社会主义进入新时代后，我国为什么要建立生态文明、建立什么样的生态文明，以及如何建设生态文明等基本问题，是马克思主义生态思想中国化的最新理论成果。近几年来，我国不断加大生态文明理念、"绿水青山就是金山银山"的绿色发展理念的宣传教育，努力构建生态文明文化体系，目的就是在全社会增强民众的生态意识。国有企业高管人员作为我们党在经济领域的"关键少数"，也需要建立生态文明意识和生态意识。只有国有企业高管人员真正树立起生态意识，才能真正贯彻落实习近平生态文明思想，树立生态环境保护是"国之大者"的政治立场，也才能真正在企业经营管理中把生态环境保护与企业经济发展实现有机结合，贯彻绿色发展理念，加强绿色技术研发，推动清洁生产，加强企业绿色转型，建立和弘扬生态环保的绿色文化，真正成为推动经济绿色发展的微观基础。

5.外部考核约束

考核是一条指挥棒。国有企业作为一种委托代理关系的企业组织，国有企业高管人员的经营决策是在既定契约授权下的自主行为，但其经营决策行为受到委托人目标考核体系的约束。虽然企业高管的管理活动是一种具有"私人信息"的专业性活动，但作为委托方的国资委可以通过各种行为观察和经济社会指标的考核来反映作为代理人的国有企业高管的工作能力和努力程度。

党的十八大以来，我国始终把业绩考核作为国资监管和对国有企业进行监管的重要手段，通过业绩考核来反映国有企业高层管理人员落实国有资产保值增值责任、做强做优做大国有企业和国有资本、发挥国有经济主导作用的重要手段，在《中共中央国务院关于深化国有企业改革的指导意见》《关于国有企业功能界定与分类的指导意见》《关于完善中央企业功能分类考核的实施方案》《中央企业领导人员管理规定》《中央企业领导班子和领导人员综合考核评价办法（试行）》等一系列政策文件中，都对加强国有企业的考核，特别是业绩考核进行了规范，这对于优化国有企业决策具有重要的指导意义。

从对国有企业的生态考核来看，党的十八大以来，我国逐步建立了领导干部生态责任审计制度。根据赵鑫（2021）的研究，从该项制度实施来看，我国审计机关的生态环保审计还主要以部委和地方政府通过的生态环保项目资金进行审计监督，还没有完全覆盖或极少触及企业的资源环保政策法规执行情况，包括企业领导人员应承担的资源环境保护责任、企业环境管理制度、环境保护绩效、产品的清洁生产等。一般情况下，在企业主要领导人员经济责任审计中主要关注贯彻执行党和国家有关经济方针政策和决策部署情况，企业财务的真实、合法、效益情况，履行重大经济决策职责情况，境外投资及境外国有资产管理使用情况，落实廉政建设责任制和执行廉洁从业规定等情况。[①] 由于不同国有企业在行业领域、主责主业存在明显差异，因此，2018年中共中央办公厅、国务院办公厅发布的《关于加强国有企业资产负债约束的指导意见》对于国有企业考核评价指标体系的设置还是突出经济利益考核，对环保、节能等指标考核还很少。[②]

但是从国有企业履行生态责任、推进绿色转型、促进经济绿色发展的现实需要来看，加强生态环境保护、履行生态责任成为国有企业必须承担的任务，也是今后生产经营过程中必须要面临的现实约束和制度环境。2013年国务院办公厅印发的《关于金融支持经济结构调整和转型升级的指导意见》，2016年国家发改委等部门发布的《绿色发展指标体系》《生态文明建设考核目标体系》、工业和信息化部发布的《工业绿色发展规划（2016—2020年）》，2018年国家发改委发布的《关于创新和完善促进绿色发展价格机制的意见》

---

① 赵鑫：《促进企业领导人员经济责任审计与生态环保审计有机结合》，《审计研究》2021年第6期。

② 赵鑫：《促进企业领导人员经济责任审计与生态环保审计有机结合》，《审计研究》2021年第6期。

等文件都强调要加快推动产业结构转型和企业绿色转型。我国的"十四五"规划纲要也明确指出"建立统一的绿色产品标准、认证、标识体系"等内容。

因此，今后要加强国有企业生态责任的考核，发挥考核机制在引导国有企业以及国有企业高管人员经营决策过程中的基础性作用。

6.声誉激励约束

激励约束理论是现代公司治理理论的重要内容。该理论认为，由于管理活动是具有"私人信息"的专业性活动，作为委托人一方既难以通过观察获得代理人行为的全部信息，也不能通过完全的契约对代理人进行有效的规制，代理人可能会出现以损害委托人利益而谋取私利的行为，因此，需要通过建立有效的激励约束机制来给代理人以足够的刺激，以引导代理人采取有利于委托人利益最大化的行为。从激励的形式来看，激励可以有多种方式，具体包括薪金、股票期权、股票增值权、延期支付等收入或股权激励的方式，也包括社会声誉、职业声望等声誉激励方式。由于激励和约束是一个硬币的两个方面，给予被激励人以收入、股权或好的声誉是一种正向的激励机制，而减少收入、收回或稀释股权及坏的声誉是一种负向激励机制，也是一种约束机制，因此理论界也有学者把激励约束机制简称为激励机制。

声誉激励约束机制的理论渊源在于企业高管人员好的声誉也是一种市场信号，能够在经理人市场上为它的持有人提供一种能力高于一般经理人员的印证信息，可以使该人员更好地被潜在雇主发现并获得更高的报酬。从行为科学的角度来看，与经济学把人作为"经济人"看待不同，行为科学把现实中的人看作"社会人"，认为影响人的行为决策的因素除了经济和物质利益外，还包括心理和社会的高层次需要，行为者的需要是推动人的行为决策发生的原始心理动力，或者叫动力源泉，行为动机是由行为者的需要衍生出来而推动行为发生的直接力量，而行为者的需要又会直接或间接表现为一定的任务目标，因此，任务目标对行为者具有吸引拉动的作用。比如根据马斯洛的需要层次论，人的需要是有层次的，从低层次到高层次依次表现为生存的需要、安全的需要、情感或归属的需要、尊重的需要和自我价值实现的需要。对于国有企业高管人员来说，他们的收入一般大大高于社会平均收入水平，也有一定的社会地位和影响力，从某种意义上来说，生存的需要、安全的需要、情感和归属的需要已经基本得到满足，而建立在声誉基础上的尊重的需要和自我价值实现的需要，可能成为一种更主要更高层次的需要，因此，对于国有企业高管人员的激励，在保障其获得较高收入等作为基础的、重要的激励手段的同时，更要非常关注声誉给其带来的尊重需要和自我价值实现需要的满足。从实践来看，作为市场经济中的企业经营者，一般都非常重视自己的声誉，特别是职业声誉，职业声誉也被称为企业经营者的第二张身份证，因此，一个优秀的企业家一定会非常爱护自己的声誉。我国2018年出台的《中央企业领导人员管理规定》也明确提出坚持物质激励与精神激励相结合、短期激励与任期激励相结合，激发企业领导人员创新活力和创业动力，并把加大表彰宣传力度作为重要的精神激励手段加以强调。①

7. 社会监督

国有企业决策是一个内部人行为，要避免国有企业决策形成"合谋"的内部人控制现象，就需要加强对国有企业决策的社会监督。社会监督是指除了产权主体监督和政府规制监督以外的个人、组织等社会主体的监督。从经济学原理来看，国有企业作为多级委托代理关系的经济组织，要避免"廉价投票权"问题和"监督监督者"问题的出现，需要通过不断公开企业决策相关信息，使社会各方面主体在信息研判中对企业决策的科学性准确性等进行监督，而国有企业无论是从资产终极产权上看还是从生产经营行为的社会影响以及承担较多的社会责任方面看，国有企业都需要接受社会监督，而且随着公民意识的觉醒等，社会民众主体也对国有企业给予更多的期待和关注，这些都构成了国有企业决策社会监督的重要保障。党的十八大以来，我国不断加大信息公开，努力打造"阳光国企"行动，构建国资"大监管"格局，

---

① 《建设高素质专业化中央企业领导人员队伍》，新华网，2018年9月29日，见http://www.xinhuanet.com/politics/2018-09/29/c_1123505627.htm。

探索建立由人民群众、社会团体、中介机构、新闻媒体等各种社会力量共同参与的社会监督体系等改革举措，也都为加强国有企业的社会监督创造了条件。

二、绿色发展视角下国有企业决策分析

随着生态环境问题的不断凸显，民众的生态意识不断觉醒，世界也逐步进入绿色治理的阶段。推动经济绿色发展，推进包括企业组织在内的绿色转型，承担更多的绿色责任，推进经济绿色转型和世界环境问题的不断解决，日益成为世界各国的共同选择。进入新世纪以来，随着我国环境问题日益严峻，党和政府也高度关注生态环境保护。特别是党的十八大以来，以习近平同志为核心的党中央明确提出绿色发展理念，建设生态文明，推进产业生态化和生态产业化，国有企业作为我国重要的经济组织，也是贯彻党的绿色发展理念的重要力量，国有企业承担着重要的生态责任，这将对国有企业高管决策产生重要影响。

（一）缺乏生态考核指标约束下国有企业绿色发展动力不足

国有企业是一种委托代理关系的市场经济组织。作为代理人的国有企业高管，通过生产经营决策来获取资产收益，保证国有资产保值增值，为股东（政府）创造最大化利润，完成委托人（政府）在契约中约定的考核任务，是其保持职位稳定性进而获得职务晋升的首要前提。其薪水报酬、职务消费、社会声誉等也主要来自经济业绩考核。虽然在当前环境下，加强生态环境保护，减少污染排放，提供绿色产品和服务，是时代的需要，是广大民众的期盼，也是我国制度供给的重要方向，但由于生态环境保护点多面广，对于国有企业的政策制定者来说，很难针对每个企业出台具体的生态考核指标体系。作为代表全体人民行使出资人所有权职能的国资委等政府职能部门，其主要职责中也缺乏具体的生态环境保护的职能和考核，因此，由其主导制定的企业高管人员的考核体系，也主要体现了资产所有权所关心的保值增值的相关指标，缺乏生态考核指标。而赵鑫（2021）等学者的研究也印证了这

一点。①

"考核是个指挥棒。"在缺乏生态考核指标约束的背景下，国有企业高管自然不会把节能减排、减少污染、绿色革新等纳入企业经营决策的目标函数重点考虑。虽然从长期发展趋势来看，随着世界生态意识的觉醒，消费者也越来越关注企业的生态责任，政府制度供给也越来越倒逼企业开始绿色转型，但毕竟这是一个长期渐进的过程。企业进行技术和设备革新、开展清洁生产等绿色转型，需要大量的投入，这些投入什么时候能够转变为企业的经济效益，转变为企业的利润增长点，还具有许多不确定性，而且从短期来看，这些投入还会对利润构成一种"侵蚀"，恶化企业的财务指标，增加企业短期考核的压力。因此，国有企业推动绿色发展的动力不足。

（二）绿色发展的整体性系统性使国有企业绿色发展面临现实约束

加强生态环境保护，推动绿色发展是人类实现可持续发展的理性共识。但生态环境具有整体性、系统性，影响生态环境的因素众多，水、大气、土壤、固体废弃物、噪声等各种污染，温室气体排放、生物多样性保护、热带雨林保护……是一个十分庞杂的系统。正如"木桶原理"，实现人类社会永续发展，不是看生态环境保护和生态文明建设某个方面的"长板"，而是看资源环境和生态保护方面的"短板"。从国有企业决策理性来看，虽然理论上每个个体、企业、组织、国家都来保护生态环境，我们的绿色发展目标就会实现，人类社会就会永续发展下去，但对具体某一个企业来说，其个体对整个生态环境的影响是微乎其微的。如果企业采用绿色发展的方式推进绿色转型和绿色治理，这种转型成本将由企业自己承担，而如果维持传统的生产经营方式，甚至采取"以邻为壑"等策略，以牺牲生态环境为代价，采取内部成本外部化的方式换取企业发展的经济效益，对于企业决策者个体可能会带来显性的收益。这种个体理性和集体理性的冲突以及生态环境保护整体性

---

① 赵鑫、郝玉雪：《促进企业领导人员经济责任审计与生态环保审计有机结合》，《审计观察》2021年第6期。

系统性的特征,使国有企业决策过程中自觉转向推动绿色发展面临着困难,也降低了企业绿色发展的动力。

(三)国有企业产业布局为国有企业发挥经济绿色发展引领作用提供了空间

推动经济绿色发展的微观基础在于企业的绿色转型,企业生产经营行为对生态环境的影响,对经济绿色发展的引领作用与企业的产业布局具有重要关系。从产业布局来看,我国国有企业大多分布在工业、煤炭、冶金、化学、建筑、房地产、交通运输仓储等行业。根据研究,目前国务院国资委监管的96家中央企业中,已经有超过一半的企业涉足环保产业,业务范围涵盖水污染处理、大气治理、生态修复、固废处理、环保服务、噪声与振动控制等六大领域及30多个门类,业务类型涵盖环保技术和设备、环保产品、环保服务等,其中服务类业务占比达到70%。[①] 这些行业属于上游产业,其生产经营对生态环境影响较大。因此,在国家生态环境保护政策体系不断完善,生态环境规制越来越严格的背景下,国有企业面临艰巨的绿色转型的任务,亟待加大技术创新,推进产业转型升级,不断降低对生态环境的影响。在此过程中,国有企业将面临逐步加大绿色转型的压力,如果国有企业能够探索出一条实现资源节约高效利用、生态环境和谐友好的发展之路,将会对我国经济的产业转型和绿色发展提供重要的启示和借鉴意义。

(四)政府政策支持和强大的综合实力为国有企业绿色转型提供坚实基础

从传统企业向绿色企业的转型,是一个艰难的探索过程。无论是企业的理念、文化、管理制度、管理模式还是技术、产业、商业模式等都可能发生重要的变化。与民营企业、外资企业更多地关注经济利益不同,国有企业在关注经济利益的同时,还承担着贯彻党的路线方针政策的政治职能。国有企业具有更高的政治关联动机,企业党委(党组)是党的基层组织和党在经济

---

① 李小璐:《国企环保业务三类模式》,《企业管理》2019年第3期。

领域的重要代表,党委(党组)承担着审议企业"三重一大"重要事项的权力,而且具有国有企业重大事项决策权的主要高管人员也都是党员,他们天然地具有贯彻落实党的决策的政治觉悟。从企业的综合实力来看,企业的绿色转型需要大量的转型投入,需要强大的经济实力和雄厚的创新能力,与单个民营企业的单打独斗相比,国有企业具有综合实力的优势,这种优势能够保障企业在绿色转型和推进绿色创新过程中,不会出现太高的经营风险,同时提高抗风险能力,有效平衡绿色转型的风险。因此,在同样的政策环境、市场环境等条件下,国有企业具有推动绿色转型,推动经济绿色发展的能力。

第二节 国有企业促进经济绿色发展的动力机制

推动国有企业和国有资本做优做强做大,发挥国有企业的职能和优势,促进生态文明建设,既是当前推进生态文明建设的客观需要,也是深化国有资本管理体制改革,推动经济高质量发展的内在要求。在推动经济绿色发展过程中,充分发挥国有企业作用,需要构建国有企业履行生态责任,推进绿色转型,构建起国有企业引领生态文明建设,推动绿色发展的动力机制。

一、国有企业促进经济绿色发展动力机制构建的基本逻辑

在全球生态意识觉醒和推动绿色增长转型日益成为世界共识的背景下,特别是在社会主义市场经济体制下,我国推动经济从高速增长阶段转向高质量发展阶段,要更好地满足人民群众对优美生态环境的需要,建设人与自然和谐共生的现代化,必须通过制度创新,构建包括全社会资源开发、产业转型、民众消费等在内的绿色化的内在动力机制,调动各种社会主体的积极性,全民行动。其中国有企业作为我国经济重要的市场主体和社会主义市场经济的重要物质基础和政治基础,必须在全社会绿色转型、建设生态文明过程中发挥示范引领作用,这就需要构建国有企业促进经济绿色发展的动力机制。

构建国有企业促进经济绿色发展动力机制最核心的逻辑是按照市场经济规律，主要通过资本管理来实现，而不能主要依靠搞摊派、下任务等行政强迫的方式来实现，否则就有违国有企业改革的方向和社会整体利益，也不利于国有企业绿色转型以及推动经济绿色发展作用的发挥。

党的十八届三中全会通过的《中共中央关于全面深化改革若干重大问题的决定》明确指出，要以"管资本为主"推进国有资产监管体制改革，提出国有资本投资运营"重点提供公共服务、发展重要前瞻性战略性产业、保护生态环境、支持科技进步、保障国家安全""国有资本加大对公益性企业的投入"等内容，这为在当前把生态文明建设上升到与经济建设、政治建设、社会建设、文化建设"五位一体"社会主义总体布局的高度条件下，发挥国有企业和国有资本职能和优势，推进生态文明建设和经济绿色发展指明了方向。在我国国有企业全面推进公司制改革以及积极发展混合所有制改革的环境下，主要通过国有资本的视角来推进国有企业改革既是我国国企国资改革的重要方向，也是国有企业在激烈的市场竞争中不断做强做优做大的基本条件。因为，虽然国有企业是"党领导的经济组织，兼具经济属性、政治属性和社会属性"[①]，但最核心的还是经济组织，作为经济组织，根据经济属性，按照资本运动规律来发展国有企业，推动国有企业履行生态责任，推动经济绿色发展，既是国有企业安身立命之本，也符合市场经济发展的基本规律。

国有资本作为一个总体概念，是从资本的所有权属性来说的。但国有资本作为一种特殊的资本形态，它既具有资本逐利的自然属性，也具有让渡一部分自然属性而追求社会福利最大化的社会属性，这种自然属性与社会属性的结合形态和结构，使国有资本的职能也会出现变化。按照我国国有企业分类管理的要求，如果以实现资本的自然属性，即以追求逐利性为主要目标的国有资本可以称为商业性国有资本或经营性国有资本；以实现国有资本的社会属性，即以追求社会福利最大化为主要目标的国有资本可以称为公益

---

① 孙宇：《马克思主义视角下的国企环境责任研究》，《现代国企研究》2020年第10期。

性国有资本。经营性国有资本以实现价值增值为主要目标,兼顾服务社会目标[①],而公益性国有资本则以实现社会福利最大化为主要目标,兼顾盈利性经济目标。因此,构建国有企业促进经济绿色发展的动力机制,应该遵循分类管理的逻辑,对于不同性质的国有企业采取不同的方式方法,不能搞一刀切。

二、国有企业促进经济绿色发展动力机制的构建

构建国有企业促进经济绿色发展的动力机制,本质上是如何调动国有企业的积极性,通过相应的制度设计,使国有企业高管人员在经营决策过程中主动履行生态责任,加强绿色技术研发,推动企业绿色转型的相应机制。

(一)以绿色意识培育和生态考核为引领构建国有企业促进经济绿色发展的决策机制

1.加大习近平生态文明思想宣传教育,提高国有企业高管人员绿色意识

习近平生态文明思想是新时代中国特色社会主义生态文明建设的指导思想,在深刻把握人类历史发展规律和生态福祉重要性的基础上,指出我国生态文明建设的本质是实现人与自然的和谐共生,并重点强调了坚持绿色发展、系统思维、严密法治、全民行动和世界共赢等生态文明建设的具体要求。习近平生态文明思想是习近平新时代中国特色社会主义思想的重要组成部分,是我们党新时代推进现代化强国建设的重要指导思想。国有企业作为重要的经济组织,具有政治属性。国有企业广大党员领导干部要深入学习习近平生态文明思想,不断提高国有企业从业人员,特别是具有决策权的高管人员的生态意识、绿色意识。"思想是行动的先导",只有内化于心才能外化于行。只有高管人员从思想认识上树立了"绿水青山就是金山银山"的绿色发展理念,把生态环境保护不仅仅作为为人类社会做贡献的需要,而且是

---

① 根据媒体披露,在2015年8月通过的《中共中央国务院关于深化国有企业改革的指导意见》把国有企业分为商业类和公益类,而这里的商业类国有企业和本书的经营性国有资本是从不同视角进行的划分。

实现企业发展壮大、国有资本和国有企业做强做优做大的重要途径,国有企业高管人员在做决策的时候,才能把生态环境保护看作是"财富"而不再是创造经济效益的"手段"。

2.把生态环境保护和绿色发展的相关指标纳入国有企业高管人员的考核体系

国有企业是存在委托代理关系的市场组织,作为代理人的国有企业高管人员要依据作为委托人的国资委等政府职能部门与其签订的契约来组织生产经营,而考核体系就是这个契约最核心的内容,也是对企业高管人员决策具有指挥棒作用的内容。企业高管人员只有完成了相应的业绩考核才能够获得职务留任、经济报酬、职务消费、社会荣誉等。之所以传统经济发展方式下,经济发展往往伴随着生态环境的恶化,一个重要原因就在于市场经济主体的收益和生态环境保护缺乏直接关联,甚至是以牺牲生态环境才能换来经济效益,而其根源在于生态环境保护属于"公共地"的背景下个体理性与集体理性之间的矛盾。要避免这种矛盾,需要把生态环境保护从企业决策因子的"外部"走向"内部"。对于国有企业来说,就需要通过完善考核体系来实现,把生态环境保护和绿色发展的相应绩效纳入国有企业高管人员的考核体系,成为影响其目标函数的重要因子,进而构建国有企业推动经济绿色发展的决策机制。

(二)以物质激励与声誉激励相结合构建国有企业促进经济绿色发展的激励机制

1.完善国有企业绿色发展的市场环境

发挥国有企业作用,推动我国经济实现绿色转型,从传统的经济发展方式转向绿色发展方式,根本上要不断完善国有企业绿色发展的市场环境。国有企业作为市场经济中的企业组织形式,市场属性是其第一属性。国有企业不同于政府机关或社会组织,它必须在市场发展中寻找盈利机会,这就要求不断完善绿色发展的市场环境。要在全社会创造生态保护、绿色发展的舆论环境,通过加大生态文明和绿色发展的宣传教育,引导民众转向绿色消费,通过消费者（民众）的绿色消费，发挥居民消费"货币选票"的作用，倒逼国有企业主动加大绿色技术研发，完善绿色设计，开展清洁生产，扩大绿色投资，鼓励绿色营销和绿色管理，构建绿色产业链价值链供给链，政府也要不断加大绿色采购，发挥政府采购的引导作用。

2.按照分类改革思路，构建反映绿色发展水平的薪酬体系

薪酬体系是反映国有企业高管人员物质报偿的重要体现，科学的薪酬体系能够给国有企业高管人员提供激励兼容的激励动机。与绿色生态考核体系相适应，必须建立反映企业绿色发展水平的薪酬体系。虽然我国现代国有企业的高管人员不是斯密意义的"经济人"，但在生产力水平还没有达到极大丰富，还没有实现按需分配的条件下，薪酬报偿能够决定一个人的生活水平和所能享受到的福利程度，薪酬报偿还是最基础性的激励手段。因此，构建国有企业反映绿色发展水平的薪酬体系，是激发国有企业高管人员内生动力，引导国有企业主动积极作为，推动经济绿色转型的基础性激励手段。由于不同类型的国有企业在我国经济发展中的地位不同，按照分类管理的要求，需要建立反映差异化水平的薪酬体系。比如商业类国有企业与公益类国有企业因为所处行业不同、产业布局不同、市场竞争程度不同等，要制定差异化的薪酬体系。对于商业类国有企业要以市场同类企业为基准，主要在薪酬体系中反映其生态环境保护的自主贡献，多以增量报酬为主。公益类国有企业主要以完成政府交付的社会公益项目完成程度为主，相对来说，面临的市场竞争较少，加上很多都有政府财政的补贴，所以这类国有企业高管人员的薪酬体系中要适当加大生态责任和绿色发展指标的比重，以发挥更好的示范引领作用。

3.加大对绿色转型成功或贡献度较大的国有企业高管人员的声誉激励

国有企业高管人员具有较高的收入和社会地位，从激励的有效性来看，物质激励虽然是重要的激励手段，但从激励强度来看，声誉激励等精神激励可能对其更有激励效果，而且声誉激励的提高也有助于加强政治关联，获得职务等方面的晋升。在我国坚定推进经济绿色发展的进程中，虽然我国国有

企业改革不断取得成效，但从公司治理来看，仍然包含较多的行政型治理因素（李维安、薛澜，2012）[①]，国有企业在工资总额、干部任用、股权激励等方面受行政性治理的约束更多一些（杜龙政等，2019）[②]，因此，与民营企业和外资企业相比，国有企业高管人员更关注声誉激励等在内的精神激励。这意味着需要加大对绿色转型企业的成功做法、企业家的艰辛探索、企业转型成功经验等的宣传报道，一方面为引导全社会的绿色转型提供样板和典型，另一方面也是对国有企业高管人员的一种声誉激励，将为国有企业绿色转型，促进经济绿色发展提供更好的激励。

（三）以绿色制度供给为引领构建国有企业促进经济绿色发展的保障机制

1.不断完善绿色法律法规制度

理论界有学者提出快变量与慢变量的区别（Roland，2002、2012）[③]，一项改革能否取得成功，需要根据不同变量的演进和作用特点进行科学的配置。从绿色发展转型的角度来说，环境政策法规方面的规制属于快变量，只要社会民众和政府能够形成社会共识，环境保护的标准、政策、制度可以在较短的时间内形成，而环境规制目标的实现需要绿色技术研发、企业绿色转型、绿色竞争力的提升等是一个循序渐进的过程，属于慢变量，因此，我们在完善环境规制的时候，各项绿色制度供给要循序渐进，不能搞"休克疗法"[④]。

[①] 李维安、薛澜等：《大型企业集团创新治理》，科学出版社2012年版，第20页。
[②] 杜龙政等：《环境规制、治理转型对绿色竞争力提升的复合效应》，《经济研究》2019年第10期。
[③] 转引自杜龙政等：《环境规制、治理转型对绿色竞争力提升的复合效应》，《经济研究》2019年第10期。
[④] 休克疗法本来是美国学者萨克斯用来解释苏联和俄罗斯经济改革的概念，是指在较短的时间内实现经济制度的根本变革。这里用休克疗法来指代一种不顾现实条件盲目追求速度的发展模式。

2.不断完善对国有企业履行生态责任和绿色发展的监督

发挥社会监督的作用，构建推动国有企业履行生态责任推动经济绿色发展的外部约束机制，是倒逼国有企业实现绿色发展的重要条件。环境规制的外部约束与企业的竞争力和创新能力之间虽然存在正向关系，但这种关系需要在一个较长时期才能够逐步显现出来。虽然长期来看，科学的环境规制会有效的刺激企业创新，使企业的创新收益或创新补偿能够弥补"规制成本"导致宏观经济绿色化水平提高和微观企业经济效益提升的双赢局面。但在短期内，因环保投入的规模巨大、创新周期较长、市场变化较快、创新风险较高，使初期环保投入存在对企业利润的"侵占效应"，会削弱企业的创新能力和竞争力，这就导致许多企业缺乏率先行动的动机。而通过加强国有企业环境保护信息的公开，发挥社会公众、组织、第三方机构等的优势，对国有企业生产经营过程中环境污染生态破坏行为的监督，形成强大的社会舆论氛围，给国有企业以外部压力，引导国有企业积极主动地加强生态环境保护，推动绿色转型，进而促进经济绿色发展。

第三章　国有企业促进经济绿色发展的传导机制

在我国积极推动绿色发展转型的背景下，国有企业作为我国社会主义市场经济的重要微观主体，在政府绿色发展导向下，国有企业的微观决策如何转化为经济绿色发展的现实绩效，国有企业推动经济绿色发展的内在动力如何转化为推动经济绿色发展的现实生产力，从某种意义上，根本上在于构建完善的传导机制。这种传导机制的基本逻辑概括为四个维度：即：产品竞争力、品牌引领力、技术外溢力和社会引领力。这"四力"又可以从微观和宏观两个层面来分析。从微观来看，国有企业承担绿色责任，推动绿色转型，能够提高产品竞争力和品牌引领力，为企业创新发展和做强做优做大创造条件。从宏观来看，国有企业通过绿色技术研发对社会技术进步水平会有溢出效应，也会为民营企业和社会民众起到示范引领作用。通过微观和宏观两个视角，国有企业承担生态责任，推进绿色转型，不仅为企业发展创造条件，也会推动我国经济发展的绿色水平。

第一节　国有企业产品竞争力与经济绿色发展

企业是资本实现价值增值的组织形式，企业的生命力在于通过不断提高产品的竞争力来实现永续发展。推动经济绿色发展需要把自然生态纳入资本范畴，通过自然资本的运行实现企业产品竞争力提升和企业价值增值，这是国有企业推动经济绿色发展的基本逻辑。

一、资本与自然资本

在 18 世纪以来的西方经典经济学理论中，经济增长表现为产出的增加，取决于劳动、资本和土地等生产要素的供给规模和生产率。尽管不同学者或学派关于经济增长的具体理论和强调的内容有所差异，但大多表现为一种生产函数，是资本、劳动、土地等各种要素的协同作用。其中重点关注资本和劳动，劳动主要是指参与生产过程，提供劳动能力的劳动者的集合。而资本的内涵则更为丰富，而且资本是理解经济增长的基础性因素。如赫尔南多·德·索托指出，最早于中世纪出现的拉丁文中的"资本"是指牛或其他家畜。因为家畜可以活动，能够从有危险的地方转移开并且容易计算数量，更重要的是，家畜能够通过把价值较低的物质转化为一批价值较高的产品（包括牛奶、皮革、羊毛、肉和燃料），来调动其他行业，进而创造出剩余价值，而且家畜还可以繁殖。① 因此，"资本"既包括家畜的物质存在，也包括它们能够创造剩余价值的潜能。

随着生产力的发展，特别是工业生产的出现，资本对经济发展的作用越来越重要，人们对资本的理解也越来越深刻，认识到资本并非积累下来的资产，而是蕴藏在资产中、能够开展新的生产的潜能。② 由于资本的这种潜能是开展新的生产的基础，而这种潜能是非物质的，是一种抽象和概括，后来，越来越多的学者开始淡化资本的物质属性而强调资本的抽象属性，如法国经济学让·萨伊认为，"资本本身就是非实质性的事物，因为它和创造出资本的物质无关，而是和那一物质的价值有关，而价值是无形的"③。根据马克思主义基本原理，资本是能够带来剩余价值的价值。由于价值往往通过货

---

① ［秘鲁］赫尔南多·德·索托：《资本的秘密》，王晓东译，江苏人民出版社 2000 年版，第 31 页。
② ［秘鲁］赫尔南多·德·索托：《资本的秘密》，王晓东译，江苏人民出版社 2000 年版，第 33 页。
③ ［法］让·巴蒂斯特·萨伊：《政治经济学论文》第 2 卷；转引自［秘］尔南多·德·索托：《资本的秘密》，王晓东译，江苏人民出版社 2000 年版，第 34 页。

币的形式来表现，因此，资本和货币就成为既有区别又有联系的概念。资本往往以货币的形式表现出来，以货币购买生产和再生产所需要的生产资料的时候，就成为资本。而货币并非都是资本，货币是具有价值尺度、流通手段、贮藏手段、支付手段、世界货币五种职能的一般等价物。货币是一种计量单位、交换手段，但如果不用于再生产无法形成增值的潜能，也就不成为资本，只有当货币用于购买生产资料以追求价值增值时才能成为资本。

尽管资本的内涵越来越抽象化，越来越强调资本增值的潜能，但在现实生产经营活动中，资本一定要表现为一定的生产资料。由于不同种类、不同产品生产的特殊性，使得各种生产资料的表现形式各异，因此在理解资本概念的时候，往往罗列一些资本的实物形式，如马歇尔认为资本是为了生产物质财富并获取收益而积蓄起来的设备。罗斯托则认为，资本是包括土地、其他自然资源，以及有关科学、技术和组织的知识。[①] 马歇尔的资本概念主要是指机器设备，是可以为了再生产而投入的设备；而罗斯托作为著名的发展经济学家，则不仅仅强调机器设备，而且把自然资源也作为资本的存在形式。也有学者把资本和自然资源作为影响经济增长的并列因素，如伊尔玛·阿德尔曼在其《经济增长与发展的理论》中，把生产函数看作一组变量，$Y_t=f(K_t, N_t, L_t, S_t, U_t)$，其中，$K_t$ 代表一个经济体的资本存量，N_t 代表自然资源，L_t 代表劳动力，S_t 代表社会积累的应用知识，U_t 代表经济运行的社会文化环境。[②] 这里实际上把资本存量和自然资源作为并列的生产要素来看待。

虽然发展经济学家从发展中国家或后发国家资源禀赋的角度提出自然资源也是一种资本或生产要素，这里的自然资源是指能够投入生产过程的一些农产品、矿产品、能源等生产要素，但对于生态环境却重视不够，没有纳入

[①] [美] W. W. 罗斯托：《经济增长理论史：从大卫·休谟至今》，陈春良等译，浙江大学出版社 2016 年版，第 4 页。

[②] [美] 伊尔玛·阿德尔曼：《经济增长与发展的理论》，斯坦福大学出版社 1961 年版，第 8—24 页；转引自 [美] W. W. 罗斯托：《经济增长理论史：从大卫·休谟至今》，陈春良等译，浙江大学出版社 2016 年版，第 4—5 页。

资本的范畴，而且往往把生态环境作为一种外生变量，甚至作为"无主"之物。因此，企业采取污染环境的生产方式能够实现生产成本的外部化，由社会来承担本应由企业自身来承担的成本，从而相对扩大了企业的利润空间。如果把生态环境也作为一种资本，要构成企业生产经营的成本的话，那会对整个生产方式和经营方式产生重要影响，会使一些原本盈利的企业利润下降，甚至亏损。从世界经济发展的历程来看，在西方发达国家，在民众生态意识尚未觉醒的时代，政府的环境规制较少，企业可以通过采用外部不经济的生产方式来实现企业经营。但随着民众生态意识的觉醒，以及由此带来的政府环境规制的完善，企业生产经营的资源能源和生态环境成本越来越高，从而挤压企业的利润空间，导致一些环境影响大、污染程度高的产业面临经营困难，被迫开展产业链的全球布局，表现为发达国家的很多污染产业、污染企业走出国门，走向经济发展水平比较落后、环境标准比较低、环境保护措施比较宽松的发展中国家，从而形成了污染产业的跨国转移。理论界把这种发达国家污染企业和污染产业向发展中国家转移，并由此形成的环境污染和生态损害的后果，概括为"污染避难所假说"。该假说指出，发展中国家实际上成了污染产业和污染企业的"避难所"，之所以出现这样的后果，在于发展中国家经济发展落后，为了实现经济增长，被迫以牺牲资源环境为代价，来换取发达国家资本投资和技术转移。

为了衡量经济活动中的资源环境和生态成本，实现环境保护基础上的经济增长，理论界越来越关注自然资源和生态环境的经济价值，把自然环境纳入经济核算体系中。20世纪90年代，为了推动可持续发展，加强生态环境保护，把生态环境价值化，纳入经济核算体系成为理论研究的重要方向。联合国统计署于1993年在《综合环境经济核算手册》中正式提出绿色GDP的概念[1]，建立了以绿色GDP为核心的"综合环境与经济核算体系"（system

---

[1] 金兴华、严金强：《我国绿色GDP核算困境的症结与突破路径——基于负价值视角》，《兰州学刊》2019年第9期。

of integrated environmental and economic Accounting, SEEA)①。绿色 GDP 只是一个通俗的说法,是希望通过在传统 GDP 中扣除自然资源贡献、环境污染和生态损害等负面影响,而得到的 GDP 的净增加值。20 世纪 80 年代,我国也有学者开始探索如何把经济增长的环境影响和损失从 GDP 中反映出来,开展各种形式的绿色 GDP 的理论和测评研究。除了理论界的研究,我国政府相关职能部门也进行过绿色 GDP 的核算,如 2004 年,国家环保总局和国家统计局联合启动了"综合环境与经济核算(绿色 GDP)研究"项目,并进行了相应的核算,在 2006 年公布了《中国绿色国民经济核算研究报告 2004》,形成了官方的绿色 GDP 的测评结果。除了绿色 GDP 指标,理论界还提出了生态需求指数、生态足迹、环境可持续指数、生态可损耗配额等指标,虽然这些指标都突出测算经济发展的环境影响,但总体来看,这些指标与绿色 GDP 相比,其经济分析的功能有限。②

无论采用何种方法来测算经济发展的环境影响,其理论逻辑都是建立在自然资本的基础之上的。自然资本概念的提出意味着把自然环境从过去的"无主之物""无限供应之物"转变为具有价值的资源,也就是推动自然生态环境的资本化。而经济绿色发展,需要用资本化的视角来看待自然环境和生态资源。从自然资本的概念来看,这一概念的出现并非出于学者的学术性界定,而是一种形象化的指代,是"学者用决策者可以理解的词汇,更清晰有力地表达自己思想"③。根据研究,自然资本这个概念最早要追溯到 1833 年法国经济学家瓦尔拉斯(Walras),他当时用自然资本来指代原始生产力,即土地和劳动力。1849 年英国作家琼斯(Jones)也多次使用自然资本来指代土地。到 20 世纪初,自然资本的概念内涵边界逐步清晰,如约翰

---

① 赵林泽:《绿色 GDP 绩效评估指引地方治理的新探索》,《华中科技大学学报》2017 年第 6 期。
② 金兴华、严金强:《我国绿色 GDP 核算困境的症结与突破路径——基于负价值视角》,《兰州学刊》2019 年第 9 期。
③ Guy Duke, et al., "Opportunities for UK Business that Value and/or Protect Nature's Services", Final Report, London: Ghk Consulting Ltd, 2012；转引自刘颂、戴常文:《自然资本的流变及其对生态系统服务价值化的启示》,《生态学报》2021 年第 3 期。

逊（Johnson）区分了人工资本和自然资本，人工资本是经济学理论中所说的"资本"，往往是指在工业制造且有产出能力的财富，如机器设备等。而土地被归为自然资本，或者简单地称为土地要素。到20世纪50年代后，特别是1962年美国学者蕾切尔·卡森《寂静的春天》的发表，极大地推动了民众生态意识的觉醒，使越来越多的学者关注生态环境问题，关注自然资本的研究。1973年，舒马赫（E.F.Schumacher）把"自然资本"进行了更深入的界定，指出，人类把某些自然资源看作自己创造出来的财富，这是导致资源枯竭环境恶化的主要原因。自然资本可以分为两类：第一类是不可再生的自然资本，如化石燃料等；第二类是我们赖以生存的环境。① 也是在这一年，弗里曼（Freeman）等人提出，环境是一种资本商品，可以产生各种服务，这种服务具有多种形态，如可以是有形的，如水或矿产，可以是功能性的，如废物或残渣的清除和降解；也可以是无形的，如供人们欣赏的美景。② 1988年，英国学者皮尔斯（Pearce）提出可持续发展的关键是要满足自然资本存量的稳定，就把经济发展与自然资本存量不减少结合起来，形成了可持续发展的重要理论基础。③

由于自然生态环境的多维性、系统性，对自然资本概念的理解也众说纷纭，总体来看，大体上可以分为三类：一是把自然资本作为能够产生经济价值的资产，这一类理解的基本逻辑是：人类的福祉来自物质财富的创造能力，而创造物质财富需要资源投入且会有废弃物的产生，这会对人们的精神愉悦、发展的可持续性等产生重要影响，而自然资本要求总资本存量和自然资本存量的非负增长。二是把自然资本作为能够产生服务流的存量，这一类理解是强调自然资本的"资本"属性，强调自然资本必须能够带来持续的物

---

① Schumacher, E.F., Small is Beautiful: Economics as if People Mattered, NewYork: Harper & Row, 1973.
② Freeman III AM，Haveman RH, Kneese AV, Economics of Environmental Policy, New York: John Wiley & Sons, 1973.
③ 刘颂、戴常文：《自然资本的流变及其对生态系统服务价值化的启示》，《生态学报》2021年第3期。

质、精神或价值等"服务流"。三是把自然资本视为金融资本,该类理解是把自然资本视为一种生息资本,作为"可投资的自然保育基金",通过一系列金融产品和金融机构,如绿色债券、生态债券、降温债券、绿色金融等,使之成为私营部门投资机会渠道。[1]

二、自然资本与企业竞争力

传统经济理论认为,企业产品竞争力是多个综合因素综合作用的结果,包括价格因素和非价格因素,具体包括产品的价格、质量、保障、品牌和服务等。[2] 这种竞争力理论是基于纯经济视角的认识,但在现代生态意识普遍觉醒的时代,节约资源、保护生态环境越来越成为社会的共识,也成为企业理应承担的社会责任的重要内容。在这一背景下,一个企业及其产品对资源和生态环境的影响就越来越引发社会的关注,换句话说,一个企业对自然资本的配置能力和效果成为影响企业竞争力的重要内容。

竞争力理论可以追溯到古典经济学时期,当时有亚当·斯密的绝对优势学说、李嘉图的比较优势学说,以及新古典经济学家马歇尔的集聚优势学说,这些理论从国家的角度逐渐过渡到企业微观主体的角度,研究企业如何打造自身优势,在经济交往中获得经济利益和发展能力。到20世纪80年代,美国著名学者迈克尔·波特在其《竞争优势》等著作中提出了竞争力的"五力模型",该理论认为企业的竞争优势受到潜在入侵者、替代品的威胁、供给方议价能力、买方议价能力和同行业竞争者五个因素的影响。波特的理论主要是从企业生产经营产业关联者关系的角度来研究了企业如何打造差异化优势的问题。维纳菲尔特(B. Wernerfelt)、巴尔奈(J. Barney)、格兰特(R. M. Grant)等人则提出了基于企业自身特殊资源的研究,认为企业是多种资源的组合体,企业内部的资源积累是其获得竞争优势的关键性因素。而潘罗

---

[1] 刘颂、戴常文:《自然资本的流变及其对生态系统服务价值化的启示》,《生态学报》2021年第3期。
[2] 袁晓娜:《环境竞争力与绿色壁垒》,《商业研究》2005年第13期。

斯（Edition Penrose）在其1959年出版的《企业增长理论》中提出了"企业资源—企业能力—企业成长"的分析框架，认为企业资源可以形成企业能力，企业能力又会促进企业成长，企业所拥有的资源状况是最终决定企业成长的重要因素。①

从企业竞争力理论演进来看，影响企业竞争力的因素越来越聚焦于企业所拥有的资源，当然这里的"资源"是既包括物质资源、精神资源、关系资源，也包括自然环境资源在内的各种影响企业竞争力因素的总称。从自然资本的角度来看，也有学者提出了绿色竞争力的概念。根据研究，绿色竞争力这一概念也是由著名学者迈克尔·波特提出的，他在1990年出版的《国家竞争优势》一书中提出，企业绿色市场竞争力是指一种以环保、健康及可持续发展战略为主要竞争目标的企业绿色市场经济模式从而获得国际竞争力的优势。② 这就把生态环境保护等绿色因素上升为影响企业竞争力、国家竞争力的重要因素。除了以波特为代表的学者认为生态环境保护等绿色管理能够给企业带来竞争优势外，也有学者持一种比较悲观的态度，比如蒂瓦里和皮拉伊（Tewari & Pillai, 2005）的研究认为，政府加强环境保护会增加企业的各种生产成本，从而降低企业的生产效率和竞争能力。他还以钢铁企业为例测算发现，环境保护每带来1美元的可见成本上升时，还会带来9—10美元的隐藏成本的上升。③ 尽管有这样不同的认识，但从研究的主流以及世界政治经济发展的趋势来看，重视生态环境保护，从企业自身做起，承担生态责任，是一种历史的必然也是社会民众的期盼。从某种意义上来说，现在已经不需要讨论企业需要不需要在自身的生产经营过程中加强生态环境保护，而是需要在必须承担生态责任的过程中，如何把生态环境保护因素变成企业自身的竞争优势。从实践来看，企业履行生态责任是否能够增强竞争力，是否

---

① 转引自刘永团：《地勘企业竞争能力评价研究——以内蒙古地矿集团为例》，博士学位论文，中国地质大学（北京），2020年，第13—15页。
② 转引自于晓晓：《企业绿色竞争力研究综述》，《现代商业》2020年第20期。
③ 转引自刘学之等：《我国企业绿色竞争力研究综述》，《中国市场》2005年第3期。

能够赚钱是决定企业是否进行绿色转型、履行生态责任的重要因素。国际上经常采用ESG投资作为反映一个企业承担生态责任、社会责任的重要指标，ESG是环境（environmental）、社会责任（social responsibility）和公司治理（corporate governance）的缩写，也是企业进行责任投资和履行社会责任的重要内容，也成为各国对企业履行社会责任的重要监管内容。ESG投资是将企业对环境的影响、企业的社会责任及公司治理这三个非财务指标纳入投资决策过程之中，以此在中长期获得稳定的、可持续的长期投资收益。[1] 根据国际上著名的MSCI（美国明晟公司）的环境—社会责任—公司治理（ESG）评价体系的研究，国际社会在2008年国际金融危机前，新兴市场综合指数和新兴市场ESG综合指数高度重叠，但是自2008年国际金融危机后，在包括联合国等国际组织积极呼吁绿色转型的背景下，MSCI的新兴市场ESG综合指数大大高于MSCI新兴市场综合指数，反映出投资生态环境保护，积极履行生态环境保护责任，不仅不会削弱公司的竞争力，而且也会传播公司的知名度，在市场上也会获得消费者的认可，从而获得较好的市场表现。

三、国有企业绿色竞争力提升的传导机理分析

（一）从国内市场来看，较多运用自然资本可以获得生态溢价

企业在生产经营过程中，面对传统资源和自然资源的选择，在产品设计、产品生产、包装运输等各个环节都与生态环境发生联系。在传统经济发展模式下，一个企业的产品质量更好、价格更低就容易被消费者喜欢并购买，但在生态文明和绿色发展的新时代背景下，越来越多的民众生态意识觉醒，认识到生态环境保护既是事关人类发展福祉的现实问题，也是全社会每个个体，包括企业组织都需要关注并积极投入其中的责任和义务，企业理应承担生态环境保护的社会责任。在这样的背景下，越来越多的消费者会选择那些资源节约型、环境友好型产品和提供这类产品的企业，对于那些以

---

[1] 36氪创投研究院：《2021年度中国股权投资市场ESG实践报告》，2021年5月。

生态环境为代价、不顾生态环境影响的企业会给予越来越多的批评，会利用"货币选票"来表达消费者的这种选择偏好。因此，绿色消费已经成为新的消费时尚。根据生态环境部环境与经济政策研究中心发布的《公民生态环境行为调查报告（2020年）》，与2019年比，我国公众绿色生活方式总体提升，93.3%的受访者表示践行绿色消费对保护生态环境很重要，但需要关注的是，只有57.6%的受访者认为自己做得比较好。[1]

当今世界已经进入产能相对过剩阶段，世界主要国家大多进入买方市场，消费者消费意愿和消费模式的改变，会深刻地影响作为产品和服务供给方的企业行为选择。世界上许多国家也发布了鼓励绿色消费的政策文件，如德国于1979年正式开始实施的"蓝天使计划"，通过产品环保标志制度引导消费者购买对环境污染小的产品。[2] 美国于20世纪70年代后，陆续出台了包括《固体废弃物处置法》《促进资源再生循环法》《清洁能源与安全法案》《资源保护与回收法》《政府采购法》等一系列政策法规来引导绿色消费。日本也制定了《促进建立循环社会基本法》《固体废弃物管理和公共清洁性》《促进容器与包装分类法》《家用电器回收法》《建筑及材料回收法》《食品回收法》《绿色采购法》等一系列绿色消费的法律法规。[3]

从我国来看，2016年国家发改委、中宣部等十部门联合出台了《关于促进绿色消费的指导意见》，明确指出"我国已经进入消费需求持续增长、消费拉动经济作用明显增强的重要阶段，绿色消费等新兴消费具有巨大发展空间和潜力"，"促进绿色消费是顺应消费升级趋势、推动供给侧改革、培育新的经济增长点的重要手段"[4]。此外，我国还先后出台了与绿色产品和绿色消费有关的一系列政策文件，如《关于建立统一的绿色产品标准、认证、标

---

[1] 罗珊珊：《让绿色消费成为时尚》，《人民日报》2020年12月2日。
[2] 胡雪萍：《绿色消费》，中国环境出版社2016年版，第32页。
[3] 胡雪萍：《绿色消费》，中国环境出版社2016年版，第44、48页。
[4] 《关于促进绿色消费的指导意见》，中华人民共和国国家发展和改革委员会网站，2016年3月1日，见 https://www.ndrc.gov.cn/xxgk/zcfb/tz/201603/W020190905506636582875.pdf。

识体系的意见》《废弃电子电器产品回收处理管理条例》《关于加快推动生活方式绿色化的实施意见》《企业绿色采购指南（试行）》《工业绿色发展规划（2016—2020年）》《关于开展"节能产品惠民工程"的通知》，等等。根据《2020个年轻人如何看2030：中国年轻人"明天观"报告》的调查数据，75%的年轻人表示与过去相比，对社会问题的关注变多了，99%以上都认为当下的行动对明天的影响相当重要。除了意识提升之外，90%以上的年轻人以各种形式参与到可持续发展、社会问题等有关行动中，其中可持续消费、日常善意行动是年轻人选择频次更高的实践行动。① 现在的年轻人更愿意让生活"绿"起来。

随着消费者选择的增多和绿色消费理念的兴起，那些比较善于运用自然资本、对生态环境保护有贡献的企业会获得更多的发展机会，消费者会给其产品更高的市场价格，符合生态环保标准的产品会获得更多的市场拓展机会，这些都有助于鼓励国有企业推动经济绿色发展效能的发挥。以房地产行业为例，我国房地产行业的碳排放量约占全国的40%，约占全球的8%。我国一些房地产企业联合要求，凡是给它们供应原材料的产业和企业，都要达到国家的环境保护标准，如果达不到就不是一家绿色企业，就会被拉入商务伙伴的黑名单，无论是钢铁企业、水泥企业、建筑企业还是装饰企业，只有进入采购白名单的企业才能够提供原料，从2016年开始推动，到2018年已经有500多家供应商进入了白名单。② 不仅国内各市场主体越来越关注生态环境保护，而且在环境问题出现较早，民众生态意识和绿色消费意识出现较早的发达国家，人们也越来越关注生态环境保护，愿意为环境友好型企业提供更多的市场机会。有研究指出，在西方发达国家，消费者对于商品的选择，不仅考虑商品的价格、质量、包装等因素，而且越来越关注企业和产品

---

① 转引自《重磅〈2020中国美好消费趋势报告〉为什么在今天谈美好消费?》，数英DIGI-TALING，2021年5月11日，见https://www.digitaling.com/articles/443974.html。
② 亚布力中国企业家论坛编著：《新时代的企业家精神》，知识产权出版社2018年版，第153页。

的生态环境影响。调研资料显示，84%的荷兰人、89%的美国人、90%的德国人、94%的加拿大人表示，在选择商品时会把生态环境的影响作为一个非常重要的因素加以考虑。①我国近年来对于健康和健康生活的关注也越来越高，越来越多的民众愿意选择纯天然、不打农药、不用化肥、不用饲料、不用添加剂等生态有机食品，而且愿意支付更高的价格，这种高出的价格可以称为"生态溢价"。

就我国广大国有企业来说，它们具有雄厚的实力，有国家政策的支持，有优秀企业家的政治觉悟和市场敏感性，而且许多国有企业产业领域与生态环境保护联系紧密，因此，应该积极顺应这一趋势，率先作为，主动履行绿色责任，加强环境保护，通过加强环境管理来引领产业绿色化转型的潮流，把生态优势转变为企业发展的优势。

（二）从国际市场来看，较多运用自然资本可以规避绿色贸易壁垒

全球化时代国家与国家之间的贸易、企业与企业之间的交换、产业链价值链供给链之间的联系日益紧密，各种经济贸易、经济联系之间的主体是企业组织。从经济学的角度来看，国家竞争力、企业竞争力都是竞争的产物，一个国家在激烈的国家竞争中整合资源进行有效配置的能力越强，这个国家竞争力也就越强。一个企业在激烈的市场竞争中整合资源并进行有效配置的能力越强，这个企业的竞争力也越强，而国家竞争力的强弱很大程度上也取决于企业竞争能力的强弱，换句话说，一个国家中市场经济组织整合资源并进行有效配置的主体还是企业，因为"企业是竞争优势创造过程的主角"②。但正如迈克尔·波特在《国家竞争优势》中指出的："很多产业的竞争已经实现全球化"③，由于国家竞争中都想培育自身的竞争优势，都不想失去既有

---

① 杨代友：《企业绿色竞争力研究》，博士学位论文，复旦大学，2004年，第2页。
② [美]迈克尔·波特：《国家竞争优势（上）》，李明轩、邱如美译，中信出版社2012年版，第18页。
③ [美]迈克尔·波特：《国家竞争优势（上）》，李明轩、邱如美译，中信出版社2012年版，第12页。

的竞争优势，因此，为了保护本国的利益，国家与国家之间的贸易行为往往设置很多的限制条件，尽管这些限制条件无论是内容还是形式都在发生着巨大的变化，但贸易条件变得更加丰富多样、更加不容易看出它的本质却是一个共性的特征。其中，以生态环境保护为借口的绿色贸易壁垒成为关税壁垒不断削减后快速上升的重要形式。从我国来看，企业绿色竞争力研究兴起的大背景是2001年加入世界贸易组织（WTO）前，当时为了了解入世可能会给我国产业带来的冲击，国内理论界兴起了关于绿色贸易壁垒以及企业如何规避绿色贸易壁垒的热潮，也开创了我国绿色竞争力研究的起点。

在国与国之间经济交往日益紧密的今天，虽然面临美国等少数西方发达国家出现贸易保护主义、单边主义、保守主义等思潮，但经济全球化的趋势不可阻挡，国家与国家之间互通有无的经贸活动不会被完全阻止。但从环境保护的角度来看，在理论界也存在贸易与环境污染关系的讨论，有些学者认为国家之间的贸易往往会造成污染的国际传播，贸易开放程度提高会造成一国环境污染的加剧，如 Daly 和 Goodland（1994）、Barrett（1994）、Mongelli（2006）等的研究指出，自由贸易以及贸易程度提高会促进全球经济规模的扩张，这会大大增加对资源环境的负担，造成生态环境方面的负面影响。也有学者认为自由贸易以及贸易程度提高会提高贸易参与国的资源配置效率，促进经济繁荣和技术外溢，有助于形成环境保护的正向影响。如 Antweiler、Copeland 和 Taylor（2001）、Birdsall 和 Wheeler（1993）、Frankel 和 Rose（2005）等的研究认为贸易自由化有助于减少污染排放，提高环境质量。[1] 无论是贸易有益论还是贸易有害论，其实都反映出国际贸易对生态环境会有影响，只不过这种影响可能是正向的也可能是负向的。如果从"污染避难者"假说来看，国际贸易对一国生态环境的影响不在于是否有对外贸易，而在于在贸易结构中的地位。如果是高污染高耗能高排放产业的迁出国，国际贸易则会改

---

[1] 转引自马进：《我国农产品贸易与农业环境效应研究》，博士学位论文，山东大学，2016年，第10—11页。

善该国的生态环境；如果是高污染高耗能高排放产业的迁入国，则国际贸易会恶化该国的生态环境。当然，产业在国际间的转移也必然伴随着国际间进出口商品的结构性变动，进而带来环境污染在国际间的再配置。而关贸总协定（GATT）第20条中规定各国具有"环保例外权"，在WTO《技术性贸易壁垒协议》中也规定了"不能阻止任何成员方按其认为合适的水平采取诸如保护人类和动植物的生命与健康以及保护环境所必须的措施"[①]。因此，与生态环境保护相关的限制措施就被作为各国调节贸易的重要策略选择，形成了国际贸易中的绿色壁垒。而目前，绿色壁垒已经成为一种非常重要的非关税壁垒方式。

绿色壁垒，也称为绿色贸易壁垒或环境壁垒，是指在国际贸易中作为进口国以生态环境保护为借口，通过立法或制定一系列严格的环境标准以限制外国商品进口而采取的准入限制或禁止措施。从绿色壁垒的形式来看，可以划分为绿色技术标准壁垒、绿色环境标志壁垒、绿色包装制度壁垒、绿色卫生检验壁垒。[②]尽管学界对于绿色壁垒仍然存在认识的分歧，但从某种意义上来说，正如WTO副总干事艾伦·沃尔夫（Alan Wolff）指出的，绿色壁垒的存在将"可以帮助各国政府实现重要的政策目标，包括保障人类健康和安全，以及保护环境——而且不会对贸易造成不必要的干扰"[③]。

在绿色壁垒越来越多地成为国际贸易中非关税壁垒重要形式的背景下，国有企业作为我国参与国际竞争的重要市场主体，通过承担更多的绿色责任，率先实现绿色转型，在国际贸易中成功规避绿色壁垒，抢占绿色发展的先机，将为国有企业发展提供重要的机遇和条件。

[①] 孙海芳：《绿色壁垒对中国外贸的影响及对策》，《中国商贸》2010年第8期。
[②] 李雅卓、温玉：《绿色壁垒环境下的我国国际贸易企业发展策略》，《中国商贸》2011年第5期。
[③] 《WTO发布第三版〈技术性贸易壁垒〉手册》，中华人民共和国商务部WTO/FTA咨询网，2021年3月10日，见http://chinawto.mofcom.gov.cn/article/jsbl/dtxx/202103/20210303042603.shtml。

第二节　国有企业品牌影响力与经济绿色发展

一、生态环境保护与品牌价值

品牌是企业区别于其他市场主体、能够显示本企业独特性特征的标识。在企业发展中，品牌是企业的无形资产，是企业锁定目标客户、维持客户稳定和培养客户忠诚度的重要手段，也是导致消费者偏好和消费行为差异化的重要方式，提升自身品牌价值，对于企业发展具有重要作用。有研究指出，就全球品牌来说，占总数量不足3%的著名品牌占据了全球市场份额的40%以上，名牌产品的销售额占据全球销售额的50%左右。[1] 近年来，我国也越来越重视品牌建设，在2017年，国务院批准把每年的5月10日设立为"中国品牌日"，这标志着我国已经把品牌建设作为提高我国企业竞争力和国家经济实力的重要手段。

重视品牌价值是伴随着生产力发展，社会进入商品总体过剩的阶段后，在同质化产品之间为了争夺市场份额和实现企业发展，对于企业产品和服务的商标、商誉等进行独特化打造以获取竞争优势的活动。根据研究，品牌（brand）一词源于北欧那维亚语"brandr"，是牲畜主人为了辨识所有权，将特殊标记烙印于牲畜身上。[2] 而现代意义的品牌则往往是指具有特殊标识意义的名称、标记、符号、设计、术语、产品，等等。被称为"广告教父"的大卫·奥格威认为，品牌是一个复杂的符号，它是一个无形的集合体，包括产品的品质、名称、包装、价格、它的历史、声望和它做广告的方式。[3] 著名管理学家菲利普·科特勒认为，品牌是一个名称、名词、标记、符号或设计，或者是它们的组合运用，其目的是借以辨认某个销售者或某群销售者的

---

[1] 王征兵、汲剑磊：《缔造强势品牌的"四部曲"》，《现代企业文化》2009年第1期。
[2] 王艳婷：《基于社会责任的企业品牌价值影响因素及提升路径研究》，博士学位论文，天津财经大学，2013年，第27页。
[3] 汪英泽：《品牌真相》，上海交通大学出版社2008年版，第50—51页。

产品或劳务，并使之同竞争对手的产品和劳务区别开来。[①] 尽管不同的学者对品牌的定义有所不同，但共同强调的一点是品牌的意义在于表现为与竞争者相区别、与消费者相联系的竞争优势，这种竞争优势能够给品牌的所有权人带来利益，因而，品牌是有价值的，而品牌价值就是指产品本身因该品牌标识而产生的附加价值。企业的品牌价值可以表现为无形资产，如企业的名称、文化等。比如世界著名的饮料公司可口可乐曾大胆宣称，即使工厂一夜之间全部被烧毁，但只要"可口可乐"品牌不倒，它第二天就可以重新站起来。企业的品牌树立是一个长期的过程，是企业与消费者长期隐含契约的结果，是企业对消费者、员工等利益相关者的一种长期承诺，这种长期承诺可以降低消费者的购买风险，凝聚起消费者的信任，甚至给其消费者一种精神方面的满足。当然一个国家企业品牌越多，那这个国家的经济竞争力、软实力，甚至综合国力也就越高。

企业的品牌建设包括企业品牌的知名度、信用度、忠诚度、美誉度等。品牌知名度是指消费者对某个企业品牌或区域品牌的知晓程度。知名度是品牌建设的基础，只有消费者知晓某个品牌，才会关注这个品牌、选择这个品牌。品牌信用度是指该企业品牌给消费者消费其提供的产品和服务会带来满足的某种承诺以及维持这些承诺的程度。品牌信用度是品牌建设的重要条件，只有持续地提供优质服务和消费满足，消费者才能减少消费成本，降低搜寻成本，减少消费风险，形成品牌依赖和品牌信任。品牌美誉度是指消费者群体中形成的关于某个品牌的赞许和支持程度。品牌美誉度有助于品牌的快速传播和消费者的快速接受，是降低品牌推广成本，拓展品牌覆盖率的重要条件。品牌忠诚度是指消费者在面临消费选择时对某个品牌的忠诚程度，是消费者一种偏向性的选择。品牌忠诚度有助于减少新品牌对该品牌的冲击和替代，能够反映出消费者真实的购买意愿。企业的品牌价值反映在企业品牌的知名度、信用度、忠诚度和美誉度等方面。

---

① 千高原：《品牌炼金术》，中国纺织出版社 2006 年版，第 49 页。

在生态文明理念日益兴起的今天，加强生态保护，履行生态责任成为消费者评价企业的重要内容，也成为影响企业品牌建设的重要方面。企业的品牌就如现实生活中的人的名声，不仅要看这个人的个人"私德"，还要看这个人的"公德"，也就是对待社会大众和社会共同利益的态度。企业的品牌不仅要看这个企业提供的产品和服务的质量、价格、服务等，还要看这个企业承担社会责任、服务社会发展、推动社会进步等方面的责任等，因此，在环境保护成为世界共识，企业保护和爱护生态环境已经成为一种必须要承担的责任时，企业对自然生态环境的态度也成为影响企业品牌建设的重要因素。

从影响企业品牌价值的构成来看，节约资源、保护环境、爱护生态成为事关全人类发展前途和命运的重要内容，当前全球面临资源耗竭、环境污染、生态破坏等全球性挑战，一个负责任的企业绝不应该以牺牲生态环境、损害全人类的利益为代价来满足自身个体的利益，"竭泽而渔"的发展方式最终会伤害人类自身。在这样的背景下，正如联合国前副秘书长埃里克·索尔海姆（Erik Solheim）指出的："环境、可持续性和治理（ESG）是全球企业的新口号。""企业不应该将环境、可持续性和治理视为公益行为，这关乎公司的核心业务，及通过核心业务为社会带来更多绿色。""环境、可持续性和治理在21世纪的现代商业中处于非常非常重要的位置。人民借此找到对大自然有益、对社会生活有益、对企业有益的所有解决方案，同时创造就业和繁荣，实现真正的共赢。"[①] 根据2015年联合国大会制定的《2030年可持续发展议程》，发展中国家要完成17个可持续发展目标，需要3.9万亿美元的投入，而政府投入和慈善捐赠可能只能覆盖其中1/3的资金需求，还有近2/3的缺口需要依靠商业本身解决。[②] 这意味着这将是非常庞大的市场规模，

---

① 索尔海姆：《企业不应将ESG视为公益行为 通过ESG可以引领世界》，2021年8月26日，见 https://finance.sina.com.cn/esg/investment/2021-08-26/doc-ikqciyzm3656269.shtml。

② 马蔚华：《从ESG到SDG，企业社会责任与可持续发展》，2021年4月16日，见 https://www.163.com/dy/article/G7N2CJ5R05259AJ7.html。

对企业关注生态环境保护和可持续发展提出了新的更高的要求，也将是企业在其中提升品牌价值进而获得发展的重要机会。

二、国有企业履行生态责任提升品牌价值的传导机理

在生态意识普遍觉醒的今天，国有企业作为由全体人民拥有所有权、代表社会共同利益，以及受到政府决策直接影响的经济组织，企业对生态环境的态度、生产经营对生态环境的影响、在生态环境治理与保护中的作用发挥等都会引发社会的广泛关注，也成为影响企业品牌价值的重要内容。与私人企业更多关注私人股东利益不同，国有企业理应承担更多的社会责任，也更容易受到社会舆论的外部监督。

（一）国有企业履行生态责任有助于提高企业的知名度

与许多民营企业更多的是被动接受生态环境保护的社会责任不同，国有企业作为直接承担贯彻落实国家决策的经济组织，国有企业和国有资本都有责任有意愿为生态环境保护和可持续发展作出贡献，这既是满足所有权人共同利益的需要，也是国有企业高管作为代理人满足政府作为委托人合同契约的需要，从而获得契约持续甚至职位晋升的重要条件。国有企业代理人要完成所承担的生态环境保护责任，需要在企业生产经营过程中，把生态环境保护和绿色发展的理念嵌入其中，深入挖掘产业生态化的内在逻辑和实现路径，降低企业生产经营的生态环境影响，这虽然在短期内可能由于绿色管理转型、绿色技术研发、绿色产品推广等活动需要较传统发展模式更高的资金投入，但长期将会提高企业的经济利润，带来生态溢价，从而助推企业品牌价值和知名度的提高。在全球生态意识觉醒的背景下，越来越多的消费者、公众媒体、营销机构、第三方机构等会越来越关注企业生产经营的环境影响，对于资源节约型、环境友好型产品和企业不仅愿意提供高于传统产品的"生态溢价"，而且会随着生态责任品牌的形成以及企业知名度的提高，为企业发展创造更多的市场环境、舆论环境等，进而促进企业经济效益的提升。因此，国有企业履行生态责任有助于提高企业的知名度，并使企业的绿色知

名度与企业经济效益之间形成良性的正反馈。

(二) 国有企业履行生态责任有助于提升消费者对企业品牌的忠诚度

消费者对企业品牌的忠诚度是指消费者面临某种产品的替代性选择的时候，能够始终选择该企业品牌产品的意愿和能力。随着生产力的发展，世界进入产品相对过剩阶段，市场进入买方市场，作为市场中的企业，其向市场提供的产品和服务面临着多种替代品的竞争，企业要实现利润最大化的企业经营目标，必须培育起稳定的具有支付能力和意愿的忠诚客户群，因为这类客户掌握着"货币选票"，如果客户缺乏忠诚度，在面临相关替代品竞争的时候，客户可能会流失从而影响企业的利润。如果企业客户具有较高的忠诚度，在面临相关替代品竞争的时候，企业能够根据稳定的客户群体作出使利润最大化的经营决策，相反，如果企业客户缺乏忠诚度，企业生产经营决策将面临更大的不确定性，也就会面临更多的风险。

随着民众生态意识的觉醒，企业越来越承担着不可推卸的生态环境保护的道义责任，因为生态环境保护最终保护的是包括广大消费者在内的所有人的根本利益，而企业的生产经营行为在实现企业利润最大化的条件下如果能够做到生态环境保护，那就会增强消费者对企业的认同，把企业看作一个有责任有担当的经济组织，这就会强化消费者的品牌忠诚度。在生态环境规制越来越严格的政策背景下，与生态环境保护有关的企业形象、产品质量标准、企业发展前景等因素都会影响企业未来的发展，也反映了企业的价值理念，特别是反映了包括消费者利益在内的公共利益的关心，因此，往往会对这类企业产品形成附加于其使用价值之外的特殊偏好，从而形成对其产品品牌的忠诚度。

(三) 国有企业履行生态责任有助于提升消费者对企业品牌的美誉度

在现代市场经济中，无论是我国经济还是世界经济都总体上进入了以产能相对过剩为特征的经济阶段。这一阶段从消费者和生产者对市场交易行为的影响来看，属于消费者主权的阶段，广大消费者面临着众多相互替代的产品选择机会，消费者选择哪种产品，实际上就相当于通过自己持有的"货币选票"进行的理性选择。而在琳琅满目的市场选择面前，从理论上来看，消费者需要掌握每一种品牌商品的质量、价格等信息，再结合自身偏好，才能作出自己的购买选择。如果缺乏足够的产品信息，消费者就像面临"盲盒选择"那样，不可能作出理性的选择，而且往往也会导致"劣币驱逐良币"的"逆向选择"，使市场充斥着假冒伪劣等不合格商品。企业品牌的美誉度从某种意义上来说就是企业给消费者提供的有助于形成理性决策的"信息"，企业品牌美誉度越高，意味着消费者对其产品质量和价格的评价越高，消费者进行再次选择的机会也越高，也有助于消费者对其形成较高的"保留价格"，从而为企业市场拓展、竞争力提高奠定基础。

国有企业虽然是世界各国普遍存在的经济组织形式，但由于各国经济制度和文化的差异，国有企业的地位和作用不同，消费者对国有企业的情感认同也存在差异。在西方发达国家，国有企业虽然被认为能够起到提供公共物品等弥补市场失灵的作用，但一般认为国有企业存在经济低效率，因此一般美誉度不高。而我国经济社会发展过程中，国有企业作为中国特色社会主义的重要物质基础和政治基础，作为我们党执政兴国的重要支柱和依靠力量，在国家发展中发挥了重要作用，从某种意义上来说成为社会责任的主要践行者。每当我国出现各种重特大灾害和重大突发事件的时候，甚至某些商品因为"谣言""炒作"而出现市场"恐慌"时，国有企业都成为维护稳定、保障供给、应对危机的重要力量。但在国有企业改革过程中，因为从传统的计划经济体制转向市场经济体制，国有企业从过去政府"经济机器"的附属物转变为自负盈亏的市场主体，从国有企业占绝对主体转变为国有企业、民营企业、外资企业等多种经济组织形式共存竞争，从国有企业被誉为正面形象的"共和国的长子"转变为被某些人誉为低效率的代名词，对国有企业的美誉度形成一定的冲击，使国有企业对经济社会发展巨大的贡献度、强大的硬实力与其美誉度严重不相符。2019年公布的《全球财富500强》名单中，有129家中国企业入选，而且前100名以内就有20家国有企业。2018年由第三方机构"世界品牌实验室"发布的《世界品牌500强》名单中,有38个中国品牌入选,但全部500强中前100名以内的国有企业品牌仅4个。[①] 对中国国有企业在海外的经营行为,国外媒体对中国国有企业关于生态环境保护、履行社会责任、慈善捐赠等美誉方面的报道较少,而对破坏环境、侵占市场等负面报道偏多。这种负面报道从某种意义上来说恶化了我国国有企业的美誉度。根据丁鹊(2019)的研究,海外关于中国企业的信息大多数来自媒体报道(约占56%)、社交媒体(约占48%)、口口相传(约占35%)等,只有约12%的企业信息来自企业的"一手资料"。[②]

在世界正在向生态文明时代转型的背景下,关注生态环境保护、爱护地球、保护生命等生态文明理念越来越具有道义的制高点,日益成为衡量各类社会组织和个人行为声誉评价的重要内容。从当前国内外声誉的评价指标体系来看,环境保护等在内的社会责任履行情况构成声誉的重要指标(见表3-1)。

表3-1 不同声誉指标的构成

指标体系	指标构成
《财富》杂志最受尊敬的美国公司	长期投资价值、财务及安全程度、公司资产的合理利用、管理的质量、产品和服务的质量、创新能力、人才吸引、开发和使用、社会和环境责任
声誉商数据(Reputation Qstotiert)(2000)	情感吸引力、产品和服务、财富绩效、远景和领导、工作环境、社会责任
声誉指数(Katen & E)(2003)	公司战略、财务实力和弹性、组织文化、道德和诚实、治理过程和领导、产品和服务、战略联盟和商业伙伴、在公司的年报中已经包含的公司的创新能力

---

① 丁鹊:《海外形象和国际影响力是国企"一带一路"本地化发展的关键》,《中国企业文化》2020年第7期。
② 丁鹊:《海外形象和国际影响力是国企"一带一路"本地化发展的关键》,《中国企业文化》2020年第7期。

续表

指标体系	指标构成
声誉评价（Manfred）（2004）	用公司业绩水平、全球化经营能力、在市场上作为领先竞争者的声誉三个指标体现公司的竞争力。用对公司喜爱，调查对象如何支持公司，如果公司倒闭，他们会如何表示遗憾三个指标来表示有关公司的号召力
德国的《经理人杂志》声誉评价（1987）	管理的质量、创新性、沟通的能力、环境的责任感、财务和经济的稳定性、产品质量、货币价值、员工导向、成长率、对经理的吸引力，以及国际化
英国 Manangss Today "最受尊敬企业"	管理质量、产品与服务质量、财务合理性、吸引发展保留顶尖人才的能力、长期投资价值、创新能力、营销质量、环境治理、公司资产使用
Prke 澳大利亚最受赞赏公司排名	顾客满意度、高质量的产品和服务、创新、强大的公司品牌形象、对新技术及公司支持的有效使用、招聘发展保留人才的能力、已知增长潜力、对社区环境及道德问题的承诺
"中国最受尊敬企业"评价体系	分为历史及现状、未来发展、修正指标三个一级指标，以及人力资源、财务能力、社会责任感、公司形象、领导、管理质量、发展潜力、创新等分级指标

资料来源：赵锡锋：《对企业声誉评价研究的综述》，《价值工程》2007年第4期。

另外，也有研究指出，在我国约3亿被称为"Z世代"的年轻人中，对包括气候变化、自然资源保护、生物多样性等自然生态环境相关的社会议题关注度越来越高，他们也越来越偏好绿色品牌，愿意为绿色品牌买单。其中约95.1%的消费者认为品牌是否有社会责任会影响他们对品牌的好感度。①在这一背景下，企业对待生态环境的态度，是否履行生态责任，是否在生产经营过程中致力于减少生态损害和环境污染，越来越影响着企业在社会民众中的声誉，从某种意义上来说，加大环境保护力度，虽然会在短期内增加一

---

① 《解码Z世代：史上最分裂的一代》，2021年11月，见 https://www.baogaoting.com/info/89657。

部分生产经营成本，但有利于企业树立良好的企业形象，可以转化为企业实实在在的好声誉，比投入普通的广告可能更会有效果。因此，国有企业在对经济社会发展展现自身责任和担当，创造更多财富的同时，也要通过加强生态环境保护，关注气候变化、生物多样性保护、水资源保护、大气治理、土壤改良、生态文化传播等各种生态环境友好型行为，为提高企业的美誉度，提升企业品牌价值，进而为做强做优做大国有企业，培育具有国际竞争力的世界一流企业作出贡献。

第三节 国有企业技术外溢力与经济绿色发展

在我国社会主义市场经济中，国有企业作为国民经济的主导力量对经济发展发挥着重要作用，但国有企业只是多种经济组织形式之一，我国还存在个体经济、民营经济、外资经济、股份经济等各种经济成分。经济绿色发展是经济的全面绿色转型，绝不仅仅是指国有企业的绿色转型。国有企业不仅可以通过自身绿色转型为经济绿色发展作出贡献，还可以通过不断推进技术外溢对其他经济组织及地方经济发展产生推动作用。

一、技术外溢与经济增长

在现代经济活动中，由于各个产业、组织、区域之间存在日益细化的分工，从而使其相互之间的经济联系也日益紧密，一个产业、组织、区域的经济行为会影响到其他的产业、组织、区域，从而使经济行为具有外部性，当这种经济行为具有积极的效应时往往称为正外部性，相反则称为负外部性。从经济增长理论来看，从古典经济学强调分工的作用到新古典经济学强调资本的作用再到新增长理论强调知识和技术的作用，对经济增长的主导力量关注点在发生着演变，技术进步越来越成为影响经济发展和转型的重要力量。从绿色发展角度来看，经济绿色发展必须建立在绿色技术进步的基础上，而技术演进一般遵循着技术原创—技术外溢—经济增长的演进逻辑，其中最先出现技术进步的企业对整个经济发展具有外溢效应。

技术外溢是经济外部性的一种表现，是"外部研发活动对企业创新所产生的非市场化影响"[①]，这种影响会促进技术吸纳地的经济增长，但技术创新主体却无法获得相应的经济补偿。技术外溢一般可以划分为两类：一类是物化技术溢出（embodied spillovers），主要是指技术，只是体现在贸易品或投资品当中，通过资本、商品的流动而间接产生了技术溢出；另一类是非物化技术溢出（disembodied spillovers），主要是指通过学术会议、人员培训、专利许可、学术期刊、科学论文等形式发生的技术溢出。[②] 自1960年麦克杜格尔（Mcdougall）在其发表的《海外投资的收益与成本》一文中首次从外商直接投资（FDI）的视角来研究FDI对东道国经济的影响，并首次提出"外溢效应"这一概念后，技术外溢效应研究逐渐成为理论研究的热点。总体来看，现有理论研究多是从FDI的视角来研究技术外溢效应，包括外溢效应是否存在、如果存在其产生和作用的机制是什么，以及哪些因素会影响技术外溢效应等，其中，美国学者卡夫斯（Caves，1974）从产业组织的视角来研究跨国公司开展FDI的动因及方式，其传导机制主要包括：一是跨国公司作为强行进入者，会打破原来市场的大行业壁垒，进而优化资源配置；二是随着跨国公司的进入会通过示范效应、竞争效应、关联效应、人员流动效应等机制，使东道国企业组织的生产要素组合发生变化，进而提高技术效率；三是由于存在竞争、模仿等机制，会加速技术的扩散进而促进经济增长。对于这种效应，Findlay（1978）称之为"传染效应"（contagion effect），而且认为跨国公司与东道国企业之间的技术差距越大，技术的外溢效应也会越大[③]。

---

① 莫长炜、龙小宁：《产业集群、技术外溢与企业创新绩效》，《厦门大学学报（哲学社会科学版）》2018年第1期。

② 王英、刘思峰：《国际技术外溢渠道的实证研究》，《数量经济技术经济研究》2008年第4期。

③ Findlay, R., Relative Backwardness, Direct Foreign In-vestment, and the Transfer of Technology: A Simple Dynamic Model, Quarterly Journal of Economics, 1978, 92（1）: 1–16.

从经济增长理论来看，在新古典假设技术进步外生的条件下，如果资本边际报酬递减，则会使经济呈现"稳态"增长。但新增长理论把新古典经济增长理论中的技术进步外生决定转变为内生变量，得出创新是经济增长动力的重要结论，而影响创新的因素中，既包括人力资本、教育投资、干中学（learning by doing）、研发投入（R&D）等因素，也包括技术外溢的作用，从而使技术外溢成为影响经济增长的重要因素[1]。

从区域经济的角度来看，技术外溢有助于形成地方经济的产业集群。根据 Marshall（1890）的研究，导致产业集聚的原因中有两个都和技术外溢存在密切关系，第一个是行业所需技能的熟练劳动力的共享，第二个是技术和信息的外溢[2]。后来随着产业集聚理论的发展，人们对产业集聚和技术外溢的关系进行了研究，其中 Audretsch 和 Feldman（1996）认为技术集聚和产业集聚存在相互依赖且是正向的联系[3]，而 Kelly 和 Hageman（1999）认为技术集聚可以独立于产业集聚，尽管有认识的分歧，但都认识到存在产业集聚和技术集聚。技术集聚需要以技术外溢为基础，没有技术的外溢，如果单凭每个企业独立进行技术研发，很难形成技术集聚效应。在存在技术外溢导致的技术集聚条件下，技术的外溢效应也存在递减的规律，Adams（2002）基于美国企业研发中心的研究，提出公共研发和企业研发的局部化影响范围都约为 200 英里[4]。Keller（2002）的研究也证明技术的溢出具有地理空间的递减效应，约 1200 千米就会递减一半。[5] 而符淼（2009）

---

[1] 转引自吴革山：《FDI 技术外溢效应的研究文献述评》，《郑州航空工业管理学院学报》2013 年第 12 期。

[2] Marshall, A., *Principles of Economics*, London: Macmillan, 1890.

[3] Audretsch, D. and M. Feldman, "R & D Spillovers and Geography of Innovation and Production", *American Economic Review*, Vol.86, No.3（1996）, pp.630–640.

[4] 符淼：《地理距离和技术外溢效应——对技术和经济集聚现象的空间计量学解释》，《经济学季刊》2009 年第 7 期。

[5] 转引自符淼：《地理距离和技术外溢效应——对技术和经济集聚现象的空间计量学解释》，《经济学季刊》2009 年第 7 期。

基于我国省域的研究，认为技术外溢超过 800 千米后会快速递减，导致技术活动会出现局部集聚①。对于技术外溢随距离递减的关键原因，我国学者符淼（2009）认为在于获得技术外溢的成本随距离增加，虽然信息网络传递越来越发达，但其传递的多为公开领域的知识，"并不能完全取代人员交流、实地考察、纸质图书资源、专用科研设备和其他科研环境的作用"②。从技术外溢对地方经济发展的影响来源来看，王英、刘思峰（2008）的研究基于我国 1985—2005 年间的数据，从全要素生产率的视角发现，国内研发支出是促进全要素生产率增长的最重要因素，而以对外直接投资和进口贸易为传导机制的国际研发溢出并没有对我国的技术进步起到促进作用。③ 综合来看，技术外溢理论为理解存在技术差异国家或地区之间经济交流以及后进地区经济增长提供了一种重要的解释，也为通过技术外溢来推动经济增长提供了分析的方法。

二、绿色技术外溢与经济绿色发展

技术外溢可以被理解为技术从创新到不断扩散的过程。因此，技术外溢要以技术创新为前提和基础，没有技术创新，就不可能有技术外溢，当存在技术创新的时候，随着时间的延续，会因为技术外溢的条件出现使得技术从一种创新性技术扩散为公共技术、共性技术、普遍技术。

从我国经济发展进程来看，为推动经济从高速增长转向高质量发展，2015 年在党的十八届五中全会上，习近平总书记提出创新、协调、绿色、开放、共享的新发展理念，成为经济改革发展的重要理念和根本遵循。创新和绿色成为未来经济转型的重要方向，这要求我国经济不断推进绿色技术创

---

① Kelly, M. and A. Hageman, "Marshallian Externalities in Innovation", *Journal of Economic Growth*, Vol.4, No,1（1999）, pp.39-54.
② 转引自符淼：《地理距离和技术外溢效应——对技术和经济集聚现象的空间计量学解释》，《经济学季刊》2009 年第 7 期。
③ 王英、刘思峰：《国际技术外溢渠道的实证研究》，《数量经济技术经济研究》2008 年第 4 期。

新，以绿色技术创新推动经济实现绿色发展。

技术创新是一个经常使用但却没有形成统一明晰界定的概念。一般来说，技术创新是指新的对经济社会发展产生影响的科学知识和工艺手段不断出现的过程。技术创新往往和科技创新、技术进步等概念混同使用。著名经济学家熊彼特在其1934年出版的《经济发展理论》中，认为技术创新是新产品和服务产生过程中重新组合生产要素、引入新的生产过程、影响和商业组织等过程。OECD（1981）把技术创新定义为成功开发和销售新的或改进的制成品、工艺或设备的商业使用或为社会服务所必需的科学、技术、商业和金融步骤[1]。Tidd和Bessaant(2009)认为技术创新是一个漫长而复杂的过程，包括寻找、选择、实施和获取价值的过程[2]。而Christensen(2013)则认为技术创新是引入与现有产品和技术不同的一组特征、性能和价格属性的创新[3]。我国学者傅家骥(1998)把技术创新看作含有科学、技术、商业和金融等一系列步骤的综合过程。[4]

技术创新对经济增长和生态环境保护具有双重效应。技术创新是经济发展的根本动力，在马克思主义经济学中，生产力是决定经济社会发展最根本的因素，而生产力的决定因素是劳动生产率，其中科学的发展水平和它在工艺上应用的程度，即科学技术是决定劳动生产率的重要内容。邓小平在1988年指出："科学技术是第一生产力。"[5] 伴随着科技创新和产业革命，生产力获得了迅猛的发展，但经济发展的过程中，对资源环境和生态也产生了重要影响，导致资源枯竭、环境污染、生态损害等。因此，有人把科

---

[1] 转引自张国珍：《绿色并购与重污染企业技术创新》，博士学位论文，山东大学，2021年，第43页。

[2] 转引自张国珍：《绿色并购与重污染企业技术创新》，博士学位论文，山东大学，2021年，第19页。

[3] 转引自张国珍：《绿色并购与重污染企业技术创新》，博士学位论文，山东大学，2021年，第19页。

[4] 傅家骥主编：《技术创新学》，清华大学出版社1998年版，第13页。

[5] 《邓小平文选》第三卷，人民出版社1993年版，第274页。

学技术看作一把双刃剑。如果从历史进程来看，科学技术创新一方面是环境污染的重要根源，各种环境污染问题最初都是在技术进步的基础上出现的；另一方面也是环境污染治理的重要途径，治理各种环境污染，减少经济社会发展对资源环境的影响需要不断推进技术创新，不断提高单位资源投入的产出效率。

绿色技术创新是指以实现生态环境友好为目标的技术创新。从历史角度来看，绿色技术创新理论发端于20世纪50—60年代，当时随着战后世界和平得到恢复，世界经济进入高速增长时期，快速的经济增长与世界和平的大环境使人口规模加速膨胀，为了应对日益增加的人口和支持快速发展的经济，世界上许多国家，特别是发达国家出现了多起重大环境公害事件。如何避免这些环境公害事件的出现以及治理已经受到污染的生态环境，同时又能够保障经济实现持续增长，在20世纪下半叶，世界经济发展开始出现科技化和生态化取向。科技化取向是越来越依靠技术创新来提高资源配置效率，进而促进生产增加、财富创造。生态化取向是越来越关注经济发展的生态环境影响，开始探索经济发展与生态环境保护的双赢道路。如前所述，无论是经济发展的科技化取向还是生态化取向，都涉及如何看待科技创新的作用，深刻认识到技术创新既为人类增加了破坏生态环境的工具和手段，又为人们开展环境污染治理和提高资源利用效率提供了可能。1979年，在环境领域内进行国际合作的欧洲高级会议上通过的宣言中，首次提出了"无废工艺"的概念。1984年在美国制定保护资源的法律中提出了"废物最少化技术"的概念，1990年美国制定的《污染预防法案》中又提出污染预防技术等概念。1992年美国联邦政府又提出了深绿技术和淡绿技术等。此外，还出现了清洁技术、生态技术、生态工艺、环境友好技术等不同的概念。虽然这些概念内涵界定不同，强调的出发点也不同，但都强调绿色技术创新旨在提高资源利用效率、防止和治理环境污染、维护生态平衡等有助于改善人与自然关系的技术创新活动。到1994年布朗（E. Brawn）和韦尔德（D. Weld）提出了绿色技术的概念，并用此来涵盖几乎所有与生态环境保护有关的技术。①1998年，贝里和尤迪内利（Berry & Rondinelli）把绿色技术创新界定为厂商为应对严格的环境法律标准而采用的创新技术。2009年，黄（Huang）把绿色技术创新看作绿色产品（及相关硬件）或绿色制度（及相关软件）的创新，用以减少产品的生产与消费所带来的对自然生态、环境资源的冲击，提供环境管理效率以达到环境保护的要求。从国内研究来看，赵细康（2003）把绿色技术创新看作一种生态技术创新，实际上是把以环境保护为目的的管理创新和技术创新统称为绿色技术创新。葛晓梅（2005）则把绿色技术创新看作将环境保护新知识与相关绿色技术用于生产经营过程，用以创造和实现新的经济社会效益的活动。刘勇（2011）则认为绿色技术创新本身就是一种广义的理解，而且技术进步本身就会促使生产领域出现资源节约，进而实现生态环境保护。②总体来看，对于绿色技术创新的理解主要侧重于两个方面：一个是从生产过程的系统性来分析，指出绿色技术创新是一个贯穿产品全生命周期、有助于降低产业发展的生态环境影响的系统工程；另一个是突出对技术创新特征的描述，强调绿色技术创新是一个关注经济发展环境影响、能够实现收益覆盖成本、涵盖绿色设计、绿色生产、绿色管理、绿色营销、绿色消费全生命周期的创新性技术活动。从影响绿色技术创新的因素来看，因为绿色技术创新涵盖绿色产品的全生命周期，因此，环保意识、产权约束、环境规制、市场工具、消费者选择等都会影响绿色技术创新。

在不断出现绿色技术创新的背景下，技术会随着时间的延续不断扩散，这从国际上存在技术差异的国家来看，是技术外溢的过程。如果是从国内不同市场组织及技术创新主体来看，也会随着时间的延续，一个企业、产业率先出现绿色技术创新，其能够获得高于市场一般水平的创新收益，而这种创

---

① 王志平：《我国区域绿色技术创新效率的时空分异与仿真模拟》，博士学位论文，江西财经大学，2013年，第11页。
② 转引自王志平：《我国区域绿色技术创新效率的时空分异与仿真模拟》，博士学位论文，江西财经大学，2013年，第12页。

新收益会吸引其他相关企业、产业等模仿或开发更先进的技术，从而出现一种绿色技术的扩散化，这也可以称为绿色技术创新在不同市场组织和产业间的外溢，而本书则主要是从这一视角来理解绿色技术外溢。

在考虑绿色技术外溢的条件下，由于绿色技术创新不可能在所有企业、产业同时出现，必然是在某个企业或产业率先出现，然后再不断扩散化，也就是出现绿色技术外溢效应。随着越来越多的企业关注生态环境保护，积极开展绿色技术创新，会加速绿色技术外溢的进程，当越来越多的企业和产业受到创新发起者的影响，享受绿色技术外溢的好处，纷纷采用绿色技术，推进绿色技术创新的时候，一个经济体绿色转型的进程会大大加快，经济绿色发展的目标也会加速实现。

三、国有企业绿色技术外溢助推经济绿色发展转型

在影响企业绿色技术创新的因素中，政治关联对绿色技术创新具有重要影响，因为生态环境问题成为社会问题，治理环境污染，推动经济绿色转型成为各个国家和地区政府的重要政策选择。政府通过出台法律法规、政策文件、环境标准、环境经济政策等手段来强化环境规制，同时也通过加大生态文明的宣传教育来引导社会民众、企业组织、地方政府等树立生态文明理念。尽管有些社会环保公益组织等也在积极推动环境保护的宣传教育和监督，但总体来看，各种环境规制的供给主体还是政府，从这个意义来说，企业主动开展绿色技术创新，不仅具有抢占技术先机、获取市场竞争优势的目的，而且也是加强政治关联，展现自身形象的内在要求。

国有企业是国家（政府）直接掌握的一种经济组织和经济资源，在现代市场经济中发挥了重要作用，特别是对我国这样的社会主义市场经济国家来说，国有企业在经济社会发展中的作用就显得更为突出，与政府也具有更强的政治关联，在绿色治理和经济绿色转型的背景下，国有企业就具有更强的开展绿色技术创新的动机。技术创新，特别是绿色技术创新由于具有明显的外部性，率先进行绿色技术创新的企业既面临高额的投入风险和不确定的未

来收入预期，面临被模仿等潜在可能，还面临技术创新本身存在的投入大、回收周期长、成功概率低等风险，一般的民营企业或许具有积极开展绿色技术创新的动机，但可能存在众多约束下实际开展绿色技术创新动力不足的问题。而国有企业无论是从产权归属、政治关联、考核体制、社会监督等外部约束，还是在世界各国普遍加大绿色投资、鼓励绿色研发、开展绿色采购、鼓励绿色消费等背景下，企业必须顺应绿色转型趋势从而占领市场先机，进而实现企业更好发展的内在动机来看，国有企业都具有积极开展绿色技术创新的动力。因此，在推进生态文明建设和经济绿色发展的过程中，我国许多国有企业都积极地响应党和国家的号召，纷纷提出打造"绿色企业"，履行社会责任的目标。

另外，由于国有企业一般资产规模较大、技术设备先进、管理制度规范等原因，国有企业具有积极开展绿色技术创新的能力。在我国不断推进企业绿色转型的过程中，政府对企业考核中的"绿色指标"也在不断增多，使许多国有企业特别关注绿色技术研发，希望在激烈的市场竞争中，夯实技术保障。

当然，从逻辑上来看，在存在较强的政治关联条件下，考虑到绿色技术创新的外溢性、创新成功的不确定性等因素，国有企业也存在可能通过政治关联获得政府补贴等经济"庇护"而缺乏绿色技术创新的动力，或者因为可以通过政治关联而获得市场垄断势力，进而保障实现基本的财务指标，甚至获得高于市场水平的超额收益，从而减少面临市场优胜劣汰的风险，可能会降低开展绿色技术创新的动力。如田红娜、刘思琦（2021）的研究发现，政府补贴对国有企业绿色技术创新能力提高呈现出负向作用，虽然大规模国有企业获得政府补贴后能够激励企业绿色技术创新投入能力的提高，但却不利于绿色技术创新产出能力的提高。出现这一现象的原因可能是国有企业自身拥有较为充裕的创新资源，而财政补贴可能会造成国有企业内部的资源冗余问题，从而降低财政资源的利用效率。或者是由于企业委托代理关系，使作为代理人的企业高管出于规避风险目的而不愿推动绿色技术创新。①但是很显然，这种阻碍国有企业推进绿色技术创新的因素多是企业管理以及考核体制的问题，通过一定的制度设计，是能够减少的。钟优慧、杨志江（2021）的研究在系统梳理了关于国有企业产权属性是否会影响技术创新能力的各种理论观点后，指出理论界存在着强调委托代理关系的经理人观、强调政府干预的政治观、强调创新资源供给的资源观三种观点，其中经理人观和政治观均认为国有企业的技术创新动力或效率低于私有企业，但资源观则认为国有企业的技术创新动力高于私有企业。从文献来看，支持前者结论的文献较少，而支持后者结论的文献较多。②从理论分析来看，之所以持有经理人观和政治观的学者认为国有企业技术创新动力低，根本在于其理论分析基础是建立在"经济人"假设基础上的，是采用新制度经济学的分析范式得到的，虽然现实中也存在一些实证支持，但这些问题可以通过适当的制度设计来弥补，而国有企业与大型私有企业，特别是超大型跨国公司相比，其委托代理链条、监督的有效性等方面并不具有根本劣势，既然那些大型的私有企业，特别是超大型跨国公司都能够通过机制设计引导它们积极投入绿色技术创新，那国有企业自然也可以通过制度创新等机制设计来实现。

从我国来看，由于全国各地都存在一定数量的国有企业，而且这些国有企业也大多分布在能源、石化、钢铁、电力、矿产、交通、建筑等领域，许多国有企业的主营业务大多位于产业链的上游，属于资源开采开发的行业，它们的生产经营行为与生态环境具有较为密切的关联。因此，在习近平总书记提出贯彻创新、协调、绿色、开放、共享的新发展理念的背景下，在生态文明理念不断深入推进的条件下，我国国有企业积极履行社会责任，加强生态环境保护，积极开展绿色技术创新，并通过绿色技术创新的不断外溢，将为我国经济实现绿色发展转型提供重要的推动作用。

---

① 田红娜、刘思琦：《政府补贴对绿色技术创新能力影响》，《系统工程》2021年第3期。
② 钟优慧、杨志江：《国有却是否更愿意绿色技术创新？——来自制造业上市公司的实证研究》，《云南财经大学学报》2021年第5期。

第四节　国有企业社会引领力与经济绿色发展

经济绿色发展必然建立在企业绿色转型的基础上。由于绿色转型面临着许多现实困境和约束，不同所有制性质的企业在积极主动绿色转型的动力上存在差异，所以不可能是同步转型、同时转型。如果把企业履行生态责任，加强环境保护看作一种社会责任，那企业开展社会责任投资的动机大体上可以划分为三类：第一类是利他性视角，主要是从企业家或企业组织的道德观来理解企业履行社会责任的动机；第二类是工具性视角，认为企业履行社会责任表面上会增加企业的成本等支出，但会提高企业的声誉、消费者的认同甚至获得某种政治关联，所以是一种实现长远利益的投资；第三类是制度视角，认为企业履行社会责任既不是出于道德的觉悟，也不是出于未来经济利益的考虑，而是对于环境规制等在内的制度供给的被动反应。无论哪一种视角，作为市场经济中的企业组织，履行社会责任都是必然的选择。但不同产权性质的企业，对履行社会责任的积极性不同，而国有企业由于具有特殊的产权属性、决策特点、激励机制等，使国有企业相对具有更为积极的履行社会责任的内在动力。因此，而国有企业作为绿色转型先行者会对社会其他企业组织形成社会引领作用，共同推动经济实现绿色转型发展。

一、政治、市场双重约束下国有企业的绿色引领责任

在一国经济体系中，国有企业、民营企业、个体工商户、外资企业等各种经济组织形式共同构成了经济体系中的企业组织类型。尽管从经济理论，特别是西方主流经济理论来看，并不特别突出各种不同所有制经济组织的差异，而是从一个"代表性厂商"出发来研究作为市场微观主体的企业行为，并把这种代表性厂商"加总"形成代表所有厂商，即市场的总供给，进而为供求分析和均衡分析奠定基础。由于西方主流经济理论是建立在"经济人假设"基础上开展的"厂商"分析，因此，本质上是以私有企业或个人业主制企业作为主要典型"厂商"的"原型"的。但对于国有企业等其他存在委托

代理关系的企业组织，作为西方主流经济理论的新古典经济学分析不足，虽然后来出现了以科斯和诺斯等为代表的新制度经济学，开始尝试揭开企业的"黑箱"，但由于其仍然建立在新古典的"经济人"假设基础上，必然得出国有企业存在委托代理、团队生产、偷懒动机等特征，加上在传统计划经济体制中，国有企业和国有资产比较僵化的管理体制，使国有企业被认为是"低效率"的，从而沦为被批评的对象，也构成了对社会主义经济进行批判的重要理论视角。从实践来看，在西方发达国家，国有企业也大多分布于铁路、邮电、市政等具有公共产品属性的领域，国有企业在国民经济中并不具有主导作用，也不会吸引太多的社会关注。但对我国社会主义市场经济体系来说，国有企业则成为重要的市场主体，在我国经济社发展中起着主导地位。

客观来看，国有企业具有特殊的产权结构、政治关联、决策特点、激励机制等，国有企业是一种政治和市场双重约束下的企业组织，国有企业的决策和目标函数自然不同于一般的市场组织，特别是在中国特色社会主义进入新时代，我国经济迈向中高端，经济进入高质量发展的过程中，国有企业具有不可替代的作用，不仅是中国特色社会主义的重要物质基础，也是重要政治基础，其经营决策受到政治和市场双重约束。

从政治约束来看，国有企业作为全民所有的资产，作为党和政府直接掌握的经济力量，必须把贯彻党的路线方针政策作为生产经营决策的首要目标。根据马克思主义基本原理，经济基础决定上层建筑。党掌握包括国有企业在内的一定数量的经济力量，是党治国理政的重要手段和重要条件，无论是革命战争时期还是社会主义建设时期抑或是现在社会主义改革发展时期，国有企业不仅是一个经济组织，而且是具有重要政治属性的组织，其政治性就体现在坚定地执行党中央的决策部署，不仅仅追求财务指标的经济效益，而是立足于实现经济效益、社会效益和生态效益等多目标指引下的决策。

从推动经济绿色发展的角度来看，党中央立足于实现中华民族伟大复兴的中国梦和实现中国人民对美好生活的向往，提出了生态环境保护的一系列重要理论，特别是党的十八大以来，我们党形成了习近平生态文明思想，成为指引我国开展生态文明建设的根本遵循和行动指南，也为世界生态文明建设提供了新的方法路径。正如习近平总书记在2021年11月11日以视频方式在亚太经合组织工商领导人峰会发表主旨演讲时指出的："没有发展，就不能聚集起绿色转型的经济力量；忽视民生，就会失去绿色转型的社会依托。我们要准确理解可持续发展理念，坚持以人民为中心，协调好经济增长、民生保障、节能减排，在经济发展中促进绿色转型，在绿色转型中实现更大发展。"[1] 经济绿色发展必须建立在企业组织的绿色转型基础上，而国有企业必须在引领绿色转型方面发挥自身的政治优势，引领其他经济组织加强绿色管理，推进绿色转型。习近平总书记也曾明确要求，国有企业"要按照创新、协调、绿色、开放、共享的发展理念的要求，推进结构调整、创新发展、布局优化，使国有企业在供给侧结构性改革中发挥带动作用"[2]。

从市场约束来看，国有企业作为市场经济组织，在确保盈利条件下对绿色发展的探索将为其他经济组织提供借鉴。虽然从长期来看，企业的绿色转型会为企业发展提供有效的推动作用，但从短期来看，特别是在世界经济下行、新冠疫情冲击及国际贸易保护主义反弹的背景下，企业生产经营面临着较大的压力，许多企业出现经营困难，特别是一些中小企业，面临着生存危机，企业在经营策略上面临与政府的博弈。比如面临政府环境规制不断加严的背景下，企业在关于采取环境保护策略主动率先转型还是采取静待时机以拖待变，是继续传统的生产经营方式以牺牲资源环境为代价来换取企业发展，还是以绿色发展为导向探索出一条绿色发展的道路，考验着市场中的众多企业决策者。同时，从中小企业来说，也面临是谨小慎微还是追随模仿的不同策略选择问题，不同的策略选择会有不同的博弈结果。从政府来说也面临着政策供给是不断加严以实现政策目标还是法不责众容忍传统生产方式继续存在，特别是众多的企业缺乏明晰的目标、面临技术突破难题和市场成本

---

[1] 《习近平在亚太经合组织第二十八次领导人非正式会议上的讲话》，人民出版社2021年版，第3页。
[2] 《习近平：理直气壮做强做优做大国有企业》，《人民日报》2016年7月5日。

约束、转型路径不明晰的时候，如果片面加严环境保护政策，对污染企业一律采取关停措施可能带来经济上的困境。

从世界范围来看，第二次世界大战后，世界经济进入和平时期，出现了经济高速增长，但同时各种环境问题不断出现，特别是"八大环境公害"事件使各国对生态环境的关注迅速提高。而各种环境中心主义者提出的以牺牲经济增长换取环境保护的理论，又助推了各国政府迅速采取严厉的环境保护措施，使世界主要发达国家纷纷出台严厉的环境保护标准、法律法规、政策文件。在当时由于突然出现的环境政策约束，使国内的企业难以进行绿色转型，无法在较短时间内获得技术突破和工艺创新，被迫使许多对环境影响较大的产业和企业搬离了发达国家，迁往环境保护标准不那么苛刻、环境控制不那么严格的发展中国家，这一方面使发展中国家成为"污染避难所"，另一方面也使得发达国家出现了实体经济的下滑，甚至出现了产业空心化，客观上也影响了其经济增长速度，因此，进入20世纪70年代后，虽然经济理论界往往把世界经济进入"滞涨"主要归结于石油危机等外在冲击，但环境保护政策的密集出台导致的污染产业外迁与经济增速的迅速下降具有内在的必然联系。这说明，作为市场主体来说，在经济全球化和产业全球分工的背景下，企业在面对日益加严的环境规制时，是采取自身绿色转型还是产业外迁的选择，往往出于市场和利润的考虑而选择产业外迁，这也从反面说明了企业进行绿色转型面临着很大的技术、成本、市场等方面的压力，需要探索一条可以供借鉴参考的绿色转型的路径，换句话说，在绿色转型方面，企业，特别是中小企业更愿意模仿而不是创新。要推动经济绿色转型，就需要在企业绿色创新方面提供被广大中小企业学习模仿的对象，而这个责任义不容辞地落到国有企业身上。

对于国有企业来说，结合自身企业特点、行业特点、资源禀赋特点等积极探索绿色发展转型的路径是国有企业实现腾笼换鸟、凤凰涅槃、做强做优做大的必然选择。推动企业的绿色转型，减少生产经营的资源环境影响，为人民群众提供更多资源节约型环境友好型产业，为广大人民既提供更多的物质和精神文化产品,也提供更多优质生态产品和服务,是国有企业的重要责任。习近平总书记2014年在参加全国两会上海代表团审议的时候曾指出:"深化国企改革是篇大文章",国有企业"要在深化改革中自我完善,要凤凰涅槃重生,不能不思进取、不思改革、抱残守缺,要切实担当起社会责任,树立良好形象"[①]。国有企业承担社会责任,不仅要关注劳资关系、环境保护、慈善捐助、扶危救困等具体的事务,而且要在加大绿色技术研发、生产生态产品、提供生态服务、弘扬生态文明、践行绿色发展理念、主动率先绿色转型等方面起到示范引领作用。

二、国有企业绿色引领责任的可能实现路径

国有企业要发挥绿色引领责任,首先是做好自身,使企业自身尽快在绿色转型方面取得实效;其次是做好示范,通过积极宣传、绿色技术推广、产业协同等方式助推其他市场经济组织承担绿色责任,实现绿色转型。

(一)国有企业以生态创新为导向推进绿色转型

推进经济绿色发展是一种新的发展模式,它是一个以经济可持续发展为目标,以经济发展、社会进步和生态治理三者共赢为导向的系统的技术和社会变革过程。顺应这一历史潮流,作为国有企业需要不断以生态创新为引领,推动企业自身的绿色转型。

"生态创新"这一概念是随着可持续发展理念的出现而出现的。为了既实现经济增长又实现生态环境保护的目标,作为微观主体的企业需要进行系统的生态创新。尽管近年来生态创新这一概念经常被使用,但并没有形成统一的明确的概念界定。如欧盟委员会认为,"生态创新是任何形式的致力于通过减少对环境的影响或以更加高效和理性的方式使用自然资源(包括能源)、显著促进可持续发展的创新"。Andersen(2002)认为"生态创新是可以吸引绿色市场租金的创新。"Charter 和 Clark(2007)从可持续创新的视

---

① 《习近平总书记参加上海代表团审议侧记》,《解放日报》2014年3月6日。

角来理解，认为可持续创新是将（环境、社会和经济）可持续发展的考虑融入企业从产生想法到研发再到营销的整个系统的过程。这适用于产品、服务和技术，同样也适用于新的企业和机构模式。① 从以上关于生态创新的理解来看，生态创新是一个系统工程，从产品来看，需要在产品的全生命周期管理中都体现生态环境保护的理念，从企业经营来看，企业的理念、文化、经营模式、公共关系等方面都要关注生态环境保护，把生态环境保护融入企业运营的方方面面。

尽管生态创新是一种经济、社会、生态三者共赢的解决路径，但生态创新也面临一些现实约束，比如，由于生产经营过程中的环境污染以及技术创新都具有外部性，只不过环境污染的外部性对于企业是一种成本的转嫁，往往导致环境污染过多，而技术创新的外部性是本企业的技术会随着扩散使技术研发成本回收存在困难，因此，生态创新往往供给不足，企业自身开展生态创新的动力也不足。

国有企业作为一种受到政府和市场双重约束的企业组织，从政府约束的角度来看，存在持续开展生态创新的内生动力，这种内生动力是建立在国有企业的产权约束、激励机制等方面综合因素的反映。从产权约束来看，国有企业执行所有者职能的是政府，而政府在推进经济绿色发展的过程中，如果要求国有企业把绿色发展和生态创新作为企业的经营目标，并把国有企业贯彻落实这一目标的情况纳入考核体系，作为代理人的国有企业高管人员自然会把生态创新作为重要的决策目标。从激励机制来看，随着绿色发展理念成为我国经济发展的重要方向，如果国有企业开展生态创新，高管人员就能够获得较多的社会声誉，企业获得较高的品牌价值，消费者对企业具有较高的品牌忠诚度，这些都有助于企业获得较高的竞争力，优化财务结构，也为国有企业高管人员获得较高的物质激励、精神激励及在职消费等创造条件。

---

① ［西］卡里略－赫莫斯拉等：《生态创新：社会可持续发展和企业竞争力提高的双赢》，闻朝君译，上海科学技术出版社2014年版，第8—9页。

国有企业推进生态创新,一是需要树立生态优先绿色发展的理念。理念是行动的先导。国有企业推进生态创新,要在企业的经营理念上树立生态优先、绿色发展的理念,真正认识到生态环境的价值所在,努力探索生态产品价值实现的方式和途径,把减污降耗、生态环保看作未来企业盈利点、市场拓展点、产品创新点,把生态环境保护作为企业自身义不容辞的责任和义务,而不是看作可以转嫁成本的"纳污池"。二是推进绿色机制设计。机制是系统内部关系的概括性描述。[1] 国有企业生态创新目标的设定、实现目标的途径、促进目标实现的手段、目标实现程度的评估等都需要进行系统的谋划和科学的论证,既不能盲目提出高于自身能力的目标,又不能为了逃避生态责任降低生态创新目标和标准。要结合企业实际,探索采用绿色责任管理模式,借鉴国际标准化组织制定的ISO1400环境管理标准[2],探索适合本企业的环境管理模式。三是推进企业生产经营全产业链绿色管理。生态创新是着眼于生态环境保护与经济社会发展互利共赢的创新,涉及企业生产经营的方方面面,既要从创意、设计、研发等源头上减少生产经营对生态环境的影响,也要在零部件生产、采购、加工组装、运输销售等中间环节减少生态环境的损害,还要在售后服务、废品回收等末端处理方面关注生态环境的保护。在创意、设计、研发等环节要考虑到如何减少资源耗费和废弃物的产生,在生产加工组装环节要推行清洁生产,采用合同能源管理,探索循环经济和低碳经济路径,在售后服务、废品回收等环节要便于维修、再利用、回收、无害化处理等。

---

[1] 鞠芳辉、谭福河:《企业的绿色责任与绿色战略》,浙江大学出版社2008年版,第140页。
[2] ISO14000环境管理系列标准是国际标准化组织于20世纪90年代提出的,目的是为了保护全球环境,促进世界经济可持续发展,针对全球各类企业、政府部门、非营利组织和其他组织而制定的系列环境管理标准。目前,该标准包括7个部分,分别是环境管理体系(14001—14009)、环境审核(14010—14019)、环境标志(14020—14029)、环境行为评价(14030—14039)、产品生命周期环境评估(14040—14049)、术语及定义(14050—14059)、产品标准中的环境指标(14060)。参见鞠芳辉、谭福河:《企业的绿色责任与绿色战略》,浙江大学出版社2008年版,第194—195页。

(二) 不断提高国有企业绿色管理溢出水平

企业的生产经营决策既受到企业自身掌握的人、财、物、信息、技术等内在资源的影响，也受到市场、政府、社区等外在资源的影响。就如同企业的技术创新会传播到其他企业形成技术模仿出现外溢效应类似，企业的管理模式也会被学习模仿，从而形成管理的溢出。只不过技术溢出的对象是"硬资源"的溢出，而管理溢出的对象则是"软资源"的溢出。[1]

溢出效应（spillover effect）本是指容器蓄水过满而涌出来所产生的外在影响，后来被用来指代某个人或组织的行为给其他人或组织带来了某种影响。比如詹姆斯·米德就把溢出效应称为在某一经济活动中，根本没有参与的人得到可察觉的利益（或蒙受可察觉的损失）。[2] 这种影响越大则溢出效应越大，反之也越小。由此可见，溢出效应本质上是一种外部性，而外部性侧重于从行为发生者的角度来理解，而溢出效应则更多的是从受影响的一方来说的。绿色管理溢出是指在企业绿色管理中，先行者的做法、经验被其他人模仿学习，进而推动相应企业也实现绿色管理水平提升的过程。从历史来看，由于发达国家较早地出现各类环境问题，它们也比较早地关注并推动企业的环境管理，使发达国家的企业，特别是大企业一般都比较关注生态环境保护，包括提高资源利用效率、减少化石能源消耗、推进绿色转型、鼓励绿色消费，开展绿色设计、绿色生产、绿色采购、绿色营销等，这类绿色管理不仅提高了企业自身的生态化水平，促进了生态创新，而且通过企业的生产经营活动、社会公益行为等向产业链的上下游、社会民众、政府组织、第三方机构、非政府组织等延伸，使得绿色管理影响的对象实现扩展，起到了溢出的效果。这不仅表现为发展中国家到发达国家开展的投资活动往往面临着商业伙伴较为严苛的环保标准的约束，而且发达国家在发展中国家投资的外

---

[1] 李茜：《跨国公司与中国企业的绿色管理》，企业管理出版社 2015 年版，第 152 页。

[2] [英] 詹姆斯·米德：《效率、公平与产权》，施仁译，北京经济学院出版社 1992 年版，第 302 页。转引自张琼妮、张明龙：《企业管理人员之间的溢出效应及其影响》，《浙江师范大学学报》2020 年第 1 期。

商直接投资企业往往在遵守环保法律法规、传播生态文明理念、履行社会责任方面具有较高的行动自觉,而这种行动自觉也会对当地的企业形成一定的示范引领作用,从而产生绿色管理的溢出效应。

国有企业具有较好的绿色管理溢出的传导机制。根据管理创新的资源基础理论,"企业是各种资源的结合体,企业的资源是其战略活动的基础"[①]。企业管理创新的能力与企业掌握资源的多少以及整合资源的能力具有密切关系。与民营企业、个体工商户、外资企业等相比,我国国有企业掌握比较系统的资源以及较强的资源整合能力,它们可以更迅速地获得决策的相关信息,可以对信息进行更精准解读,并把有利的信息转化为现实的企业生产经营的决策。当然,由于国有企业掌握的资源较多,各种资源要获得较好的协同效应,就需要具有灵活的决策机制和快速的执行能力,在这方面由于国有企业一般层级较多、委托代理链条较长、规章制度严苛,使国有企业的决策相对效率较低,但其一旦形成决策,其管理创新能力强的优势就会发挥出来。

从我国实践来看,国有企业大多处于产业链的上游,多分布于能源、电力、交通、石化、矿产等基础型产业,产业关联度高,是国民经济发展的基础部门。国有企业如果在生态创新方面不断取得成效,可以通过自身的产业优势、政治优势等使绿色管理进行有效的溢出传导。具体来说,绿色管理溢出传导包括以下几个方面。

一是通过上下游产业链之间的绿色管理溢出传导。分工与协作形成了现代经济的基本形态,分工和协作会带来效率的提高和经济增长。而分工和协作使产业链之间的联系非常紧密,是产业链上中下游产业之间、企业之间形成利益共同体的基础逻辑。产业链一般由企业链、供需链、空间链、价值链四维因素组成,这四个维度在各环节相互对接的均衡过程中就实现了产业链

[①] 陈继萍、徐蒙蒙:《"一带一路"倡议对我国企业管理创新的溢出效应——基于准自然实验的经验检验》,《商业经济研究》2021年第2期。

的构建。在产业链发展过程中，会有某些环节处于关键节点而具有特殊的市场优势，使这个节点上的企业对上下游的企业具有一定的特殊影响力。比如产业链中如果存在某个垄断厂商，则其对上游产品的采购以及下游产品的销售就具有垄断势力，能够影响上下游产品的定价，并进而影响上下游企业的产品标准、生产过程、营销模式等，这可以称为"主导型产业链"。对于"主导型产业链"中处于主导地位的企业，我们可以称之为产业链主导型企业。当面临产业链的生态环境问题时，产业链主导型企业从理论上来说可以有两种不同的方式来管理、优化或影响产业链中其他企业的行为：一种是通过环境问题内部化，也就是处于产业链主导型地位的企业利用自身的资源进行投资，改善产业链其他成员的环境管理；另一种是通过环境问题外部化，也就是处于产业链主导型地位的企业利用自身在产业链供应链上的特殊优势地位，利用市场机制去影响产业链其他成员的绿色行为，使其通过环境内部化来解决各自的环境管理。Vachon 和 Klassen（2006）将这两种方式称为环境合作和环境监测，其中环境合作是指直接参与供应商的经营，共同应对环境问题，而环境监测则是指利用市场或采购组织进行评估和控制其供应商的行为。[1]

二是通过"制度性同构"机制来推动绿色管理溢出。制度经济学认为，制度是影响人们行为的规则，这种规则是建立在限制或控制/支持社会行为的正式或非正式规则之上的结构，社会主体（组织）通过遵守制度或利益相关者的预期来获得合法性，而一旦制度形成，其他的社会主体（组织）就会逐渐形成相同的行为模式，最终形成制度性同构（斯科特等，2010；BjÖrck，2004；DiMaggio & Powell，1983）。[2] 从我国来看，当前我国仍然是处于社会主义初级阶段的发展中国家，发展仍然是解决我国当前一切问题的基础和关键。但现在的发展不是传统的以牺牲资源环境为代价的粗放的发

---

[1] 转引自李茜：《跨国公司与中国企业的绿色管理》，企业管理出版社2015年版，第47页。
[2] 转引自田玲、刘春林：《"同伴"制度压力与企业绿色创新——环境试点政策的溢出效应》，《经济管理》2021年第6期。

展，必须是科学的高质量的发展，必须走高质量发展道路。从人与自然的关系来看就是走生态优先绿色发展的道路。但这对我国来说仍然是一个新生事物，而且在发达国家用100多年时间出现的环境问题在我国几十年的时间内就集中叠加出现了，我们从环境问题出现到实现环境治理的改善再到走上绿色发展的道路，需要艰辛的探索和不断的努力。因此，在这一过程中，我国往往采取"试点"的制度设计，选择一些地方、单位、组织进行某种试点，如"生态文明示范县""美丽乡村""农村人居环境整治""低碳城市""绿水青山就是金山银山实践创新基地"等，目的就是通过试点，探索一条可复制可推广的道路，进而推开形成示范效应。从绿色发展的企业视角来看，党和政府号召企业积极履行生态责任，推进绿色转型，但考虑到绿色转型的创新性、风险性、可操作性等因素，会有许多企业采取"等待"的态度，寄希望于其他的企业组织进行先行先试，或者说出于"法不责众"的心态不愿意做绿色转型的先行者，这时候就需要政府采取"试点"政策，推动企业开展绿色发展的先行先试。而政府在选择先行先试的试点企业时，无论是出于产权的约束还是社会公平，选择国有企业作为绿色转型试点就成为必然，而且国有企业在进行绿色发展转型试点所需要的政治动机、创新资源、产权支撑、技术储备、人才条件等方面也具有显著的优势。一旦有些国有企业绿色发展转型试点取得成效，就会给其他国有企业提供一种学习模仿或追随的示范效应，也会形成一定的绿色转型压力，而且这种绿色发展压力也会逐渐传导到企业所在区域或行业的其他非国有企业，促使企业采取更多的绿色行为，从而形成绿色管理的溢出效应。

第四章　国有企业促进经济绿色发展绩效的实证分析

国有企业作为我国经济发展的重要力量,在我国贯彻新发展理念、推动经济绿色发展过程中具有重要作用。由于中国的国情和国外不同,国外,特别是发达国家经济中,国有企业数量较少,作用有限,仅发挥着弥补市场失灵的作用,因此,要反映国有企业对经济绿色发展绩效的影响,国际上缺乏可比较的对象。虽然朝鲜、越南、古巴等社会主义国家中国有企业的数量较多,对国民经济的影响大,但由于发展阶段不同、地理位置差异、资源禀赋不同等原因,也不具有可比性。因此,反映国有企业对经济绿色发展促进作用绩效的测评仅以我国为研究对象。在只有一个研究对象的条件下,国有企业对经济绿色发展的促进绩效的衡量,缺乏参照系。因此,本书从案例分析和实证分析两个层面来研究。

第一节　国有企业促进经济绿色发展的案例分析

党的十八大以来,我国国有企业改革在习近平总书记明确提出做强做优做大国有企业、国有资本的指示下,通过深化改革,国有企业和国有经济的竞争力、创新力、控制力、影响力和抗风险能力均实现了明显提高。国有企业和国有经济为我国经济社会发展、民生改善、科技进步、国防建设作出了重要贡献,也为我国生态环境保护和治理作出了巨大贡献,同时,通过积极投入生态环境保护,国有企业也实现了自身价值提升和企业成长。

一、中国节能环保集团：让天更蓝、山更绿、水更清

中国环保节能集团是经国务院批准成立的中央企业，于 2010 年由中国节能投资公司和中国新时代（集团）公司联合重组而成。作为集团母公司的中国节能投资公司原来是国家计委节能局。20 世纪 70—80 年代初，世界范围内出现多次石油危机。为了应对能源危机，1988 年节能局改制成立国家能源投资公司节能公司，1994 年更名为中国节能投资公司，1997 年环保部所属中国环境保护公司划归中国节能投资公司。中国新时代控股（集团）公司前身是原国防科工委所属的 1980 年成立的中国新时代公司，1999 年正式更名为中国新时代控股（集团）公司。2004 年，原机械工业部所属第七设计研究院（后更名为中国新时代国际工程公司，现为中国启源工程设计研究院有限公司）划归新时代集团，2006 年原地矿部所属中国地质公司划归新时代集团。2017 年，中国节能环保集团公司整体改制为中国节能环保集团有限公司。截至 2019 年年底，中国节能环保集团公司拥有各级子公司 500 余家，其中二级子公司 25 家，上市公司 4 家，业务分布在国内各省区市及境外 110 个国家和地区。

中国节能环保集团是国内唯一一家以节能减排、环境保护为主要业务的中央企业，也是我国节能环保领域最大的科技型服务型产业集团。该集团始终专注于节能环保领域，其中在节能领域主要致力于工业节能、建筑节能和绿色建筑领域，比如工业节能主要是通过对工业设施进行节能化改造，把工业生产过程中产生的余压余热进行回收处理再利用，这不仅可以减少大气的污染，而且节约了煤炭等化石能源消耗。建筑节能主要是采取地源、污水源、江河水源热泵技术，通过自然的温度差，利用热传递原理进行热交换来供热供冷，实现绿色区域能源供应。绿色建筑主要是指把节能技术运用于设计、建造和使用全过程的建筑。在环保领域，中国节能环保集团是我国环保领域的先行者和重要参与者，业务范围覆盖大气污染防治、水污染防治、土

壤修复、固体废弃物处置、尾矿治理、资源循环利用等多个细分领域，开创了环保领域多个第一，探索形成了多种可复制可推广的环境污染综合治理模式。目前，中国节能环保集团在节能减排服务、垃圾发电、污水处理、新能源、节能环保建材、生命健康等业务板块规模和实力均居全国前列。2019年，在北京展览馆举办的"伟大历程辉煌成就"展览上，中国节能环保集团的临沂生态循环产业园模型和国家大剧院恒温景观水池模型引发了广泛关注，也使参观者对中国环保节能集团为我国生态文明建设所做的探索有了更多更深入的了解。

中国节能临沂生态循环产业园是我国真正意义上由一家企业独立投资建设运营的"静脉产业园"，也是我国第一个企业型"城乡固体废弃物资源化循环利用产业园"，这个产业园不仅节能效果好，每年可节约标煤 30 万吨，减少二氧化碳排放量 75 万吨，而且企业效益好，每年可以至少节约环保运营成本 600 万元，同时，通过这个园区的运行，为当地至少节省了 600 多亩的公共资源投入占地，减少了 2000 万元的投入。从资源的循环化利用来看，真正能够做到把各种废弃物"榨干吃尽"，提高了资源的使用效率，减少了资源消耗和废弃物排放。国家大剧院恒温景观水池采用二类中国节能下属公司的一项核心技术——单井循环浅层地热能技术，利用井下 10—15 摄氏度的地热水，通过循环换热，实现了对景观水池的冬天加热、夏天降温的效果，使得景观水池冬天不结冰，夏天不长藻，不仅实现了景观效果，而且减少了能源消耗和人力物力财力的投入。

中国节能环保集团坚决贯彻习近平总书记提出"绿水青山就是金山银山"的绿色发展思想，牢记"让天更蓝、山更绿、水更清，让生活更美好"这一神圣使命，紧紧把握经济、环境、社会三条主线，以价值创造为核心，追求经济、社会和环境的综合价值，努力实现"打造碧水蓝天、建设生态文明、服务员工大众"的发展目标。2019 年中国节能环保集团实现绿色电力发电量超过 161 亿千瓦时，相当于减排二氧化碳 1300 万吨，节约标准煤近 500 万吨，水业务日处理能力达到 1000 万吨，化学需氧量（COD）总削减量达到 21 万吨，建筑节能绿色服务面积达到 8100 多万立方米，相当于 1.1 万多个标准足球场。现在每分钟，中国节能环保集团就可以对全国 8000 多个监测点位进行环境扫描，对环境问题进行 500 亿次诊断分析运算；能产生绿色电力 2.5 万度，照亮 34 万家庭的夜晚；可处理生活垃圾 48.61 吨，为 5 万人带来一天的洁净；可制供水 1581.05 吨，为 1 亿人提供清洁用水；可处理污水 1539.19 吨，为 80 个足球场地灌溉绿色；可净化烟气 133 万立方米，为 1.9 亿人带来健康的呼吸环境。

根据中国节能环保集体有限公司党委副书记、总经理余红辉的介绍，节能环保行业的投资回收期相对较长，往往在 10 年甚至 15 年，收益率低，因此许多民营企业不愿意做，而中国节能环保集团作为国有企业、作为中央管理的国有企业始终高举节能环保大旗，带头贯彻资源节约和环境保护的基本国策，主动融入国家打赢污染防治攻坚战、长江大保护等重大战略，不仅使企业自身不断发展壮大，从最初注册资本金只有 30 亿元的政策性投资公司，成长为资产总值接近 1700 亿元的节能环保产业集团，而且提升了企业的品牌价值、作出了重要的示范引领作用。比如中国节能环保集团瞄准科技创新，与华为、腾讯等知名企业合作，联手打造覆盖全国、精细化的生态环境时空大数据地图，在西安等地建成了智慧环境检测系统，并全面推广运用到长江流域污染防治过程中，为政府提供环境风险识别和报警等监管功能，实现环境质量精细化管理服务，也必然会促进相关技术的外溢，进而促进环境智慧监测水平的提高。同时，企业的品牌价值得到提升，2019 年 9 月，中国节能环保集团受中国品牌建设促进会委托，牵头建设"中国环保品牌集群"，不仅提升了自身的品牌价值，而且携手相关企业共同努力提升中国环保产品的品牌价值。[①]

---

① 相关资料根据中国节能环保集团公司官网、《中国节能环保集团社会责任报告（2019）》、余红辉在北京外国语大学的演讲（收录于《国企公开课（第二辑·上）》）等公开资料整理而成。

二、山东水发集团：以绿色发展实现飞跃

山东水发集团是山东省属一级国有独资企业。公司前身是山东水务发展有限公司，该公司于2009年4月由省政府批准组建，当年11月正式成立，2017年划归省国资委统一监管。仅仅10多年的时间，山东水发集团围绕"生态、环保、民生"发展主题，从一个无划拨资产、无注入资金、无办公场所的"三无企业"，白手起家成长为2020年资产总额1418亿元、营业收入452亿元、利润总额12.6亿元、上缴税费19.5亿元，员工3万人的大型企业集团，营业收入、利润、资产年均复合增长率分别达到99%、133%和61%，成为山东国有企业改革的先进典型。水发集团目前业务领域涵盖水利开发、现代农业、环境保护、清洁能源四大板块，形成了水务、农业、环保三大省级平台和清洁能源产业集群，旗下拥有3家主板上市公司，业务遍及全国与"一带一路"部分国家和地区。2020年在新冠疫情和经济下行等因素影响下，山东水发集团实现了逆势增长，营业收入增幅超过100%，顺利挺进中国企业500强。从四大业务板块来看，综合实力均居全省第一位、国内前列，18个细分产业位居国内前十，其中12个国内前三，5个单项冠军，投资建设了全省规模最大、技术最先进的危废处置、汽车拆解、废钢铁加工配送项目，牵头成立山东省废钢铁协会并建立了"互联网+再生资源"回收体系，拥有各类清洁能源项目200多个，清洁能源装机规模达到800万千瓦。集团公司还被授予"山东省优秀企业""山东省社会责任企业""山东省乡村振兴责任企业"等荣誉称号。

聚焦环境保护，推动可持续发展。山东水发集团在成立之初的2012年就提出"以公益带动经营、经营反哺公益"的发展思路，多年来，始终把环境保护作为公司重要的责任，也是公司发展的盈利点。现在企业主动融入生态文明建设大局，聚焦大气、水、土壤三大污染防治攻坚战，着力发展水污染防治、大气治理、土壤修复、再生资源利用等环保领域产业，助力生态环境持续改善和经济社会可持续发展。企业始终把安全生产、环境保护、节能

降耗等工作作为重大任务,坚决压实责任,长期坚持不懈,不断加大投入,大力发展环保产业,积极提供生态环境治理全产业链条综合服务,每年可处置固废 120 万吨,危废 130 万余吨,拆解废旧汽车 3 万辆,"十三五"期间环保投入超过 17 亿元,年复合增长率超过 15%。同时,大力推动污水处理、热电等企业提标改造和智慧化建设,年减排化学需氧量(COD)1500 吨、二氧化硫 6500 吨、氮氧化物 2250 吨、烟尘 800 吨。其权属公司水发兴业研发大楼平均节能率在 80% 以上,每年节能量相当于减少 512 吨标准煤排放,被评为中国建筑节能标志性项目,获得国内外 20 余个"绿色、低碳、生态"类大奖。[1]

技术创新推进绿色发展。2021 年,由水发海若环境技术有限公司积极开展技术创新,通过水系统网络结构优化、水平衡核算控制、水处理工艺优选等措施,将取/制水、用水、排水处理回用等环节综合统筹规划,实现了少取、节能废水"零排放"的目标,有效解决了冶金行业废水排放量大、种类多、水质情况复杂、处理难度大等一系列难题,通过地表水、生活污水处理、中水回用系统、工业废水处理、浓盐水零排放系统,实现了废水的资源化利用,成为国内冶金行业首个零排放项目,也实现了经济发展与生态环保的共赢。[2]

治理环境与富民兴业有机融合。宁夏西海固西吉县马莲沟,是一条东西走向的开阔山沟,西起当年红军三军会师的将台堡,东接马莲乡。过去这里"十年九旱""十种九不收",被认为是"不适合人类生存"的地方。2017 年山东水发集团来到这里,通过建设"西吉现代农业一二三产融合发展示范产业园"项目[3],把被誉为"中国蔬菜之乡"的山东寿光的智能温室、新材料

---

[1] 相关资料来自山东水发集团公司官网、《山东水发集团社会责任报告 2020》等公开报道。
[2] 《水发集团打造全国冶金行业首个零排放项目》,2021 年 8 月 17 日,见 http://gzw.shandong.gov.cn/articles/ch03850/202108/d5ccbfdc-ebd9-445f-b735-e12b7197ae9a.html。
[3] 《向贫困地区逆行 促当地脱贫致富——山东省属企业水发集团产业扶贫纪实》,2020 年 12 月 7 日,见 http://www.sdsf.com.cn/xwzx/jtdt/202012/t20201207_12385.html。

节能日光温室、大跨度日光温室及大型拱棚等技术引入当地，建立了 276 座各类温室大棚，还在周边村庄进行生态治理，退耕还林，发展林果种植，并把寿光的农业技术员引进到当地，指导当地农民开展蔬菜种植，既富裕了当地农民，实现了农民增收、乡村振兴，也保护了当地的生态环境，也促使西吉县生态环境明显改善。除了宁夏，山东水发集团还在新疆乌鲁木齐、喀什、阿克苏、库尔勒等地建立了十几家公司，总投资 23.8 亿元帮助当地发展设施农业，开展土地整理，加强生态保护，目前，水发集团在新疆拥有优质棉花生产基地 200 万亩，优质蔬菜生产基地 4700 余亩，自有及合作棉花加工厂 50 余座，皮棉加工能力约 60 万吨，约占全国皮棉加工能力的十分之一，有效带动了当地农民致富。在海拔 3800 多米的西藏日喀则市桑珠孜区江当乡，水发集团投资的 50MWP"光伏+生态设施农业"综合示范储能项目，成为西藏首个大型光伏储能项目，年发电量约 1 亿千瓦时，可节约 3.06 万吨标准煤，减少温室气体排放 8.47 万吨。[①]

三、绿色国企群谱：山东省国有企业积极履行绿色责任

山东省是我国沿海发达省份，是经济大省、人口大省、人均资源小省，经济发展面临着生态环境约束较大，经济绿色发展的压力较重。从产业结构来看，山东省 2020 年三次产业结构为 7.3∶39.1∶53.6。作为农业大省、农业强省，2020 年山东省农业生产总值超过 1 万亿元，是首次超过万元大关的省份，农产品出口 1257.4 亿元，连续 22 年稳居全国第一位，农业科技进步贡献率达到 65% 以上。山东也是我国工业大省，特别是重化工业大省，山东拥有门类齐全、结构完备的工业体系，拥有全部 41 个工业大类、207 个工业门类中的 197 个、666 个工业小类中的 526 个；高新技术产业产值占比达到 40.1%，但传统工业占全部工业的 70%、重化工业占传统工业的

[①] 陈灏：《向贫困地区逆行，促当地脱贫致富——山东省属水发集团产业扶贫纪实》，《经济参考报》2020 年 12 月 7 日。

70%的"两个70%"问题突出。

根据理论界的研究，山东在全国31个省区市中，生态环境状况、绿色发展水平等指标相对滞后。比如，国家统计局、国家发展改革委、环境保护部、中央组织部联合编制的《生态文明建设年度评价结果》于2017年12月26日公布，该评价结果选取资源利用指数、环境治理指数、环境质量指数、生态保护指数、增长质量指数、绿色生活指数6个二级指标测算了我国31个省区市的绿色发展指数，根据该评价结果，山东省在绿色发展指数方面居全国第18位，在环境治理指数和绿色生活指数方面排在全国前10位，而资源利用指数、环境治理指数、生态保护指数则排在全国后10位。①

中国人民大学石敏俊教授、徐瑛教授的研究报告《绿色之路：中国经济绿色发展》（2018）从经济发展、可持续性和绿色发展能力三个维度来考察经济绿色发展水平。其中经济发展通过经济发展水平、经济结构转型、经济增长动力、收入分配与社会保障等方面来反映经济发展的绩效。可持续性通过生态健康（包括环境质量）、污染控制（环境负荷和环境效率）、低碳发展、资源节约等方面来反映可持续发展的绩效。而绿色发展能力则包括绿色发展的基础设施、内源性增长能力、资源环境管理等方面反映经济绿色发展的能力。② 由于考虑测算数据的可得性，该报告主要以2015年和2016年的数据进行了测算，结果发现，浙江省的经济绿色发展指数最高，为72.92，广东省居第2位，为71.66分，江苏居第3位，为63.77分，而山东省仅位居第9位，分数为51.81。山东属于经济先导区域，经济发展具有明显优势，但包括生态健康在内的可持续性指标得分较低。③

---

① 《2016年生态文明建设年度评价结果公报》，2017年12月26日，见 http://www.gov.cn/xinwen/2017-12/26/content_5250387.htm。
② 石敏俊、徐瑛：《绿色之路——中国经济绿色发展》（2018），中国人民大学国家发展研究院网站：http://nads.ruc.edu.cn/zkcg/ndyjbg/1159db9aa97d4abdbefaadbbaa30987c.htm，第12页。
③ 石敏俊、徐瑛：《绿色之路——中国经济绿色发展》（2018），中国人民大学国家发展研究院网站：http://nads.ruc.edu.cn/zkcg/ndyjbg/1159db9aa97d4abdbefaadbbaa30987c.htm，第18、28—29页。

北京师范大学、西南财经大学、国家统计局中国经济景气研究中心等机构联合编制的《中国绿色发展指数报告》，从2010年到2018年连续公布对我国30个省区市绿色发展水平的测评报告，绿色发展指数包括经济增长绿化度、资源环境承载潜力、政府政策支持程度3个二级指标。根据该研究，山东省经济增长绿化度在全国多排在6—8位，资源环境承载潜力在全国多排在20位以后，特别是近几年多排在第28—29位，位居全国倒数第2或第3位的位次上，而政府政策支持程度排在全国第7—8位，近两年则明显上升，2018年的报告指出，山东省政府政策支持程度排在全国第2位，总体来看，山东省的绿色发展指数多数排在全国的第8—10位（见表4–1）。

表4–1　山东省绿色发展指数排名及构成情况

	2010年	2011年	2012年	2013年	2014年	2015年	2016年	2017年	2018年
绿色发展指数	4	8	7	11	11	11	11	10	8
经济增长绿化度	7	5	6	8	8	8	8	8	7
资源环境承载潜力	20	20	22	28	28	28	29	29	28
政府政策支持度	4	8	8	8	7	7	8	3	2

资料来源：根据《中国绿色发展指数报告》（2010—2018）整理。

此外，理论界有些研究，如北京工商大学季铸教授等曾测算过我国31个省区市和273个城市的绿色经济和绿色GDP指数，2010—2011年山东省总体的绿色经济指数在10位左右[1]，但2013年后就没有再更新。北京林业大学严耕教授等曾经测算过我国31个省区市省域生态文明建设指数，该指数主要从生态活力、环境质量、社会发展和协调程度4个方面选取23个指标

---

[1] 季铸等：《中国300省市绿色经济和绿色GDP指数——绿色发展是中国未来的唯一选择》，《中国对外贸易》2012年第7期。

进行了测算，发现山东的生态文明指数在全国排在第 10 位左右，绿色生态文明指数在全国位居第 11 位。①

面对如此严峻的生态环境治理和绿色发展压力，山东省高度重视生态保护工作，积极推动包括国有企业在内的各类市场主体积极履行生态责任，加大绿色投资，开展清洁生产，推进绿色管理，不断提高经济发展绿色化水平。其中国有企业作为山东经济的重要依靠力量，在推动经济绿色发展转型方面也在不断探索，并取得很大的成效。

一是积极推动国有企业履行环保法律责任，广泛开展环保宣传和贯彻行动。山东 30 多家省属国有一级企业以及相应的权属公司都把贯彻落实习近平生态文明思想，履行生态责任，建设绿色企业作为重要的方向，严格执行国家关于大气、水、土壤污染防治攻坚战的要求，按照国家环境保护法规的规定，自觉接受政府环保部门的监管和执法检查，主动与属地政府加强沟通联系，发挥好国有企业的示范引领作用。如山东黄金集团大力开展"美丽中国，我是行动者"主题活动，各所属企业积极开展环保培训活动，每年以六五环境日、全国低碳日等为契机，积极开展多种形式的环保培训，环保培训覆盖率达到100%，培养员工环保意识和责任意识，提高环境事件风险防控意识，多形式开展绿色环保公益活动，包括植树造林、播种草籽、环保宣传等。企业还引导员工践行《公民生态环境行为规范（试行）》，努力做到绿色消费、绿色出行、绿色生活、绿色办公，倡导简约适度、绿色低碳的生活方式和工作方式。

二是不断推进产业结构转型升级，为生态文明建设奠定产业基础。针对山东省钢铁、煤炭、电解铝、化工等高耗能、高排放产业较重的现实，山东省国资委作为国有资产的监管部门，要求国有企业利用清洁生产、智能控制等先进技术节能减排，加快传统产业转型升级，大力培育经济发展的绿色低碳新动能，不断推进产业结构、能源结构、交通结构的优化调整，涌现了一大批绿色发展的典型。

---

① 严耕：《中国省域生态文明建设评价总报告》，社会科学文献出版社 2014 年版，第 7—8 页。

比如山东重工集团作为我国著名的汽车与装备制造集团,产业涵盖动力系统、汽车业务、工程机械、智能物流、农业装备、海洋交通、后市场服务等板块,其潍柴动力重型发动机、法士特重型变速箱、山推推土机产销量全球第一。山东重工集团公司致力于成为全球领先、受人尊敬、可持续发展的智能化工业装备跨国集团,在企业经营理念中增加了"绿色、清洁、可持续"的环境理念,处理好发展和环境保护的关系,实现企业可持续发展。2015年到2019年,集团公司总资产从1444亿元猛增到2794亿元,营业收入从2015年的860亿元增加到2019年的2000亿元,利润总额也从2015年的11亿元猛增到143亿元。多年来,山东重工积极转变经济发展方式,争当高质量发展的排头兵,集团公司及权属公司严格遵守国家环保法律法规,制定了大气污染、固体废弃物污染、危险废弃物污染等一系列公司内部规章制度和控制程序,有序开展了废气、温室气体排放,废水和土地的排污以及废弃物的管理工作,确保规范排放,不断强化环境管理体系运行管控,开展环境管理体系内部审核,顺利通过环境管理体系监督审核,获得了ISO14001环境管理体系认证,建立了完善的环境管理体系。它们通过落实节能减排责任,开展技术革新,从源头上减少VOCs(挥发性有机物)产生,通过大力发展节能产业和节能产品,牵头打造新能源动力产业链,通过增加环保投入,升级粉尘、废气等环境保护项目,为车间焊接机器人配置移动罩式焊烟除尘器,提高了焊接烟尘捕集率,推进水平衡测试管理,改造用水设施及管网,严控水使用环节关键参数,推进水资源阶梯利用,废水、中水回收再利用等。同时,公司不断加大技术投入,着力研发和提供节能环保产品,提升公司核心竞争力,助力社会降低环境污染物排放,开发的氢燃料电池获得国家燃料电池重大专项,也实现了氢燃料卡车、氢燃料码头牵引车等样车试制。山推股份研发并推广SD17E-X电动推土机,主打绿色动力、节能环保,其噪音小、零排放,相比传统燃油设备使用成本降低了约60%以上。此外,山东重工集团及各权属公司还积极开展回火炉分区控制降温改造、照明灯LED改造等120余项节能技改项目,降低耗电量,减少浪费,提高了生产效率和能源利用效率。①

再比如山东黄金集团。山东黄金集团成立于1996年，黄金产量、资源储备、经济效益、技术实力、智能化水平及人才优势等均居全国黄金行业前列。2020年实现利润总额40.15亿元，黄金产量44.73吨，营业收入767.17亿元，资产总额达到1204.63亿元。山东黄金集团坚持生态优先、绿色低碳的发展战略，把"绿色生产、节能减排"纳入企业的责任理念，用心呵护绿水青山，成为全国首家绿色矿业集团和尾矿生态治理项目试验区，企业也因绿而变，由绿而兴，集团现有4家矿山位居"中国十大黄金矿山"，3家矿山位居"中国经济效益十佳矿山"，所属30座在产矿山全部进入国家级或省级绿色矿山名录，5家冶炼加工企业全部进入国家绿色工厂名录，6个勘查项目全部进入国家绿色勘查示范项目名录，形成了"山东黄金，生态矿业"的品牌形象，实现了经济效益、社会效益和生态效益的共赢。传统的矿业往往被认为是破坏生态环境的产业，但山东黄金集团坚持走新型工业化道路，提出了"开发与保护并重，发展与利用同步"的理念，努力打造绿色矿山，以原采选工业产地为重点，建成了黄金采选工业旅游示范基地，包括黄金采选工业学生实习基地、黄金采选工业旅游点，实现了黄金采选工业教育和生态环保理念教育的有机结合。在位于山东半岛的三山岛金矿，坚持绿色发展，把闭库的尾矿库成功打造成集休闲、旅游度假于一体的海边旅游度假区，包括5个特色主题展区的黄金自然博物馆、沿海观光带及生态修复示范区等都吸引了众多游客，实现了经济、社会、环境效益的共赢。在企业管理中，山东黄金集团致力于建设规范、全面、高效的环境管理体系，自上而下建立环境保护管理部门，配备环境保护工作人员，企业层层建立生态环保责任制，签订责任状，将环保责任落实到具体部门、岗位和人员，确保全员参与环境管理和全过程管控，2020年集团公司新增三山岛金矿、金创集团、

---

① 资料来源：《山东省属国企国资社会责任报告2020》、山东重工集团官网、《2019山东重工集团社会责任报告》等公开资料。

金星公司三家权属公司通过环境管理体系认证。山东黄金集团还努力开展生态修复工作，以实际行动在国内矿业领域率先发展生态矿业，不仅集团自身积极践行绿色发展理念，还率先制定了严于国家标准的全国首家企业绿色矿山建设标准，并建成行业领先的无尾无废矿山和国内首家"绿色矿业集团"。在生产经营过程中，集团始终坚持以最小的生态扰动量获取最大资源量的同时，统筹山水林田湖草沙系统治理，2020年深入开展了企业生态环境综合整治和"绿满矿山、美丽山金"国土绿化活动，以生态修复和植物造景为主，全面改善矿貌，提升矿区生态景观，打造"三季有花、四季常绿"的花园式美丽矿山。比如白音呼布矿业公司是山东黄金旗下的一座新建矿山企业，地处内蒙古锡林郭勒草原腹地，山东黄金集团在矿山设计及基建阶段，结合草原生态特点，提前在矿山周边进行草原植被强化、边坡超前护理等生态保护措施，在合理开发草原资源之前，提高草原生态抗扰动能力，打破了以前项目建设先影响再治理的被动型环保思路，同时也探索出一条主动型生态保护的新思路。项目结束当年，土地复垦率、可绿化面积植被覆盖率均达到100%，被内蒙古自治区主流媒体誉为"草原上的工业明珠"。[①]

三是严格落实污染防治要求，助力污染防治攻坚战。加强生态文明建设，必须解决突出的环境问题，近年来，我国提出打赢污染防治攻坚战，特别是大气、水、土壤三场攻坚战。而国有企业作为我国重要的经济组织，在污染防治攻坚战中也承担着义不容辞的责任，发挥着不可替代的作用。以大气污染防治攻坚战为例，化工、钢铁、煤炭等重点行业都是排放比较高、对大气环境影响相对比较大的行业，而山东又是煤炭、化工、钢铁大省，国有企业在这些产业大多都有布局，山东也处在环京津冀大气通道中的重要地区，德州、聊城、菏泽、滨州、淄博、济南、济宁等都处在"2+26"个通道城市中，因此，山东省国资委要求国有企业积极承担社会责任，严格落实大

---

① 资料来源：《山东省属国企国资社会责任报告2020》、山东黄金集团官网、《山东黄金集团有限公司2020年度社会责任报告》等公开资料。

气污染防治措施要求，建立问题清单和责任清单，严格落实重污染天气政策，制定相关应急方案，明确应急响应组织领导、程序、限停产设施和减排措施，发挥示范引领作用。如山东钢铁集团，集团于 2008 年注册成立，是山东省国资委监管的省属一级企业，主要包括金属采矿冶炼及加工、钢铁贸易及服务、新材料高端装备制造及技术服务等主营业务。山东钢铁集团坚持树立"低碳清洁、绿色山钢"的理念，牢固树立"生态保护红线、资源利用上线、环境质量底线"意识，把环境保护视为企业的生命线，建立了"横到边、纵到底"的安全环保防控体系。曾获得"全国循环经济试点示范企业""中国钢铁工业清洁生产环境友好型企业"、国家级"绿色工厂"等荣誉。山东钢铁集团明确提出"保主业、保环保、保效益"的投资原则和"超低排放改造刻不容缓，必须率先实现超低排放"的要求，制定了《绿色发展行动方案（2019—2020 年）》，建立了环保项目立项实施的绿色通道，2019 年全年环保投入 38.83 亿元，完成环保项目 135 项，不断加强环保设施运行维护管理及环境监测，年投入环保运行费用 32 亿元，确保环保设施 100% 高效、稳定、同步运行。2020 年山东钢铁集团的节能环保绩效持续提升，主要污染物排放达标率达到 99.64%，尽管企业经营受到疫情等因素影响较大，但仍然比 2019 年同比提高 0.002%，吨钢颗粒物、SO_2、NO_x 分别下降到 0.30kg、0.18kg、0.77kg，同比下降 3.2%、42%、44%，这些主要指标均优于《钢铁行业清洁生产评价指标体系》Ⅰ级基准值。另外，山东钢铁集团所属日照公司、山钢股份莱芜分公司焦化厂、山东鲁碧建材公司钢城分公司在山东省环保厅组织的环保绩效考评中被评为环保绩效 A 级企业，也标志着山东钢铁集团的绿色发展取得了重要成果，跻身全国绿色钢铁强企行业，成为山东省钢铁企业绿色转型的示范者、引领者。① 再比如山东华鲁控股集团，华鲁控股集团前身为华鲁有限公司，于 1985 年在香港注册成立，是山东省在海外设立的

---

① 资料来源：《山东省属国企国资社会责任报告 2020》、山东钢铁集团官网、《山东钢铁集团有限公司 2019 年度社会责任报告》等公开资料。

首家独资公司和山东省在香港地区经济贸易活动的窗口公司，2005年改建为华鲁控股集团有限公司，2015年华鲁集团首批改建为国有资本投资公司。公司现在聚焦高端化工、生物医药、生态环保三大主业，把"造和谐友好的生态环境"作为企业重要使命。华鲁控股集团的生态环保板块主要以山东省环境保护科学研究设计院有限公司为主体，其资质、人才、品牌、能力在全国省属环境科学院中位列前茅，是山东省内最强、国内领先的生态环境综合服务商，尤其在水生态保护、工业废水深度处理和重金属底泥修复等领域处于行业领先地位。根据统计，"十三五"规划前四年，华鲁控股集团环保投入17.16亿元，年均复合增长率高达14%，"三废"治理全部达到排放，其化工板块相继7年荣获重点用能行业"能效领跑者"称号。2020年，华鲁控股集团环保与节能投入4.7亿元，2020年较2015年实现年减排二氧化硫1076.16吨、氮氧化物670.42吨、烟尘331.49吨，挥发性有机物（VOC）的排放浓度远低于行业管控标准。[①]

四是不断完善环保管理机制，提高自身环保水平。近年来，山东省国有企业积极贯彻习近平生态文明思想，坚持"绿水青山就是金山银山"的理念，加强制度建设，用制度来推动企业绿色转型，许多企业都主动建立健全环保制度，开展污染源头治理和深度防治，展现山东国有企业的绿色担当。比如山东钢铁集团先后编制了《绿色发展行动方案（2019—2020年）》和《钢铁超低排放治理实施计划》，制定了加快推进绿色发展行动方案的实施意见和环保绩效评价提升实施方案，建立了绿色发展和超低排放改造项目立项绿色通道，2020年计划实施的268个绿色发展项目全部完成达效。山东港口集团编制了《山东港口智慧绿色港口顶层设计方案》《山东港口绿色港口规划》等，对建设国际领先绿色港口进行统筹部署。[②]恒丰银行股份有限公司认真践行"绿水青山就是金山银山"理念，努力建设环境友好型银行，强化绿色

[①] 资料来源：《山东省属国企国资社会责任报告2020》、华鲁控股集团官网、《华鲁集团社会责任报告2019》等公开资料。

[②] 资料来源：《山东省属国企国资社会责任报告2020》。

治理，积极发展绿色金融，开展绿色运营。截至 2020 年年底，恒丰银行发放的绿色信贷余额达到 106.28 亿元，较同期增长 52.8%，其中投向基础设施绿色升级 48.37 亿元，生态环境产业 25.92 亿元，节能环保产业 14.25 亿元，清洁能源产业 10.49 亿元，清洁生产产业 7.05 亿元。同时，恒丰银行还积极承销"长江大保护"专题"债券通"绿色金融债券，为有效防止环境污染、修复生态环境、应对气候变化贡献力量。[①] 此外，山东省还建立了规模达到 100 亿元的绿色发展基金，为绿色发展提供融资支持。

第二节　国有企业促进经济绿色发展的实证分析

国有企业改革几十年来，无论是从企业数量、行业分布、盈利能力，还是其对国民经济的影响力等方面来看，现在的国有企业都与改革开放前发生了巨大的变化，有些领域国有企业的数量非常少，有的领域国有企业分布比较多，有些地方的国有企业在地方经济中的占比较高，有些地方的国有企业在地方经济中的占比则极少。本书研究需要从每个企业微观决策的视角来获取企业决策数据，而这又受到很多现实条件的制约，因此，我们选取一些省份作为分析对象。本书优先选择国有经济占比较大的省份，最终选择东部地区山东省、中部地区湖北省，以及西部地区四川省作为分析的对象。

一、样本选择与数据来源

考虑到数据的可得性，本书以国有上市公司作为分析的对象，并且考虑到不同行业企业的生态环境影响不同，因此，选择工业企业作为分析样本，按照工业和信息化部公布的 39 个工业大类的行业划分类型，我们选取在沪市 A 股（以 600、601、603 或 605 打头）、深市 A 股（以 000 打头）上市的国有省属及其下属企业，经整理，共有 83 家样本企业（见表 4–2）。本部分

---

① 资料来源：《恒丰银行股份有限公司社会责任报告 2020》。

数据来源于国泰安统计数据库。

总体来看，三省样本企业数量分别为：山东 38 家，湖北 19 家，四川 26 家。其中采矿业共 4 家企业且均为山东省国有企业；制造业共 68 家，占总样本数的 81.93%，其中山东省 33 家，湖北省 16 家，四川省 19 家。从企业数量来看，山东省工业国有企业数量、制造业国有企业数量均为最高，四川在电力、热力、燃气及水生产和供应业有 7 家国有企业，山东与湖北分别为 1 家与 3 家，湖北国有企业数量最少。但三省均为我国东部、中部、西部地区国有经济占比较高的省，具有一定的代表性与研究价值。

表 4-2　三省工业国有企业及所属行业

	行业	山东省	湖北省	四川省
采矿业（4家）	煤炭开采和洗选业	兖州煤业		
	黑色金属矿采选业	金岭矿业 宏达矿业		
	有色金属矿采选业	山东黄金		
	食品制造业	鲁银投资	安琪酵母	
	酒、饮料和精制茶制造业	青岛啤酒		泸州老窖 五粮液 舍得酒业
	纺织业	华纺股份	美尔雅	
	皮革、毛皮、羽毛及其制品和制鞋业	新华锦		
	造纸和纸制品业	晨鸣纸业		宜宾纸业
	化学原料和化学制品制造业	山东海化 鲁西化工 万华化学 亚星客车 华鲁恒升 鲁北化工 石大胜华	湖北宜化 安道麦A 双环科技 新洋丰 兴发集团	新金路 四川美丰 泸天化 昊华科技
	医药制造业	东阿阿胶 新华制药 山大华特 鲁抗医药	广济药业	

续表

	行业	山东省	湖北省	四川省
	化学纤维制造业	恒天海龙		
	橡胶和塑料制品业	青岛双星		
	非金属矿物制品业	山东药玻 山东玻纤		
	有色金属冶炼和压延加工业			攀钢钒钛 盛和资源
	金属制品业			大西洋
	通用设备制造业	潍柴重机	襄阳轴承	东方电气
	专用设备制造业	山推股份 克劳斯 新华医疗 天鹅股份	石化机械 光电股份 航天电子	中铁工业
	汽车制造业	潍柴动力 中国重汽 中通客车 渤海汽车	东风汽车	
	铁路、船舶、航空航天和其他运输设备制造业	中航沈飞		航发科技
	电气机械和器材制造业	澳柯玛		北清环能
	计算机、通信和其他电子设备制造业	浪潮信息 海信视像	华工科技 长江通信 烽火通信	四川九洲 旭光电子 四川长虹 福融科技
电力、热力、燃气及水生产和供应业（11家）	电力、热力生产和供应业	华电国际	湖北能源 长源电力	川能动力 明星电力 西昌电力 乐山电力 川投能源 广安爱众
	燃气生产和供应业			
	水的生产和供应业		武汉控股	兴蓉环境

按照生产要素投入的比例将83家企业划分为劳动密集型企业、资本密集型企业和技术密集型企业（见表4-3）。劳动密集型企业指技术装备程度较低，劳动力需要量比较大的工业企业，比如纺织业、旅游业、服务企业、食品企业、日用百货等轻工企业以及服务性企业等。资本密集型产业是指在其生产过程中劳动、知识的有机构成水平较低，资本的有机构成水平较高，产品物化劳动所占比重较大的产业。例如，交通、钢铁、机械、石油化学等基础工业和重化工业都是典型的资本密集型产业。技术密集型企业介于劳动密集型和资金密集型产业之间的一种经济类型的产业部门，属于高技术产业部门。其特点是单位劳动力占用资金比劳动密集型产业多，比资金密集型产业少。在生产结构中，技术知识所占比重大，科研费用高，劳动者文化技术水平高，产品附加价值高，增长速度快，包括新兴的电子计算机工业、机器人工业、航天工业、生物技术工业、新材料工业等。

表4-3 山东、湖北与四川三省国有企业按要素划分所属产业类型

按照要素划分的产业类型	子产业类别	山东省	湖北省	四川省
劳动密集型产业	农副食品加工业；食品制造业；酒、饮料和精制茶制造业、烟草制品业；纺织业；纺织服装、服饰；皮革、毛皮、羽毛及其制品和制鞋业；木材加工及木、竹、藤、棕、草制品业；家具制造业；造纸和纸制品业；印刷和记录媒介复制业；文教、工美、体育和娱乐用品制造业；橡胶和塑料制品业；非金属矿物制品业；废弃资源综合利用业	鲁银投资 青岛啤酒 华纺股份 新华锦 晨鸣纸业 青岛双星 山东药玻 山东玻纤	安琪酵母 美尔雅	泸州老窖 五粮液 舍得酒业 宜宾纸业

续表

按照要素划分的产业类型	子产业类别	山东省	湖北省	四川省
资本密集型产业	采矿业；电力、热力、燃气及水生产和供应业；石油、煤炭及其他燃料加工业；化学原料和化学制品制造业；化学纤维制造业；黑色金属冶炼和压延加工业；有色金属冶炼和压延加工业；金属制品业；通用设备制造业；专用设备制造业；铁路、船舶、航空航天和其他运输设备制造业；电气机械和器材制造业	兖州煤业 金岭矿业 宏达矿业 山东黄金 山东海化 鲁西化工 万华化学 亚星客车 华鲁恒升 鲁北化工 石大胜华 恒天海龙 潍柴重机 山推股份 克劳斯 新华医疗 天鹅股份 潍柴动力 中国重汽 中通客车 渤海汽车 中航沈飞 澳柯玛 华电国际	湖北宜化 安道麦A 双环科技 新洋丰 兴发集团 襄阳轴承 石化机械 光电股份 航天电子 东风汽车 湖北能源 长源电力 武汉控股	新金路 四川美丰 泸天化 昊华科技 攀钢钒钛 盛和资源 大西洋 东方电气 中铁工业 航发科技 北清环能 川能动力 明星电力 西昌电力 乐山电力 川投能源 广安爱众 兴蓉环境
技术密集型产业	医药制造业；通用设备制造业；计算机、通信和其他电子设备制造业；仪器仪表制造业	东阿阿胶 新华制药 山大华特 鲁抗医药 浪潮信息 海信视像	广济药业 华工科技 长江通信 烽火通信	四川九洲 旭光电子 四川长虹 福融科技

由表5-3可知，山东省国有经济的体量在三种类型中的占比均是最高的，劳动密集型产业中山东省国有工业企业的数量分别是湖北省的4倍、四川省的2倍；资本密集型企业之中，山东省依然占有优势，其中山东省的制

造业企业类型最多，其次是四川省、湖北省，技术密集型企业的分布特点依然如此。纵向来看，资本密集型企业是国有企业投资最多的领域，也体现着国有资本"集中力量办大事"的优势与特色，其次是技术密集型企业，最后是劳动密集型企业。出于研究需要，此种分布特点主要是对三省国有工业企业进行的探讨，在农业、服务业等领域的问题暂不涉及。

二、国有企业促进经济绿色发展效应分析

（一）产品竞争力

产品竞争力是指产品符合市场要求的程度，具体体现在消费者对产品各种竞争力要素的考虑和要求上。产品是否具有竞争力主要体现在两个方面：一是它的市场地位，与市场上同类产品相比市场占有率的高低；二是它的销售情况，销售量越大、利润越多的产品竞争力越强。

本书采用财务指标模拟销量进行财务状况分析，进而判断企业产品竞争力。尽管83家企业均属于工业企业，但是所属的具体行业不同，利润率也不尽相同，横向比较的价值不大。本书将按照要素划分为劳动密集型产业、资本密集型产业和技术密集型产业（见表4-3），来进行产业之间的比较，不同特征的产业类别面临不同的竞争环境。此外，随着企业运营过程，企业在不同年度的盈利状况成为国有企业产品竞争力的一个重要方面。

表4-4 2020年山东、湖北、四川国有工业企业总资产价格

	企业数量（家）	均值（亿元）	最大值（亿元）	最小值（亿元）
山东	38	378.21	2707.50	8.67
湖北	19	172.90	601.67	13.26
四川	26	210.52	1138.93	16.17

总体来看，山东省国有工业企业的数量与平均资产规模都远大于湖北省与四川省（见表4-4），山东省资产规模最大值与最小值分别为潍柴动力（潍柴动力股份有限公司）和恒天海龙（恒天海龙股份有限公司），湖北省为湖

北能源（湖北能源集团股份有限公司）和美尔雅（湖北美尔雅股份有限公司），四川省为五粮液（宜宾五粮液股份有限公司）和旭光电子（成都旭光电子股份有限公司）。

营业收入是企业从事主营业务或其他业务所取得的收入，指在一定时期内，商业企业销售商品或提供劳务所获得的货币收入，分为主营业务收入和其他业务收入。山东、湖北与四川国有工业企业营业收入2016—2020年年均增长率分别达到37.13%、16.52%、57.88%（见表4–5），远高于三省GDP增长指数与人均GDP增长指数，对国民经济的增长起到了很好的拉动作用。

表4–5　2016—2020年山东、湖北、四川三省GDP增长指数

指标	GDP增长指数（上年=100）			人均GDP增长指数（上年=100）			国有企业营业收入年增长率（%）		
地区	山东	湖北	四川	山东	湖北	四川	山东	湖北	四川
2016年	107.4	108.1	107.8	106.57	107.5	107	4.31	7.06	146.45
2017年	107.32	107.8	108.1	106.47	107.4	107.4	69.07	77.35	45.01
2018年	106.3	107.8	108	105.77	107.6	107.5	89.59	11.28	42.10
2019年	105.3	107.3	107.4	105.2	107.2	107	9.98	−3.82	0.60
2020年	103.6	95	103.8	103.1	96.4	103.4	25.98	−1.96	57.83
年均增长	105.98	105.20	107.02	105.42	105.22	106.46	37.13	16.52	57.88

分产业来看，2016—2020年劳动密集型企业营业收入年均增长率的平均值为61.0%（见表4–6），资本密集型产业年均增长40.3%，而技术密集型产业年均增长率在三类产业中最低，为8.7%，但显著高于相同年份山东、湖北、四川年均GDP增长指数、人均GDP增长指数，说明分产业来看，国有企业对山东、湖北、四川三省的经济存在明显的拉动作用。从年度变化来看，劳动密集型企业的营业收入每年的增长率呈现递减的趋势，从2016年256%的大幅增长下跌到2020年的4.7%。而资本密集型企业营业收入的增

长不稳定，2020 年的增长率达到 26.9%，但仍然处于较高水平。对于技术密集型企业而言，每年营业收入的增长率从 2016 年出现下降直至负值，至 2020 年拉正，但 2020 年增长率幅度依然较小，与技术研发前期需要长期的、大量的投资密切相关。

表 4-6　2016—2020 年山东、湖北、四川国有工业企业分产业增长率

	劳动密集型企业	资本密集型企业	技术密集型企业
2016 年	2.569	0.093	0.160
2017 年	0.188	0.828	0.135
2018 年	0.124	0.758	0.100
2019 年	0.123	0.067	−0.020
2020 年	0.047	0.269	0.059
平均值	0.610	0.403	0.087

（二）品牌价值力

品牌是企业或产品给拥有者带来溢价、产生增值的一种无形资产，品牌承载的更多是消费者对产品以及服务的认可，是一种品牌商与顾客购买行为间相互磨合衍生出的产物。品牌不仅直接影响企业销售业绩，也直接影响资本市场的估值。最近 20 年来，全球资本市场出现了另一个重要特征，即以品牌为核心的无形资产，其重要性超过了有形资产。

世界品牌实验室（World Brand Lab）是一家国际化的品牌价值研究机构，全资附属于世界领先的数字技术和战略咨询公司——世界经理人集团，世界品牌实验室的专家和顾问来自哈佛大学、耶鲁大学、麻省理工学院、哥伦比亚大学、牛津大学、剑桥大学、欧洲工商管理学院等世界顶级学府，其研究成果已经成为许多企业并购过程中无形资产评估的重要依据。根据其连续 18 年发布的《中国 500 最具价值品牌》报告，采用"收益现值法"对品牌价值进行测评。这是基于经济适用法，综合了消费者研究、竞争分析以及对

企业未来收入的预测。2021年山东、湖北、四川三省国有工业企业品牌价值见表4–7。

表4–7　2021年山东、湖北、四川国有工业企业品牌价值

	品牌名称	品牌价值（亿元）	主营行业
山东	青岛啤酒	1985.66	食品饮料
	海信	651.45	家电
	双星轮胎	639.79	轮胎
	潍柴	628.79	机械
	山钢	520.05	钢铁
	中国重汽	395.08	汽车
	山推	86.17	机械
湖北	东风	1731.67	汽车
四川	五粮液	3253.16	食品饮料
	长虹	1736.29	家电
	泸州老窖	637.82	食品饮料
	舍得	628.75	食品饮料
	金六福	591.21	食品饮料
	东方电气	523.51	机械

品牌价值在一定程度上依赖评估机构的指标体系，评价结果带有主观色彩，为保证研究的严谨性，本书同时采用三省国有工业企业公布的年度财务报告中的企业商誉净额指标进行企业品牌力的深入剖析。商誉通常是指企业在同等条件下，能获得高于正常投资报酬率所形成的价值。通过对商誉的评价与比较，可以得到国有工业企业在未来经营期间内可能获得的超额利润。品牌价值是第三方机构对企业整体经营状况、发展潜力的评价。与之相比，商誉是表现在财务报表之上的对于企业未来营业收入的一项财务指标。本书

采用国泰安数据库中的数据进行分析，其商誉净额分为合并报表（A）与母公司报表（B），本书采用合并报表（A）进行分析。

表4-8　2020年度山东、湖北、四川国有工业企业商誉净额

单位：亿元

	商誉净值								
	山东（20家）			湖北（6家）			四川（8家）		
	平均值	最大值	最小值	平均值	最大值	最小值	平均值	最大值	最小值
2020年1月	17.66	238.23	0.0064	10.17	45.11	0.022	1.09	5.53	0.016
2020年6月	18.28	249.59	0.0064	10.35	46.27	0.022	1.24	5.53	0.016
2020年12月	19.99	246.66	0.0064	9.03	45.84	0.022	0.94	3.67	0.016
均值	18.64	244.83	0.0064	9.85	45.74	0.022	1.09	4.91	0.016

山东、湖北、四川83家企业中对企业商誉净额进行披露的企业有34家（见表4-8），其中山东20家，湖北6家，四川8家。对2020年1月、6月、12月三个时间点的商誉净额进行整理，山东省一家独大且商誉净额极差较大，从均值来看，山东以18.64亿元的水平远超湖北9.85亿元与四川1.09亿元，但三省均达到了亿元以上的水平。

（三）技术外溢力

技术外溢是指外商投资、跨国贸易等对东道国相关产业或企业的产品开发技术、生产技术、管理技术、营销技术等产生的提升效应。从地域范围内来看，技术外溢力表现为地区内企业的专利水平提高、增加研发投入带来的企业技术水平的提高对地区经济的促进作用。对技术外溢力的分析主要通过研发人员数量、研发人员数量占比、研发投入金额、研发投入占营业收入比例等指标进行反映，表4-9至表4-11分别是山东、湖北、四川三省的研发投入情况，表4-12是2017年山东、湖北、四川三省有效专利情况，表4-13

是山东、湖北、四川三省部分国有工业企业研发投入案例。通过这些数据和案例，能够发现地方国有企业的研发人员数量、投入资金规模、专利获取情况等与地区经济发展水平呈现一致性，这在一定意义上能够反映国有企业的研发会对当地技术进步，从而经济发展产生一定的溢出效应。

表 4-9　2018—2020 年山东国有工业企业研发投入情况

	2018 年 均值	2018 年 最大值	2018 年 最小值	2019 年 均值	2019 年 最大值	2019 年 最小值	2020 年 均值	2020 年 最大值	2020 年 最小值
研发人员数量（人）	915	6780	26	990	7504	45	1066	5485	47
研发人员数量占比（%）	11.35	39.03	0.13	11.85	38.97	0.14	11.71	40.12	0.15
研发投入金额（亿元）	4.83	64.94	0.02	5.45	73.47	0.05	6.66	82.94	0.05
研发投入占营业收入比例（%）	2.65	6.29	0.07	3.08	7.78	0.08	3.26	8.70	0.08
研发投入（支出）资本化的金额（亿元）	0.63	8.90	0.00	0.47	7.77	0.00	0.52	6.63	0.00
资本化研发投入占研发投入比例（%）	10.29	85.27	0.00	9.50	87.44	0.00	9.84	87.62	0.00

表 4-10　2018—2020 年湖北国有工业企业研发投入情况

	2018 年 均值	2018 年 最大值	2018 年 最小值	2019 年 均值	2019 年 最大值	2019 年 最小值	2020 年 均值	2020 年 最大值	2020 年 最小值
研发人员数量（人）	910	6298	61	910	6559	5	1028	7054	17
研发人员数量占比（%）	13.54	41.86	3.84	13.59	43.23	0.16	12.10	44.13	0.58
研发投入金额（亿元）	3.43	25.40	0.02	4.13	28.43	0.02	4.69	31.23	0.05

续表

	2018 年			2019 年			2020 年		
	均值	最大值	最小值	均值	最大值	最小值	均值	最大值	最小值
研发投入占营业收入比例（%）	3.87	10.48	0.39	4.19	11.53	0.03	4.44	14.82	0.09
研发投入（支出）资本化的金额（亿元）	0.25	2.45	0.00	0.44	5.10	0.00	0.50	5.45	0.00
资本化研发投入占研发投入比例（%）	3.59	23.39	0.00	6.28	33.42	0.00	2.59	17.45	0.00

表 4-11　2018—2020 年四川国有工业企业研发投入情况

	2018 年			2019 年			2020 年		
	均值	最大值	最小值	均值	最大值	最小值	均值	最大值	最小值
研发人员数量（人）	756	3754	15	746	4093	2	747	3615	27
研发人员数量占比（%）	11.31	34.67	2.57	11.65	35.73	0.60	11.26	36.22	1.07
研发投入金额（亿元）	3.25	19.56	0.0058	3.28	21.43	0.0079	3.79	25.12	0.0044
研发投入占营业收入比例（%）	2.66	7.74	0.06	2.80	8.44	0.07	2.53	8.08	0.02
研发投入（支出）资本化的金额（亿元）	0.51	6.29	0.00	0.36	5.54	0.00	0.47	6.23	0.00
资本化研发投入占研发投入比例（%）	10.29	32.16	0.00	3.40	25.84	0.00	16.61	96.34	0.00

表 4-12　2017 年山东、湖北、四川专利有效情况

单位：件

	有效专利	发明	实用新型	外观设计
山东	46389	12858	27096	6435
湖北	16410	6690	8340	1380
四川	32850	9063	15756	8031
合计	95649	28611	51192	15846

表 4-13　2020 年山东、湖北、四川三省研发投入案例

	兖州煤业	山推股份	中国重汽
山东	集团以促进产业结构优化升级为宗旨，以主导产业核心技术突破为重点，坚持"企业主体、内外联合、产业结合、提升创新、突破关键、跨越发展"原则，提出以"生产自动化、产品高端化、技术自主化、管理信息化、发展低碳化、经营国际化"为目标的企业创新发展战略，提高自主创新能力，建设创新型企业。2020 年，完成科技成果 86 项，其中 23 项达到国际先进水平，荣获技术专利 187 项，获省部级科技奖励 30 项。截至报告期末，集团研发人员 2596 人	2020 年，公司进行的重大的研发项目均获得较大成效。参与制修订国家标准 1 项、行业标准 4 项；推进 4 项国标、2 项行标国家报批，2021 年发布；2020 年有 1 项国标、2 项行标已发布实施；全年制修订企业标准 78 项；申请专利 134 件，其中发明专利 29 件，授权专利 161 件，其中发明专利 17 件，登记软件著作权 4 件，并完成三方检测。2020 年度，公司研发投入 25157.20 万元，占公司 2020 年经审计归属于母公司的净资产和营业收入比例分别为 7.17% 和 3.54%	2020 年，公司积极融入山东国资国企系统，聚焦新旧动能转换，发挥科技创新引领作用，加快推动公司做强做优做大步伐。截至本报告期末，公司及权属企业共计获得有效授权专利 133 件，其中发明专利 33 件，实用新型 56 件，外观设计 12 件，软件著作权 32 件。公司对三个环保单位实施业务整合，成立新环保公司，聚焦新旧动能转换，致力于环保节能、降耗减排、能源循环利用等领域的智慧化信息化、高端装备制造、高性能新材料开发、关键技术研究，发挥科技创新引领作用，强化高质量技术创新供给，推动加强公司环保产业可持续发展能力建设

续表

	湖北宜化	长源电力	华工科技
湖北	为降低单位产品消耗，减少污染物排放，提高安全生产水平，报告期内，公司投资3.26亿元实施了包括合成氨生产新技术、保险粉提产降耗关键技术、中低品位磷矿生产高品质磷酸二铵关键技术、磷石膏晶型调控制备复合石膏关键技术、重点行业汞污染减排关键技术、回收季戊四醇常压装置内挥发的甲醛气体技术等20多个研发项目，充分发挥了装置生产能力，降低了企业生产成本，提升了行业竞争力	公司所属汉川一发为提高水冷壁高温防腐蚀能力，提高机组运行可靠性，进行了应用堆焊技术缓解高温腐蚀的研究项目。公司所属生物质公司为提高气化炉经济效益，进行了燃煤耦合生物质发电的研究。通过测试多种生物质燃料，在满足安全运行的前提下，适应不同的反应温度、风量匹配等对燃气转换效率、品质的影响，寻求经济效益高的燃料品种，同时优化运行状况，提高气化炉经济效益	公司围绕市场、客户需求，通过引导重点新产品新技术研发创新，2020年度累计完成专利申请270件，计算机软件著作权登记72件，主持、参与标准制、修订11项（其中国际标准1项），实现知识产权数量与质量的双重提升。传感器业务顺利通过国家知识产权贯标体系复审，国家知识产权示范企业建设再添佳绩，知识产权管理显成效
	攀钢钒钛	五粮液	北清环能
四川	2020年，公司紧紧围绕科技创效及打造最具竞争力的钒钛产业目标，开展科技创新各项工作，研发投入3.80亿元，占营业收入的3.59%。在强化基础管理，创新体制机制的基础上，努力抓好工艺技术优化升级、新产品开发及产品品质提升。公司高炉渣提钛低温氯化项目已基本实现连续长周期运行，本年度资本化研发投入大幅降低	2020年度，公司继续围绕浓香型白酒固态发酵微生物资源研究及应用、浓香型白酒固态发酵副产物资源化利用、浓香型白酒固态发酵功能风味物质研究及应用、酒类食品风险评估、酿酒智能化技术研究及应用、酒类分析技术研究与应用、浓香型酿酒新工艺研究与应用以及新产品开发等方面开展研发工作，为公司在供给侧改革过程中提供基础性支撑作用	公司专注于创新、数字化及研发中心，致力于将自身打造成服务于集团的集约式服务赋能中心，通过数字化和物联网平台产品赋能业务，从而提升集团及各子分公司的生产、运营效率及外部竞争力，实现企业长期利润最大化，成本最小化的长远战略规划。以工业物联网为核心，提供平台以及行业服务，充分挖掘生产数据价值，帮助客户提升生产透明度和运营效率，携手客户打造一个数字化的未来

（四）社会引领力

国有企业作为中国特色社会主义重要物质基础和政治基础，必须切实履行社会责任。向公众公开透明地展示企业履行社会责任的经验和成效，既有利于增强企业的知名度和公信力，也有利于企业更加积极主动履行社会责任，推动企业和社会良性互动。以ESG来说，由于ESG更多的是企业内部决策，因此，往往需要企业公布自身的ESG信息来向社会传递公司履行生态责任的努力程度，也是为了对其他非ESG公司传递一种信号，必然会产生重要的示范引领作用。

我国从2003年开始在环境法律法规的层面要求企业进行环境信息公开。当年9月，国家环保总局发布的《关于企业环境信息公开的公告》，成为我国第一个有关企业环境信息披露的规范，要求相关企业披露其环境保护方针、污染物排放总量、企业环境污染治理、环境守法、环境管理等在内的5类信息。2007年4月，我国发布《环境信息公开办法（试行）》，明确要求企业公开相关环境信息。2014年4月新修订的《中华人民共和国环境保护法》以法律的形式，对公司披露污染数据以及政府环境监管机构负责公开的信息作了明确的规定。[1] 尽管总体来看，越来越多的国有企业主动披露环境信息，而且国有企业环境信息披露相比非国有企业仍然较好，但从国有企业总体来看，还有很多国有企业没有进行相关披露。根据中国上市公司协会和中证指数公司编写的《中国上市公司ESG发展白皮书》（2021）的研究，近年来我国A股上市公司ESG信息披露水平逐年提高，其中从公司类型来看，国有企业和大企业ESG信息披露程度更高一些，而国有上市公司中近半数都作了信息披露，而非国有企业上市公司则只有12%进行了信息披露。[2] 另统计，我国ESG优秀企业500强2020年净利润总额为43349亿元，占A股

---

[1] 参见兴业研究：《上市公司ESG披露、评估与应用》，中国金融信息网，2017年4月12日，见 https://www.cnfin.com/greenfinance-xh08/a/20170413/1699269.shtml。

[2] 《〈中国上市公司ESG发展白皮书〉（2021年）在京发布》，2021年12月18日，见 https://www.sohu.com/a/509623400_114984。

总利润44328亿元之比为97.7%，反映出关注环境保护，推动人与自然和谐共生，成为我国企业的共同选择。①

在环保信息披露方面，从整体来看，多数国有企业社会责任报告的编制参照GRI《可持续发展报告指南》来进行，因此，环境保护的信息一般都成为社会责任报告的披露重点之一。从2020年社会责任报告披露情况来看，山东省分别有华电国际、兖州煤业、山东黄金、青岛啤酒、海信视像、山推股份、浪潮信息、潍柴动力8家企业公开了社会责任报告，四川省有4家，分别为攀钢钒钛、兴蓉环境、五粮液、中铁工业。湖北省有2家，分别为东风汽车、烽火通信。而在2019年，山东有38家企业在社会责任报告中披露环境和可持续发展的相关信息，而四川和湖北则分别是26家和19家。在披露公共关系和社会公益事业方面，山东有25家企业进行了公开，而四川和湖北分别是26家和19家。在披露社会责任制度建设及改善措施等方面，山东有6家企业进行了相关信息披露，而四川和湖北分别是5家和2家。此外，经过查阅相关资料，2019年，山东、湖北、四川三省国有上市企业中，共有46家国有企业在其公司理念中包含有环保理念，18家包含有具体的环保目标，42家制定了环境保护的管理制度体系，15家开展了环保教育与培训，23家开展了环保专项活动，57家建立了环保事件应急机制，18家获得过各类环保荣誉与奖励，27家建立了建设项目中防治污染的设施与主体工程同时设计、同时施工、同时投产使用的"三同时"制度。

在承担生态保护的社会责任方面，山东、湖北、四川三省国有工业企业主要围绕开展生态保护与建设、设置生态公益岗位与建立生态保护补偿方式等方面展开，三省16家企业报告共向贫困地区投入医疗卫生资源的金额为2119.45万元，生态保护投入金额为4478.99万元，这16家企业分别为中油资本、华电国际、山东黄金、青岛啤酒、攀钢钒钛、川投能源、东方电气、

---

① 《山东黄金集团入选"中国ESG优秀企业500强"》，2021年12月10日，见http://gzw.shandong.gov.cn/articles/ch00049/202112/8e6c1ff4-510d-4d10-bfe0-2a015c4ba780.html。

中铁工业、泸州老窖、广安爱众、西昌电力、宜宾职业、湖北能源、新洋丰、兴发集团及烽火通信。

在转移就业方面，2019年，三省各国有上市公司共计投入职业技能培训709.92万元，对13448人开展职业技能培训，帮助1395人建档立卡实现就业，帮助搬迁户就业458人，较好地履行了社会责任，树立了良好的企业形象（见表4-14）。

表4-14　2019年山东、湖北、四川帮助转移就业成效

	职业技能培训投入金额（万元）	职业技能培训人数（人次）	帮助建档立卡贫困户实现就业人数（人）	帮助搬迁户就业人数（人）
山东	226.64	5114	640	106
湖北	177.5	2228	100	143
四川	305.78	6106	655	209
共计	709.92	13448	1395	458

在兜底保障方面，2019年，山东省8家、四川省15家国有上市企业在社会责任中进行了披露，23家企业共计帮助"三留守"人员578人，合计投入145.86万元，帮助贫困残疾845人，共计投入65.21万元，定点扶贫工作投入金额1.39亿元，扶贫公益基金投入1.36亿元，为我国脱贫攻坚作出了重要的贡献（见表4-15）。

表4-15　2019年山东、四川兜底保障工作成效

	山东	四川	合计
"三留守"人员投入金额（万元）	103.41	42.45	145.86
帮助"三留守"人员数（人）	166	412	578
贫困残疾人投入金额（万元）	49.13	16.08	65.21
帮助贫困残疾人数（人）	195	650	845

续表

	山东	四川	合计
东西部扶贫协作投入金额（万元）	1.0	0.3	1.3
定点扶贫工作投入金额（万元）	1710.65	12165.35	13876.00
扶贫公益基金投入金额（万元）	557.00	13040.04	13597.04
列报项目公司数量	8	15	23

在企业环境与可持续发展情况方面，2020年，山东8家企业对自身节能减排、保护环境的情况进行了披露，湖北有6家企业进行了披露，四川有3家企业进行了披露，表4-16至表4-18。虽然这些企业根据自身的业务特点，所披露的指标不尽一致，但多包括环保投入、污染物排放、环保违规事件发生率等，反映了企业在环境保护方面所做的努力。从披露的这些主要指标来看，许多国有企业多项指标表现突出，反映了这些企业在环保领域的成绩斐然，也为经济绿色发展起到了重要的引领示范作用。

表4-16　2020年山东省国有工业企业环境与可持续发展披露情况

企业	项目内容	数据
华电国际	炉渣综合利用率	91.7%
	脱硫石膏综合利用率	92%
	环保投入	18280万元
	粉煤灰综合利用率	88.9%
兖州煤业	环境污染事故	0起
	危险废物合规处理率	100%
	公司煤矸石、粉煤灰及炉渣综合利用率	100%
万华化学	污染物排放	0次
	废盐水回用率	100%

续表

企业	项目内容	数据
山东黄金	选矿回收率	94.65%
	采矿回收率	94.8%
东阿阿胶	减排及环保日常管理费用	416.8万元
	废气、废水治理工程投资	142万元
	环保违规事件	0起
	生产废渣综合利用率	95%
金岭矿业	环保行政处罚	0次
	危险废弃物安全处置率	100%
	全年污染事故	0次
	环保投入	12亿元
中航沈飞	环境污染事故	0起
	环境违法行政处罚	0起
潍柴动力	无害废弃物循环使用	39121吨
	有害废弃物循环使用	9007吨

表4-17 2020年四川省国有工业企业环境与可持续发展披露情况

企业	项目内容	数据
攀钢钒钛	环保投入	1.4亿元
	环境污染事故	0起
	循环水利用率	95.21%
	固体废弃物利用率	76%
川投能源	环境污染事故	0起

续表

企业	项目内容	数据
兴蓉环境	出厂水质合格率达	100%
	垃圾焚烧发电量	52926万度
东方电气	余热利用率	62%
中铁工业	环保设备等专项环保检查	32次
	整改各类环境保护问题	23项
	有害废弃物处置率	100%
西昌电力	环境污染事故	0起
	节能灯使用率	100%

表4–18　2020年湖北省国有工业企业环境与可持续发展披露情况

企业	项目内容	数据
东风汽车	安全隐患整改率	99.6%
	环保投入	1062万元
	粉尘、毒物、噪声等危害因素检测综合达标率	84.4%
光电股份	环境污染事故	0起
	被上级环保主管部门、媒体通报事件	0起
航天电子	环境污染事故	0起

综上所述，近年来，在党和政府大力宣传生态文明，呼吁推动生态环境保护，鼓励绿色发展的过程中，许多国有企业积极履行生态责任在内的社会责任，加大环境保护投资，加强企业环境管理和绿色转型，大力探索生态产品价值实现的路径，努力以生态环境保护推动企业发展、精准扶贫、经济转型等，展现了国有企业独特的制度优势和治理优势。无论是中央企业还是地方国有企业，无论是单个国有企业还是国有企业群体，无论是具体的企业行

为还是地方经济发展的整体效果，国有企业在推动经济绿色发展的过程中，展现了自身的优势，作出了相应的探索和贡献，发挥了重要作用。当然，客观来看，我国国有企业众多，行业分布广泛，经营各具特色，管理水平也有较大差异，因此，不是所有的国有企业都进行了生态环境保护在内的社会责任报告披露，也不是所有的国有企业都是资源环境依赖性企业，也很难要求所有企业都成为"绿色国企"和绿色发展的引领者，但众多国有企业已经展现出的绿色发展探索和绩效，表明了国有企业可以也应该成为企业自身绿色转型和带动经济绿色发展的重要贡献者、参与者、引领者。

第五章　国有企业促进绿色经济发展的制约因素及原因分析

建设生态文明，实现绿色发展，是关系人民福祉、关乎民族未来的长远大计。从新中国成立前在苏区、解放区等强调治山理水，到新中国成立后关注生态环境保护，再到改革开放后日益加强生态环境治理，从2002年党的十六大提出"推动整个社会走上生产发展、生活富裕、生态良好的文明发展道路"[①]，到2003年中央提出建设山川秀美的生态文明社会，再到2007年党的十七大报告明确提出"生态文明"概念，从2012年党的十八大报告中，党中央把生态文明建设纳入中国特色社会主义事业"五位一体"总体布局，再到2017年党的十九大把生态文明建设写入党章，再到写入宪法，生态文明建设、绿色发展理念成为我国经济社会发展的重要方向。

推动我国经济走绿色发展道路，是习近平新时代中国特色社会主义思想的重要内容，也是我国经济高质量发展的内在要求。绿色发展也是化解区域发展与资源环境主要矛盾，推动生态文明建设的基本途径和有效方式。[②] 实现经济绿色发展，必须建立在企业转型的基础上。国有企业作为我国社会主义市场经济的重要微观基础，在经济绿色发展转型的过程中，无论是企业自身发展，还是贯彻落实中央的决策，都需要积极融入生态文明建设过程中，通过积极履行生态责任，加强绿色管理，进行技术创新，不仅对企业自身发

[①] 中共中央文献研究室编：《十六大以来重要文献选编》（上），中央文献出版社2005年版，第15页。

[②] 胡子明、李俊莉：《中国绿色发展研究现状及趋势分析》，《经济研究导刊》2020年第8期。

展壮大，做优做强做大国有企业和国有资本，而且对全社会的绿色发展具有重要作用。但客观来看，我国国有企业在促进经济绿色发展方面仍然面临一些制约因素。

第一节　国有企业外部因素

任何一个企业组织都不是孤立的，都是在社会经济网络中生存和发展的。在社会主义市场经济中的企业，虽然是独立经营、自主决策、自负盈亏的市场组织，但也受到社会政策、思想观念、技术水平等外部因素的影响。从绿色发展来看，国有企业履行生态责任，实现绿色转型也面临一些外部的现实制约。

一、国有企业的产业布局决定了其生产经营受到资源环境影响较大

企业的行业布局结构是影响企业生产经营行为环境绩效的重要内容。行业布局结构是指国家或者地区范围内产业生产力的空间分布与组合结构的经济现象，动态表现为资源与生产要素在各产业以及各企业的流动、转移或重新组合的配置与再配置过程。行业布局的合理与否会对国家或地区经济优势的发挥产生影响，进而造成经济发展绩效的差异。从经济绿色发展视角来看，如果企业的主导产业分布于资源开发、能源依赖、高排放、高废弃物等行业，则该类企业的资源环境影响大，在绿色转型的过程中，面临着生态环境的约束大，不仅影响企业的生产经营，甚至会影响企业的生存。如果一个区域或地区的产业主要集中在资源开发、能源依赖、高排放、高废弃物等行业，则该区域或地区的经济发展表现为粗放的发展，在绿色转型的过程中，转型压力大，经济发展的环境绩效差。反之，则该企业、该地区绿色发展转型的压力小、难度低、见效快，动力也更足。

从国有企业的行业布局来看，我国国有企业广泛分布在三大产业，尤其

第五章　国有企业促进绿色经济发展的制约因素及原因分析

以资源的开采加工等工业产业领域为主。这使国有企业自身的绿色转型以及发挥示范引领作用推动经济绿色发展面临一些现实约束。具体来说，导致这种现象的原因主要包括以下几个方面。

一是资源依赖型产业领域中的国有企业面临产业调整的制度约束。从我国国有企业布局来看，尽管国有企业在三大产业都有分布，但总体来看，国有企业多分布于资源依赖型的上游产业，如矿产开发、金属冶炼、电力、能源、交通等基础产业。从制度设计上来看，我国也规定国有企业国有资本要服务于国家战略目标，要更多投向关系国民经济命脉和国家安全的重要行业和关键领域。很显然，控制上游基础产业是发挥国有经济主导作用的重要途径，也是国有经济国有企业服务国家战略目标的重要抓手。同时，在我国国有企业改革过程中，为了使国有企业更好地履行职能，专注主业，大部分国有企业都明确了所在行业布局的主业，企业自身必须聚焦主业，不能偏离主业，因此，国有企业的产业布局具有一定的"黏性"，不能自由地进行产业选择和行业布局调整，这事实上对于处于资源依赖型产业的国有企业来说，存在产业依赖。

二是资源依赖型产业中的国有企业面临产业转型的成本约束。由于国有企业大多分布于资源依赖型产业，在环境规制越来越严格的背景下，这些国有企业面临较多的产业转型压力。虽然从理论上来说，通过技术进步、管理改善、产品（原料）替代、产业转型等途径，这些资源环境依赖型产业领域中的国有企业存在摆脱产业约束以及传统发展模式的路径依赖的可能性，但客观来看，一方面，无论是技术进步、管理创新、产品（原料）替代还是产业转型，都面临很多的不确定性，存在很大的风险，需要一个相对较长的过程，不可能在短期实现调整，而且存在进入和退出的"门槛效应"，企业在某个行业经营时间越长越有路径依赖，这对国家或地区来说是"资源诅咒"，对企业来说是初始投入资产会随着专注于某一产业的时间越长越具有专用性，这种资产既包括企业的有形资产也包括人力资本、企业品牌等无形资产，这使得国有企业进行产业转型的成本高，从而缺乏动力。

三是资源依赖型产业中的国有企业产业转型面临市场环境约束。任何企业只是社会化大分工的一部分，是产业链中的一个环节或节点，企业的产业选择和转型具有路径依赖，也受到所处市场环境的制约，必须产业链上互补、技术上可行，商业上盈利，否则企业正常的生产经营不可能进行，企业转型更难以成功。在我国从传统经济发展模式向绿色发展模式转型的过程中，国有企业所在产业的上下游、市场经营中的各种商业伙伴关系都相互影响相互制约。从我国经济发展历程来看，由于过去我国社会的主要矛盾是人民群众日益增长的物质文化需要同落后的社会生产力之间的矛盾，为了解决这一矛盾，让中国从贫穷走向温饱再到富裕，我们采取的是经济增长优先的发展战略，关注经济增长速度，努力做大蛋糕，而这需要通过不断实现工业化、城镇化，通过采取粗放的发展方式来实现。而工业化城镇化确实是短时间内使经济迅速发展并积累大量剩余财富的"快捷"方式，大多数国家的工业化道路都是通过粗放式工业化发展实现城市化繁荣与高速经济增长，因此，粗放的发展方式容易受到处于经济相对落后的国家青睐，也会形成粗放型产业发展的市场格局，而这种市场格局往往会导致资源过度开发、粗放利用和奢侈消费，进而形成温室效应、雾霾天气、环境污染、资源枯竭等生态环境问题。如果市场中的某一个企业率先进行绿色转型，则会受到缺乏相应的产业链配合的制约，比如更高质量更加环保的零部件无法采购、机器设备无法制备、产品市场狭小、配套服务滞后等问题。因此，为了更好地适应企业生产经营的市场环境，保障生产经营顺利进行，保持较好的市场势力，就需要国有企业以当前的市场环境来进行生产经营决策，从而缺乏足够的创新动力和创新绩效。此外，有些国有企业在市场竞争中具有垄断势力，可凭借垄断地位持续性获取超额经济利润，从而缺乏转型升级、发展绿色经济的内生动力。[①]

[①] 郭砚莉、汤吉军：《经济新常态下国有企业绿色发展研究》，《长白学刊》2017年第5期。

二、推动经济绿色发展的制度供给不健全

制度是影响人们行为的规则，合理的制度安排，可以依托限制行为选择的边界有效化解制度客体之间矛盾，激发符合制度预期的行为选择。现代市场经济中的企业行为，都是在一定制度规则下的理性选择。因此，企业的生产经营决策可以看作既定制度供给下的被动反应。从绿色发展来看，环境保护与绿色发展制度的缺陷与缺失，是国有企业推动经济绿色发展的重要制约因素。

环境资源作为典型的公共产品，仅仅依靠市场自发作用，往往容易导致市场失灵的结果，须进行必不可少的政府管制与协调。著名经济学家布坎南指出，若无合理适当的法律与制度安排，市场不会产生任何体现价值极大化意义上的效率—自然秩序。[①] 而绿色发展显然是能够实现人类整体福利极大化的理性选择，但个体理性并不必然会导致集体理性，集体理性也不是个体理性的简单加总。因此，绿色发展，特别是经济绿色发展很难依靠市场主体的自发理性选择来实现，必须依靠相应的绿色制度供给来保障。习近平总书记也多次强调，"只有实行最严格的制度、最严密的法治，才能为生态文明建设提供可靠保障"[②]。但总体来看，我国现有经济绿色发展的相应制度供给仍存在不足，仍然滞后于社会经济转型发展需要。身处该宏观背景下的企业，包括国有企业，缺乏促进绿色发展的积极性与主动性，亦欠缺自主调整绿色化发展的制度刚性约束。具体来说包括以下几个方面：

（一）自然资源制度不健全

自然资源是经济发展的基础和重要条件。虽然我国过去被认为地大物博、资源丰富，但对于14亿多人口这一庞大基数来看，我国许多自然资源天然储备相对不足，人均占有量相较其他国家处于劣势地位。较少的资源人

[①] [美]詹姆斯·布坎南：《财产与自由》，韩旭译，中国社会科学出版社2002年版，第7页。
[②] 《习近平谈治国理政》第一卷，外文出版社2018年版，第210页。

均占有量条件下要实现经济高质量发展，必须提高资源利用效率，而资源利用效率高低除了技术上的制约外，很大程度上都受到制度的影响，从某种意义上来说，技术变革也是制度诱导的结果。

从我国现实来看，我国自然资源制度仍然不健全，比如，一些公共资源产权界定不清、边界模糊，资源监管存在难题，资源开采流程不规范，资源开采管理欠缺，自然资源定价机制不科学，环境污染者惩罚不够、环保行为激励不足等问题仍然存在，造成严重的资源浪费与生态破坏，导致我国面临的资源环境约束日益凸显。我国国有企业行业布局中多位于产业的中上游，企业自身的经营发展很大程度上依托自然资源的开采与供应。比如矿山开发领域，虽然矿山开发直接作用于矿山资源，但是矿山开发后的生态修复等责任以及治理费用是否由开发企业自身完全承担，如果完全由矿山开发企业自己承担，必然会抬高作为初级产品的矿产品价格，对中下游产品价格形成传导机制，推高整个产业链的价格。如果矿山修复的责任由其他社会主体承担，根据矿山开发中对自然资源破坏程度进行差异化征税或采用生态环境破坏保险等方式，则可能实现生态责任的分摊。从当前来看，自然资源制度不够健全，一定程度上削弱了企业开发利用自然资源的约束作用，无序开采、乱开乱采、利用不足、资源浪费、生态破坏等事故频现，不尽科学合理的资源利用方式与国有企业肩负的绿色发展目标背道而驰。资源回收改造与资源替代是破解资源困境的有效方式，然而我国现行的资源管理制度对于改造技术的保护力度不足，同时对绿色、替代产品和技术的支持力度不够，导致国有企业资源利用与保护意识淡薄，绿色发展之路道阻且长。自然资源保护和开发利用领域中绿色发展的制度供给不足成为抑制国有企业绿色经济的重要因素。

（二）环境保护制度不完善

资源环境生态在消费上具有即时性、短期性和私有性，但是在治理上却具有积累性、滞后性和外部性，因此，资源环境生态一旦破坏后进行恢复和治理面临着许多新的矛盾和问题。要实现绿色发展需要从源头上推动生态环境保护。生态环境保护的过程本质上也是改变其利益相关者利益分配布局的过程,需要依靠最严格的制度最严密的法治来保障。

从国有企业来看,我国国有企业在推动生态环境保护、加大生态修复和环境治理等方面进行不懈探索,取得了明显成效,涌现了许多典型经验和做法,这既得益于国有企业领导人员深入贯彻习近平生态文明思想,推动生态环境保护的自觉,也得益于我国生态环境保护制度的不断完善。但客观来看,我国生态环境保护制度仍然存在一些不完善的地方,比如生态环境保护制度中法律法规等不断出台完善,但企业层面的生态文化建设、生态理念培育、生态行为规范等仍然相对较弱,企业环境保护行为受到的负向约束较多,而正向激励不足,对企业环境破坏行为管制的行政化手段较多,市场化手段不足等问题仍然存在,这在某种程度上制约了各类企业参与生态环境保护、促进经济绿色发展的效果。特别是一些国有企业产业布局于产业链上游,其生产经营行为对生态环境依赖性较大,而国有企业在产业链中的市场优势、技术优势、规模优势等使其环境治理成本容易向外转嫁。由于绿色发展具有强烈的外部性,为了推动绿色发展导向的转型,需要国有企业开展大量的绿色技术创新,但在专利保护制度不完善的条件下,绿色技术创新的制度支持力度不足,带来科技研发经济效益偏低的弊端凸显,削弱了国有企业开展创新绿色技术研发的积极性,限制了绿色"引擎"助推企业转型升级、实现高质量发展的步伐。

以生态补偿为例,对生态环境保护行为主体提供生态补偿是激励各种市场主体积极提供生态保护服务、加快生态产品供给、开展绿色转型的重要手段。生态补偿作为一种市场化环境治理措施,可以通过对环境保护正外部性行为的供给激励机制、环境改善受益者的社会参与机制、提高资源利用效率改变传统发展模式纠偏机制等为绿色发展转型提供有效的引导。客观来看,我国生态补偿制度虽然也进行了不少探索,制度供给创新和实践创新不断涌现,但我国目前所推行的生态补偿制度仍然存在一些问题,比如补偿依据不明确、补偿标准不明晰、补偿主体和受偿主体不清晰、补偿方式单一、资金筹集渠道比较窄、生态补偿效应有待分析、生态补偿监管体系仍不健全等问题，这客观上使生态补偿机制没有被有效地运用，也没有发挥出应有的激励约束效应，客观上也制约了国有企业参与生态文明建设、率先绿色转型、推动绿色发展的热情与积极性。

（三）公众参与监管机制不足

公众是推动生态文明建设的重要力量。无论是西方生态环境保护运动的兴起，还是我国生态文明建设不断取得成效，广大公众的积极参与是重要原因。从国有企业的实践来看，由于生态环境保护具有明显的外部性，而企业决策是建立在企业内部信息基础上的专业化行为，因此，仅仅依靠政府作为股东利益代表的监督以及生态环境监管机构作为环境保护执法机构的监管，有时确实很难掌握企业决策的全部信息，包括企业履行生态责任的信息。但是企业决策的信息总是会通过各种形式展现出来，这时依靠广大公众的力量，把分散呈现的信息进行有效甄别汇总，一定程度上可以有效弥补股权监督和执法监管的不足，能够发现企业履行生态责任方面的"机会主义行为"，督促企业更好地推动绿色转型。

从当前来看，尽管我国也有很多法律法规保障公民的环境参与权，比如1989年制定、2014年修订的《中华人民共和国环境保护法》第五条就明确了"环境保护坚持保护优先、预防为主、综合治理、公众参与、损害担责的原则"。而且在第五章专门围绕"信息公开和公众参与"进行制度安排，不仅规定了公民依法享有获取环境信息、参与和监督环境保护的权利，各级政府应该依法公开环境信息、完善公众参与程序，为公民、法人和其他组织参与和监督环境保护提供便利，而且明确了重点排污企业应当如实向社会公布环境污染情况，接受监督，公民有权向环境保护主管部门或者其他负有环境保护监督职责的部门举报，还指出接受举报的机关应当对举报人的相关信息予以保密，保护举报人的合法权益。此外，《水污染防治法》《环境噪声污染防治法》《国务院关于环境保护若干问题的决定》等一系列相关制度都鼓励公众参与环境保护工作，检举揭发违反环境保护法律法规的非绿色行为。

但客观来看，我国公众参与环境保护和治理监管的积极性仍然不高，即使有些地方民众面对身边的环境项目或环境污染具有一定参与积极性，也主要是对可能给自身带来的环境损害的担忧，而非出于社会公共利益的思考。其主要原因在于：一是公众参与环境保护缺乏有效的利益引导机制。许多时候公众只有在涉及自身切身利益的时候才会积极参与表达诉求，如果与个人利益关系不大，则往往缺乏积极性。从制度设计来看，我们也没有真正建立起公众参与环境保护与个人利益进行直接连接的制度设计，公众搜集环境信息付出的成本很难获得相应的收益补偿，这使得很多公众存在"事不关己高高挂起"的心态。二是公众的环境保护素养有待提高。环境保护是具有专业化知识的技术行为，面对各种生态环境问题，企业的生产经营行为是否具有污染、污染程度如何、污染物具体是什么、国家相关排放和限值标准是什么、如何进行治理，等等，这些都需要专业化知识，有时候很难通过直观感受来反映，这客观上制约了一部分公众参与环境保护的热情。三是相应的制度设计缺乏细节上的安排。比如，目前我国关于公众参与环境保护发挥监督职责作用的立法已经有较大进步，但在公众参与监督的具体形式、公众获取企业非绿色行为信息后的反馈渠道、公众信息保护、监督信息使用反馈等方面仍然相对滞后，这也客观上制约了公众积极参与环境监督的积极性，也使公众难以发挥监督"催化剂"作用，形成对企业环境保护的舆论压力，无法达到督促企业实施绿色行为发展绿色经济的目标。

三、国有企业绿色发展激励约束机制相对滞后

国有企业作为存在委托代理关系的现代企业组织，如何通过激励约束机制设计调动企业决策者的积极性，是实现作为委托人的政府以及全体人民利益的重要条件。国有企业高管作为行使企业决策权，直接影响企业生产经营的管理者，一方面他们大多是我们党领导下的党员领导干部，具有党员的觉悟和思想的自觉；另一方面，他们也是理性的"经济人"，会根据各种决策的成本和收益进行权衡比较。一般来说，私人收益大于私人成本，私人收益

与企业组织收益具有同向变动关系,也就是实现激励兼容的时候才能够真正有效调动他们的积极性,这就需要建立有效的激励约束机制来规范其行为,使企业家才能得到有效发挥,使企业的决策符合社会整体利益。

从国有企业生产经营的生态环境影响来看,近年来,随着习近平生态文明思想和绿色发展理念的不断深入,国有企业决策者的生态环境意识、履行生态责任、推进绿色转型的积极性主动性能动性不断提高。但客观来看,仍然存在有些国有企业决策者动力不足,慵懒拖沓、消极应对等问题,而这一定程度上在于我国国有企业缺乏相应的激励约束机制,导致推进经济绿色发展的内生动力不足。激励约束机制以员工目标责任制为前提、以绩效考核制度为手段、以激励约束制度为核心,通过财务、职务消费、精神等方式,激发激励约束客体的积极性、主动性、创造性,同时规范客体行为,朝向激励约束主体的既定期望目标前进。行为选择是内在利益诉求外化表现的具体结果,激励约束机制借助物质、精神的刺激改变行为主体内在利益诉求,进而影响经济主体的决策行为。国有企业推进经济绿色发展激励约束机制的设计,在很大程度上决定了国有企业绿色发展的程度,原因在于,不同的绿色发展激励约束机制会对地方政府以及国有企业产生正向或者负向的效果,进而影响其是否积极采取绿色发展实践的决策行为。从经济学角度讲,作为市场中的"理性人",企业的一切市场化行为均为利益驱动。国有企业的经济行为选择与所受精神、物质激励约束紧密相关,激励约束政策的配套设计影响着企业绿色发展的速度,成为探索绿色经济发展动力的重要作用因素。

我国国有企业掣肘经济转型绿色发展的要素,即制度设计层面缺乏有效且实操性强的相关激励措施与约束机制。党的十八大以前,在追求高速增长的过程中,我国在一些地方事实上形成了"以 GDP 论英雄"的社会隐形契约,国有企业的绩效考核机制仍以财务指标增长作为主要指标,绿色增长指标对于晋升影响并不显著[1]。国有企业领导的升迁与职业发展,直接与企业经营

---

[1] 李雪娇、何爱平:《绿色发展的制约因素及其路径拿捏》,《改革》2016 年第 6 期。

紧密捆绑，与环境指标关联不大。国有企业拥有对土地、资金等生产要素的决策权，为自身利益驱动，国有企业领导任期内过度看重企业短期经营效益评判的决策标准，具有轻视环保、以生态代价换取企业短期效益的强烈意愿与冲动。一方面，绿色经济长期发展规划的激励不足，尚未建立成熟完善的绿色经济发展目标责任与考核评价制度；另一方面，针对企业粗放式发展带来生态、环保问题的责任追究以及相关配套法律法规的惩罚处置，尚未建立起完善的真正发挥作用的红线约束机制，没有真正达到刚性约束与不可触碰高压线的效果。由此，国有企业领导任期内缺乏担当社会可持续发展"标兵"的责任感、使命感，消极应对落实企业绿色发展的要求，过分追求企业经济效益，却较少受到源自企业非绿色行为的惩罚约束。国有企业在人为因素的作用机制下，其运行发展过程中实施节能减排和生态保护的积极性不高，更有甚者不惜以破坏生态、透支资源的方式来谋求企业短期利益。长此以往，国有企业难以从根本上激发自身积极性，造成推进经济绿色发展内生动力不足，企业粗放式发展带来的环境挑战日益严峻。

从国际经验来看，一个地方或区域经济要实现绿色发展转型，必须建立起对市场主体的有效率的激励约束机制。以日本为例，在日本经济快速增长的过程中，出现了严重的生态环境问题，20世纪世界"八大环境公害"中有四大环境公害出现在日本。因此，日本从20世纪70年代开始加强环境治理，推动经济绿色转型。到目前，日本不仅成为发达国家，而且主要环境指标均位居世界前列，已经从第二次世界大战后臭名昭著的"公害国"成功转变为如今绿色观念深入人心、绿色经济持续发展的低碳社会，在这一转变过程中，建立健全配套激励约束机制发挥了重要作用。日本在经济高速增长时期，环境污染负外部效应凸显。为兼顾经济增长与环境问题的和谐发展，日本政府多措并举实现绿色经济的阶段性成效。"宇都模式"被称作日本绿色经济实践的代表性案例[①]。宇都作为重点发展煤炭产业的工业城市，煤炭产

---

① 严兵：《日本发展绿色经济经验及其对我国的启示》，《企业经济》2010年第6期。

业发展所产生的负面效应日益威胁居民健康与生态环境。为防止城市环境进一步恶化，日本上下开始着手制定实施"宇都模式"防治对策。实践证明，"宇都模式"成效显著，并在日本范围内全面推广。

"宇都模式"的成功，关键取决于政府对于企业的激励与约束机制。一方面，日本政府明确财政预算，分行业对企业开展绿色转型给予经费支持。《推进循环型社会形成基本法》对相应的财政措施进行了规定，以保证环保经费分配的周全与细致。财政经费对于企业绿色发展的支持，极大激发了企业立足自身发展低碳环保事业的积极性与主动性。另一方面，日本政府在公布《推进循环型社会形成基本法》后，先后出台《促进资源有效利用法》《家电循环法》《汽车循环法》《建筑循环法》等法律法规，明确企业责任。对于企业违反绿色制度规定的行为，政府通过舆论曝光以及惩罚措施的方式进行约束，以较高的成本代价迫使企业主动规范自身行为，加入维护环保事业的队伍当中。如此，企业在充分认识自身承担的社会责任基础上，既有动力开展绿色转型从而获得政府支持，又依托监管红线约束企业非绿色生产和管理等行为，客观上促进了日本经济的绿色转型发展。

第二节　国有企业内部因素

国有企业促进经济绿色发展决策行为不仅受到外部制度环境等因素的影响，还受到企业内部因素的影响。从某种意义上来说，企业决策是企业家运用企业内部资源进行合目的性配置以实现组织效率和目标的过程。企业内部的资源、制度、文化、技术等都直接影响着企业决策的行为及后果。在世界经济不断加快绿色转型的进程中，国有企业要顺应这一潮流和趋势，把绿色转型看作企业成功的重要目标和条件，有效调整优化企业内部资源，使绿色发展目标和企业其他目标实现兼容，是国有企业促进经济绿色发展的重要条件。

一、国有企业存在绿色意识淡薄的现象

思想是行动的先导。企业树立绿色环保意识，看到生态环境保护对社会及企业的价值，认识到企业自身的生产经营对生态环境的影响，这是企业开展绿色决策的基础和前提。只有思想认识上坚定，才能做到行为决策的自觉。

从我国现实来看，绿色意识淡薄，社会履责能力不足，一定程度上制约了国有企业实施绿色发展、建设生态文明的实践步伐。一般来说，随着生态意识的觉醒，特别是绿色消费会倒逼企业关注生态环境保护，形成绿色环保意识。企业环保意识越强，越具备推动经济绿色发展的高度责任感，越倾向于将企业资源投入绿色领域实施环保战略，识别绿色经营的潜在市场机会与收益实效，越有利于企业的发展壮大。从我国国有企业来看，随着我国对生态环境保护越来越重视，环境保护的各种法律法规、政策文件、行业标准等正式制度不断加大供给，以及各种生态环境保护理论、文化、案例等宣传日益广泛和深入，国有企业决策层受到的正式制度和非正式制度影响越来越大，理应形成绿色环保的观念和生态环境保护的意识，但客观来看，有些国有企业决策层对生态环境保护和企业绿色发展重视不足，绿色意识仍然比较淡薄。

从经济学视角来看，企业总是在短期中经营、在长期中规划，于市场中实现生产经营的最终目的——利润最大化。一般来说，扩大生产规模与提高生产效率往往被认为是国有企业实现利润追求的有效途径。首先，在利润最大化目标驱动下，国有企业选择扩大生产规模实现更高数量层级的产品供给，实现销售收入进而企业利润的持续提升。生产规模扩张是导致产能过剩的主要因素，环境污染又伴随产能过剩同步出现。一方面，产品的生产制造依托于原材料开展，这意味产品的生产过程即为消耗资源的过程；另一方面，面对较为稳定的整体需求市场，生产规模扩大引致超额产品供给会加剧供需双方的不平衡现象形成买方市场，未被市场消化的产品失去使用价值变

成无用的废弃物,从而造成经济资源的大量浪费,带来生态破坏与环境污染的二次危害。其次,作为利润最大化另一实现途径——生产效率的提升主要依靠于技术进步与发展。囿于高新技术壁垒,企业发展仍以传统技术驱动开发改造自然服务于利润最大化目标。传统技术的不环保、不安全、反自然的特点,一旦引爆环境破坏事件必将带来不可估量的损失,例如日本福岛的核泄漏事件。综上所述,现有的技术水平下,企业过度逐利导向的生产经营可能会违背绿色发展的初衷。从理性角度出发,国有企业应充分履行环境社会责任,紧绷绿色发展观念与意识,其生产经营活动须基于充分考量自身行为产生的外部环境效应后合理开展,而非完全利益驱动下以负外部效应换取利润的企业行为。然而,现实情况并非如此,企业摒弃环境社会责任意识,在利益驱动下触碰环保红线的事件仍不断出现。其原因可能包括以下几个方面。

一是部分国有企业高管人员绿色意识只停留在表面,没有真正入脑入心。近年来,我国不断加大对生态环境保护的宣传教育,环境保护、绿色发展的各种宣传报道、典型案例、经验做法等不断推出,许多国有企业在企业宣传的时候也把环境保护和绿色发展作为重要的宣传点,企业高管人员也把学习环保知识、树立绿色理念作为自身讲政治的表现,但在某些企业这可能只是一种表象,只是为了传递某些"信号",而非出于内心深处的自觉,并没有真正认识到环境保护和绿色发展等社会责任的意义,把学习停留在表面,流于形式。这可能是由于我们的宣传教育形式单一,缺乏生动活泼可操作性可体验的宣传教育方式方法,也可能对国有企业高管人员进行生态文明教育培训的力度不够,导致各种绿色宣传教育效果不明显。

二是国有企业高管人员绿色发展的制度约束不足,使部分国有企业决策人员把生态环境保护仅作为一种道义或形象工程。从某种意义上来说,国有企业决策人员的环保意识并不缺乏,许多国有企业高管人员在接受各种环境保护宣传教育以及企业培训后,能够辨别自身非绿色行为,清晰地认识到企业生产经营行为对生态环境的影响,认识到自身的资源耗竭式开发、企业行为的环境污染以及生态破坏等相关非绿色行为的后果，理应勇于正视自身的问题，承担相应的责任，否则必然会深陷社会舆论监督的批评、消费者的抛弃及政府环境规制的惩罚，使企业陷入困境之中。但现实中，由于国有企业所在行业多属于资源环境依赖性，有些国有企业在所在行业领域具有一定的垄断势力，传统发展模式下对企业自身生产经营行为的生态环境影响关注不够，缺乏相应的强制性的生态环境保护权责划分，作为委托人的政府相关职能部门缺乏对国有企业生态环境影响的考核，等等，这些因素客观上制约了企业绿色责任意识的形成，导致一些国有企业缺乏绿色责任意识，或者忽视生产经营的生态环境影响，或者出于对利润追逐或路径依赖，对传统粗放的发展模式不愿意改变，安于现状。更有甚者，一些国有企业虽然也宣称认识到生态环境保护的重要性，愿意并积极履行生态环境保护的社会责任，承担生态保护的道义责任或社会责任，但在其高调参与环保公益项目的同时仍选择进行偷偷排污等非环保行为，这种只搞"形象工程"的现象背后，反映了我国国有企业绿色发展的制度约束仍然有待完善。

三是缺乏足够的市场约束使国有企业决策人员面临绿色选择时偏于利益导向。作为市场中的企业，国有企业也是逐利的，实现经济利益成为国有企业决策人员获得代理人资格并获取个人利益的最主要目标，而经济利益受到市场上消费者选择行为的影响，在消费者没有形成绿色消费共识，或者虽然具有绿色消费的意愿，但却受到支付能力等约束不能自由地用"货币选票"为绿色产品、绿色企业提供市场溢价的时候，国有企业就缺乏积极履行生态责任、推动绿色发展的真正动机。也就是说，即使国有企业决策人员虽已具备环保意识，但仍可能难以转变为企业具体的绿色行为，仍然表现为缺乏环境社会责任意识，即缺乏利益驱动下的污染防治与环境保护的自觉行动力，这可能既包含缺乏应对现有环保问题的自我能动性，也包括缺乏寻求各方绿色共赢的外部努力。在缺乏环境保护社会责任意识下，国有企业受传统经营理念影响，为求生存与发展，较少考虑环保问题，认为环境保护与环境治理更多依靠政府以及社会责任，自身履责意识较差，企业行为更多追求利润最大化与成本最小化目标，于"企业小利"与"国家大利益"博弈中选择前者，非绿色行为仍大范围存在。

二、企业产权性质

企业产权性质会影响自身"绿色行为"。产权是经济关系中最强大、最根本的约束条件。从所有权角度出发，可以将企业简单地划分为具备国有成分的国有企业与不具备国有成分的民营企业、外资企业。三类企业的所有权性质不同，在履行企业社会责任、选择发展思路与决策路径等方面也有很大差异。企业的行为取决于自身性质与目标，同时企业的行为选择亦会产生外部效应，进而影响经济、社会与环境。不论是何种类型的企业，都有承担生态责任的现实需要，但企业性质与目标约束的差异则导致生态责任各有不同。国有企业一般是指由中央政府或地方政府等政府出资参与控制的企业，企业行为代表了政府的意志和利益，以实现国有资产保值增值进而达到调控国家宏观经济的目的。国有企业作为特定社会制度、历史条件下的产物，是全民所有制下实现政府职能的重要手段，因此，国有企业理应承担较多的社会责任，履行社会功能。从产权性质来看，国有企业的产权属性决定了其在承担绿色责任方面也具有自身特点。

一是国有企业自身存在的委托代理关系可能因"机会主义行为"而忽视绿色发展。起源于20世纪30年代的委托代理理论认为，企业所有权与经营权相分离，企业所有者保留剩余索取权，让渡经营权由专业化代理人进行企业运营管理，该理论成为现代公司治理的逻辑起点。按照产权理论，企业的实际控制权与剩余索取权分离最低的是民营企业，代理成本较小。当企业是一人的个人业主制企业，也就是由所有者个人独自从事生产经营行为并承担无限责任时，代理成本消失，代理成本为零。而国有企业，尤其是国有独资企业，企业的实际控制权与剩余索取权分离程度最大，代理问题最为严重。我国国有企业的委托代理关系主要分为两个层级：第一，全体人民作为委托人，政府作为代理人；第二，政府作为委托人，国企管理层作为代理人。不言而喻，第二层级的委托代理关系在企业管理中发挥着实质性作用。伴随着代理关系的层层叠加，国有企业管理层的监督与控制难度增加，导致其代理成本远高于民营企业。作为政府部门委派的国有企业高管人员，受代理问题驱动，利用职位便利以及国企资源寻求职务升迁、财富积累、在职消费的意愿强烈。受此影响，如果在缺乏足够有效的外部监管以及内部监督的背景下，而且缺少市场溢价的条件下，有些国有企业高管人员推动绿色发展实现企业经济效益，以保障企业走可持续发展道路的动机较弱。

二是国有企业通过履行生态责任获得更多政治关联的边际效益递减。在政府积极推动企业绿色转型，助推经济绿色发展的背景下，作为市场中的企业组织，通过积极履行生态责任进而向政府传递信号，以建立或深化政治关联是推动各类企业进行绿色转型的重要动力。从企业的产权形式来看，不同产权性质的企业本身与政府的政治关联程度不同，但在主动履行生态责任、推动绿色转型方面，并不存在由产权属性决定的行为偏好。但仅从政治关联来看，国有企业通过履行生态责任以获取政治关联动机时可能存在边际效益递减的效应。

民营企业相较国有企业，往往被认为可能具有借助响应政府提出的履行生态责任、进行绿色转型、推动绿色发展等措施来与政府建立紧密联系、寻求政治保护与支持的动机。从政治关联来看，与政府处理好关系，是世界各国企业发展中的共性特征和规律。一般来说，与国有企业相比，民营企业与政府的政治关联性相对较弱，民营企业的发展往往依靠"单打独斗"，国有企业则依靠国资背景具有天然的政治关联。因此，从加强与政府的政治关联来看，民营企业可能具有两种选择：一是在经济形势良好、市场发展良好，企业盈利和发展顺畅的时候，由于绿色转型会带来额外的成本支出，所以民营企业往往采取"观望"态度，只要能够保证合理的利润，企业就可以采取以拖待变的策略，等待其他市场主体先行动以降低自身探索的风险。二是在经济发展形势低迷、市场形势严峻，企业面临经营困难的时候，获得较多的政府救助成为企业生存和发展的重要条件，这时在国家大力倡导绿色经济发展的大背景下，民营企业响应政府号召开展绿色企业活动的动力就比较强烈。因此，民营企业并不存在必然会积极主动履行生态责任的产权属性。

外资企业相较于国有企业，往往被认为既要遵守母国的相关法律法规，又要遵守投资国的相关法律法规，特别是母国为发达国家的外资企业，由于其在母国受到的环境规制较为严格，企业履行生态责任的社会氛围、具体路径、企业文化等也相对比较成熟，因此，它们进入投资国后，为了获得相应的政治关联，会积极响应投资国对生态环境保护的要求，同时也有助于更好地融入当地市场、提升品牌价值、避免行政处罚等，它们可能在履行生态责任方面具有更多的积极性。但是实际情况可能并不必然如此乐观。不能否认，一些跨国公司具有很好的生态环境保护的理念和企业文化，也形成了相应的制度设计，企业生产经营会自觉地关注环境影响，履行生态责任。但也有一些外资企业，其之所以迁出母国，很大程度上是因为其生产经营高度依赖资源环境，但因母国环境标准高、环境制度严苛而被迫进行产业转移，以降低环境规制成本，保持企业获得最大的利润。国际上"污染避难所"假说已经分析了许多污染产业污染企业通过向国外转移，特别是向环保标准低、环境控制弱的发展中国家转型的方式，客观上造成了环境污染从发达国家向发展中国家的"转嫁"，有些时候甚至有些外资企业通过贿赂、收买等方式，拉拢投资所在国的政府官员以达到减少环境规制的目的。因此，并不能从企业资产的产权属性必然得出外资企业会自觉主动履行生态责任的结论。

与民营企业、外资企业等不同，国有企业是政府参与投资进行宏观调控的重要渠道，国有企业的产权特征使得国有企业与政府之间具有天然的"血缘"关系。虽然现在国有企业改革不断深入，使现在的国有企业与政府之间已经不像科尔奈意义上的"父子关系"，但国有企业与政府的联系仍然非常紧密，在这一产权决定的先天性因素影响下，国有企业有积极履行生态责任，以获取更大的政治关联的动机。但企业绿色转型给国有企业本身带来的强化政治关联的边际收益可能会出现递减，这意味国有企业可能本身不需要寻求过多的政治保护与政策资源支持，因此，国有企业也可能存在履行生态责任、推进绿色转型以增加政治关联与动力不足的问题，这客观上可能会阻碍企业绿色发展的步伐。从现实来看，尽管推动国有企业绿色转型成为重要的政策取向，许多国有企业也积极投身其中，提出打造"绿色国企"的目标，并进行了许多探索。但是总体来看，我国对国有企业的考核体系中仍然偏重于财务指标，对绿色管理、绿色发展相应指标考核权重比较低，有些地方对国有企业甚至没有相应的生态环境指标。在这一背景下，有些国有企业通过积极开展绿色转型的探索，以体现企业的社会责任，也是对政府绿色转型的积极响应，并通过成为典型获得更多的政治关联。但客观来看，与国有企业公有产权属性决定的政治关联相比，有些国有企业的高管人员并没有因为推动企业履行绿色责任而获得更多的有效激励，甚至出现因为加大生态环保投入影响企业短期财务指标而影响绩效的情况，因此，履行生态责任给企业带来的政治关联边际效益是递减的。

三、国有企业绿色技术创新面临约束

绿色技术，是具有外部正效应的有利于节能降耗、环境保护、污染治理、生态修复、资源可持续利用等资源节约型环境友好型的技术与产品的总称。绿色技术区别于一般技术，是适应当前生态环境保护理念的技术，有利于企业生产、经济发展更加绿色环保。伴随着全球环境污染与资源短缺矛盾的日益凸显，依托绿色技术创新实现可持续发展成为必然选择。科学技术是第一生产力，经济绿色转型发展归根结底取决于科学技术的突破。绿色技术的更新迭代，有助于自然力代替传统劳动力，通过高效利用资源代替低效粗放利用资源，通过环保技术取代传统技术，既可以实现财富创造、经济发展和社会进步，又能够减少经济社会发展对资源环境的依赖，实现经济社会发展与生态环境保护的共赢。同时，通过大力推进绿色技术创新，积极发展减量化、循环化、再利用的循环经济，提高资源的利用效率，减少废弃物的排放；通过用清洁能源取代传统化石能源，通过提高生产工艺和产品使用的能效，也有利于发展低碳经济，减缓温室气体排放，形成污染小、能耗低的自

然生态，促进社会经济发展的生态化转型，是实现环境与经济和谐发展的根本途径。

总体来看，我国国有企业近年来不断加大技术创新，国有企业也成为我国技术创新的中坚力量，是我国科技创新新型举国体制的重要特征。从某种意义上说，我国许多基础性、根本性的技术创新主体大多是国有企业，如两弹一星、高铁、核电、量子计算机、墨子号、祝融号、蛟龙号、北斗卫星导航系统、中国空间站、C919飞机，等等，这些创新中，国有企业、国有科研院所发挥着基础性、决定性、主导性作用。在绿色技术研发方面，我国许多国有企业积极履行社会责任，瞄准绿色技术开展创新，通过绿色技术研发，一方面提升企业的产品创新能力，降低企业生产成本，为企业发展提供基础；另一方面也减少对资源环境的影响，为生态环境治理作出贡献。比如，中国石油化工集团有限公司（以下简称"中国石化"）是特大型石油石化企业集团，是国家独资设立的国有公司、国家授权投资的机构和国家控股公司。中国石化作为国企巨头，从2002年开始致力于探索技术革新助力绿色发展。中国石化借助技术升级，仅用时十年就完成了欧美发达国家耗时30年解决的油品升级，使我国的车用汽油均达到国Ⅲ标准。与此同时，中国石化原油加工量在增长108%情况下仍实现了炼油综合能耗下降24%。借助绿色技术发展，中国石化五年内累计节约1444万吨标准煤，二氧化碳减排达3446万吨，水资源节约7.11亿立方米[①]，在能源领域彰显出国有企业"绿色"担当，有力支撑起可持续发展路径。

尽管我国涌现了许多积极履行生态责任、开展绿色技术创新的国有企业，但客观来看，仍然有些国有企业存在技术创新动力不足的问题，特别是在绿色技术方面，仍然发展相对滞后。其原因主要包括：

一是企业作为市场逐利的主体，决策行为受到企业经营利润影响。绿色高新技术的研发，势必要求企业匹配大规模资金投入和技术人员，绿色技术

[①] 蒋南平、向仁康：《中国经济绿色发展的若干问题》，《当代经济研究》2013年第2期。

创新专业素养要求高、研发周期长、沉没成本巨大、市场风险较高、研发不确定性显著，一旦技术研发失败，巨额资金难以回收，将会严重冲击企业资金链进而影响正常经营运转。即便新技术、新工艺得以成功面市，由于知识产权保护仍不完善，可能会产生相似"山寨冒牌"挤占市场，从而削弱研发企业的市场竞争力。出于以上考虑，部分国有企业从理性角度出发，缺乏推进绿色技术生产开发的主动性与积极性。

二是国有企业管理层的任期考核制度可能会影响开展绿色技术创新的进程。国有企业的领导成员一般由政府任命调度，一个任期多为三年至五年。绿色技术的研发生产周期较长，国有企业领导班子的任期一般难以覆盖整个研发周期，往往技术生产周期与企业管理层任期难以匹配。领导成员任期内需要短期业绩的支撑以最大化晋升机会，周期较长的绿色技术研发成功对自身的调动升迁短期内影响甚微，远不如年终考评指标重要。因此，部分国有企业管理层可能缺乏开展绿色技术研发的动力。

三是国有企业科技人员创新活动面临较多的制度束缚。根据著名经济学家熊彼特的观点，创新是一种创造性毁灭。技术创新是一个系统工程，需要有富有创新精神、孜孜以求、精益求精的科研人员，需要有相关产业的配套以实现技术性转化，需要有相应的市场结构以提供技术创新的市场检验，需要有相应的管理制度以激发各创新主体的积极性。科研人员是创新的主体。科研人员的创新是一种创造性劳动，需要自由宽松的环境，需要体现科研人员智力成果的报酬，需要有长周期、持续投入的资金技术支持和制度环境。但相对来说，由于国有企业的制度约束比较强，管理较为严格，各种考核运用和激励机制设计受到很多因素的影响，加上各种巡视、审计等制度约束越来越严格，企业管理人员承担的责任和风险都在增加，出于规避风险的需要，对科技人员的创新活动采取风险规避的态度，通过相应的制度设计进行钳制，往往成为管理者规避风险的重要选择，结果导致国有企业科研人员的创新活动面临较多的制度约束。

四、国有企业绿色治理仍有待完善

公司治理,狭义上讲是指不涉及外在约束条件下的公司内部治理。狭义的公司治理的最终目标是实现企业长期价值最大化,因此重点在于公司内部治理结构的构建与管理,并不关注企业外部履责,表面上与经济绿色发展并无必然联系。但身处建设生态文明、引领绿色发展的时代背景下,企业作为产品市场中的供给者、要素市场的需求者及劳动市场中的岗位提供者,其自身的生产经营活动直接影响经济绿色发展的程度,尤其是规模大、实力强的国有企业,更有责任通过自身活动改善,成为绿色发展的关键行动者。企业作为经济活动的主体,是绿色经济治理的重要实现载体。在绿色发展的外部约束作用下,企业在自身内部治理结构中嵌入绿色理念实现治理结构的"绿化"是大势所趋。所谓治理结构的绿化,即在利益观念转变与外部强约束力驱动下,企业对产品生产与服务的供给,包括原材料、生产工艺、生产过程及最终产品等一系列过程进行"绿化"。

绿色治理是由治理主体参与、治理手段实施以及治理机制协同"三位一体"以期实现建设生态文明、实现可持续发展的"公共事务性活动"。伴随着经济发展的绿色转型,企业利益相关者不仅涉及传统因素,更不断泛化纳入自然环境因素,因为企业行为与环境紧密相连,企业是主要的资源消耗与污染排放主体,理应成为绿色治理的主要参与者、关键行动者。在公司治理与经营活动中,企业应积极贯彻绿色发展理念,推进绿色治理,建立健全绿色治理结构与管理模式,依托组织架构进行绿色管理、培育绿色文化,形成企业内部考核监督、信息披露、风险控制等各方面运转协调、制衡有效的绿色治理架构。

绿色治理理念兴起于公司治理理念的转变。企业是一个涉及股东、员工、供应商、经销商、政府、社区等众多主体的组织,企业的生产经营行为及其经营状态会对与企业相关的不同群体产生不同的影响。而传统意义上的公司理论认为,企业(公司)只是为股东赚取利润的手段,因此坚持股东具

第五章 国有企业促进绿色经济发展的制约因素及原因分析

有最高也是最终决策权的"股东至上主义",这是一种只有股东进行治理的"单边治理"。但随着现代企业制度的发展和公司改革实践的演进,到20世纪后半叶,现代公司治理认为企业不仅仅是股东赚钱的工具,而是通过生产经营及其状态与众多利益相关者发生关系的契约网络,在这一网络中,不同的经营状态会使不同的利益相关者掌握公司的剩余控制权和剩余决策权,从而形成公司治理的"利益相关者理论"。绿色治理本质上是社会责任理论,也是利益相关者理论的引申。绿色治理充分考虑了现有生产力下的生态系统承载力,兼容股东责任与社会责任,实现人与自然、人与社会的包容性发展[①]。一个合理而科学的治理结构设计,能从公司顶层设计层面明确公司绿色发展的愿景、使命、文化与战略规划,并通过治理结构优化调整提供制度保障,这也是提升企业绿色发展水平与可持续发展的基础与关键。

绿色治理作为治理主体、治理机制、治理手段"三位一体"实施产生协同效应的公共事务性活动,在充分考虑生态环境的可承载性条件下,依托创新技术、方法、模式、制度创新等实现经济可持续发展,对追求多重且平衡发展的价值目标具有重要意义,为此国内外众多学者围绕绿色治理主体开展深层次多方位的研究探索,南开大学李维安及其研究团队在公司绿色治理方面作出了较大贡献。李维安及其课题组是国内较早从事公司绿色治理等相关领域研究的专业团队。在绿色治理成为当前公司治理前沿以及我国绿色治理尚处起步阶段的背景之下,李维安带领科研团队发布了全球首份《绿色治理准则》,并研制提出一套科学完善的中国上市公司绿色治理评价指标体系,被称为上市公司治理状况的"晴雨表"。《绿色治理准则》指出,企业是实施绿色治理践行绿色行为的重要主体与关键行动者,应在企业的日常经营与管理当中,将绿色治理的理念有效融合运用,建立考核监督、信息披露、风险控制的全方位一体的绿色发展架构,如制定绿色经营制度、推行绿色生产、承担环保责任、披露环保信息等,实现企业与自然环境的包容性发展。

[①] 李维安、郝臣:《绿色治理:企业社会责任新思路》,《董事会》2017年第8期。

尽管我国许多国有企业积极探索绿色转型，以绿色发展为目标改造公司治理结构，完善公司绿色治理。但客观来看，国有企业推进绿色治理过程中，仍存诸多问题。

一是总体来看，我国国有企业绿色治理仍处于起步阶段。在我国国有企业改革过程中，国有企业由政府的"附属物"转向"市场主体"成为主要的改革逻辑，因此，遵照市场规则、重视财务指标成为国有企业改革的重要方向。在这一过程中，如何处理好公司履行包括生态责任在内的社会责任与公司财务指标变动的关系成为困扰许多国有企业的重要问题。虽然许多国有企业提出打造"绿色国企"，但国有企业绿色治理的治理主体、治理机制、治理手段还在不断探索中，缺乏相应的制度规范，如何在公司治理结构中科学配置代表生态环境要素的利益相关方责权利尚不明确，企业履行生态责任带来的成本支出与企业缩减成本如何协调也难有制度支撑，绿色治理的指标体系仍然没有形成共识，等等，这些问题都表明，我国国有企业绿色治理尚处于探索起步阶段，还需要结合我国和企业实际，开展理论创新和实践创新。

二是绿色治理结构尚未完善。国有企业作为绿色治理的关键主体，仍依托高耗能排放等资源消耗相关主业。国有企业在绿色治理框架建设、绿色文化培育、绿色监督管理、风险控制等方面实践不足，缺乏科学合理的绿色经营制度配套，尚未对企业生产经营的各个环节进行严格的绿色管理，从而未能深入实践环境友好型的绿色治理理念。在国有企业内部，专门的绿色工作领导小组与日常工作机构等并未得到广泛推广，因此效果甚微，更有甚者有些国有企业虽然设立了相应机构，但形同虚设。

三年是国有企业绿色治理的信息披露机制尚未建立健全。近年来，我国积极推进企业绿色转型，推动包括国有企业在内的广大市场主体积极履行生态责任，加强生态保护和污染治理，学界也开展了相关研究，比如李维安教授团队就曾发布《绿色治理准则》，提出了我国上市公司绿色治理评价的指标体系，有效推动了相关的理论研究和实践探索。但客观来看，由于绿色治理很大程度上是企业内部决策信息，需要通过信息披露来验证企业绿色治理的真假与成效，这就需要加强绿色治理的信息披露机制。但从实践来看，目前，国有企业在定期清晰、客观、充分披露企业决策活动及其对环境可能产生的已知或潜在影响方面存在明显短板。部分国有企业存在绿色治理信息披露的随意性，只披露对企业有利的绿色信息，对于企业不利的非绿行为信息要么少披露、要么不披露，导致信息披露不及时、不完全，导致信息不对称，使企业外部监管监督缺少抓手，这种行为如果不能有效遏制，可能会对其他企业提供一种模仿冲动，进而影响企业的行为选择并最终会影响经济绿色发展的进程。

综上所述，国有企业作为国民经济的重要组成部分，经济绿色转型既是机遇又是挑战，也是国有企业特殊社会职能定位下的企业担当，理应成为倡导生态文明建设、助推绿色发展、开创人与自然和谐共生的中国式现代化新道路的重要实践主体。在我国经济从高速增长阶段转向高质量发展阶段后，国有企业在新一轮改革创新中须承担起新的历史使命，兼顾企业利益与社会利益，经济效益、社会效益与生态效益。国有企业应义不容辞地成为引领绿色发展的主力军，服务国家经济绿色发展新战略，切实履行国企担当与责任。国有企业自身绿色转型，通过自身转型促进经济绿色发展仍然面临着内部和外部的制约因素，须破解经济绿色发展的深层难题与障碍，规范企业自身行为决策，积极参与绿色活动，落实创新、协调、绿色、开放、共享的新发展理念，促进经济可持续发展，助力建设资源节约型、环境友好型的生态文明社会，努力探索企业绿色可持续发展的前沿路径。

第六章　国有企业促进经济绿色发展的优化路径

国有企业是我国中国特色社会主义经济的重要组成部分，也是中国经济创造"奇迹"的重要力量，在我国经济社会发展中具有特殊作用。经济绿色发展已经成为世界经济转型的共识，应对全球环境问题，必须从微观上推动企业绿色转型，积极履行生态责任，为世界环境治理、生态保护、资源有序开发、减少资源浪费，提高资源使用效率，降低经济活动的生态环境影响。因此，如何把国有企业的优势与绿色发展的目标导向实现有机结合，必须积极推动国有企业绿色转型，发挥国有企业、国有经济的优势，促进我国经济绿色发展。从理论上来看，国有企业既有主动履行生态责任、率先绿色转型的内在动力，也存在绿色转型的制约因素，关键是如何把这种内在动力转变为企业绿色发展进而推动经济绿色发展的现实绩效。

第一节　完善绿色制度供给

制度是影响人们行为的规则。企业作为市场微观主体，无论是作为决策整体的企业领导层还是作为行使决策权的企业高管个人来说，其决策行为都受到各种制度的影响。国有企业作为一种特殊的企业制度形式，要引导国有企业积极履行生态责任，必须发挥绿色制度供给的作用，通过制度来管理人、管理企业的企业决策行为，进而影响企业生产经营行为的后果。

一、承担企业社会责任，主动"绿色"作为

绿色发展既是国有企业谋求发展优势的途径，也是必须承担的神圣社会责任。从理论角度来看，国有企业履行绿色发展责任具有明显的社会引领作用，理应争当绿色生产经营的排头兵，积极助力我国经济绿色转型升级驶入发展快车道。但是，国有企业虽已在促进经济社会绿色转型方面彰显出"国企担当"，但其绿色化道路并非一帆风顺。目前，我国现有国有企业发展绿色经济仍受多方面因素制约，面临诸多困难与障碍。国有企业要从传统的发展模式向高质量发展转变，转变发展思维、理念、方法，实现量和质的跨越式发展，最终达到企业经济利润目标和社会利益目标的和谐，这也是企业之树长青、经济绿色健康发展、社会文明进步的必经之路。

（一）政府要建立完善政策引导机制，健全国有企业履行生态责任的外部约束力

在市场经济条件下，政府作为宏观调控者、市场监督者、公共服务和社会管理的提供者，应当切实维护公平竞争的市场秩序，为国有企业的绿色发展和社会责任的构建创造良好的制度保障和外部环境。过去我国国有企业社会责任实施滞后的重要原因之一在于有些国有企业缺乏正确的政绩观，片面追求企业财务指标，而忽略了经济与社会协调发展、人与自然和谐发展等科学发展关系，痴迷"资本万能论""规模决定论""利润为王"等，将追求业绩效益置于维护绿色可持续发展之上，也导致了粗放式的发展模式。政府应当通过不断加大宣传培训力度，树立正确的舆论引导，努力形成人人关注生态环保事业，人人参与生态环保事业的良好局面，通过整个社会生态意识的觉醒带动社会民众、政府职能部门及国有资本、国有企业的经营管理者树立生态意识，培养生态素养，探究生态文明建设的实现机制和路径的良好社会舆论氛围。政府要加强对企业社会责任国际标准的科学引领。引导企业社会责任指标体系建设，层层落实以增强企业社会责任管理的可实施性，推动企业诚信建设和企业绿色文化建设，促进国有企业加强自身信用管理。

（二）不断加大国际合作，探索建立适合我国国有企业实际的绿色管理体系

鼓励国有企业积极扩大对外开放，加强与国际标准化组织等国际组织的沟通联系，借鉴国外 ISO14000 环境管理体系的成功经验，探索适合我国国情的绿色管理指标和质量体系，为国有企业的发展创造良好的国际环境和平等的竞争机会。依法妥善处理好跨国公司利用企业社会责任标准的贸易保护主义和垄断行为，维护我国国有企业的利益，通过量化、系统的研究解决供应链下的社会责任问题，为中外企业提供客观公正的评级服务、业绩指标。在这一过程中既要积极作为，鼓励国有企业主动对接国际环境质量标准，主动进行绿色管理创新，又不能"简单化""一刀切"，硬性要求国有企业都参与国际认证，我们应当充分利用 WTO 规则维护自身在国际贸易中有利的谈判地位。鼓励国有企业自觉定期公布国家对抽检企业的评估结果。国内相关部门要积极开展国有企业社会责任管理体系认证工作。这将有利于企业提高对社会责任的认识和领悟，增强适应国家标准的能力，也为我国政府参与企业社会责任国际标准的制定、修改工作积累经验。

（三）鼓励国有企业积极探索绿色发展蓝海，寻求持久的获利性成长

从某种意义上来说，国有企业凭借着其自身占有的大量资源优势，即使不积极开展创新也能获得一定的保留利润，因此，很多国有企业存在创新动力不足，创新能力缺失等问题。但是国有大型企业关乎国民经济命脉，如果不提高自主创新能力，寻求新契机，在国际化大背景下必将遭受国外企业的排挤，产生具有重要影响的经营风险和产业风险。国有企业应当追求品质化成长，以技术创新为驱动力向产业链上游迈进，从价格红海向价值蓝海升级，借助内生性增长抢占未来竞争的制高点。这不仅有利于企业的长期发展和竞争，也是履行社会责任的需要，在回报股东和利益相关者的同时，提高整个行业的发展水平。鼓励国有企业积极摆脱以价格战竞争为基础的红海战略，建立以开辟新市场新竞争力的蓝海战略，企业要善于捕捉客户的潜在需要和潜在客户需求，通过客户强烈的关注来整合业务项目，从品牌价值、客

户链、互补性产品或服务客户的功能性和情感诉求下挖掘蓝海；同时还要从商业创意中获利，只有将杰出的效用、战略定价和目标成本三者结合才能实现价值创新。

（四）要强化外部社会力量的激励和约束，塑造经济绿色发展的社会责任观

充分鼓励外部驱动力——行业和企业组织、工会组织、消费者协会组织、媒体等社会力量强化对国有企业履行社会责任的监督，以舆论倒逼或引导国有企业参与到社会责任建设当中，提高社会责任的整体实施效果。近年来，各种环境保护类社会公益组织快速兴起，这类组织大多有相关专业的技术人员，具有强烈的生态环境保护理念和意识，它们通过对各类环保行为的宣传引导，有助于带动相关群众、企业等投入环保行动，参加环保活动，培育环保理念。同时，通过对各类生态环境破坏现象的监督，其至通过公益诉讼等方式维护公众环保权益，并通过网络等新媒体进行揭露和传播，形成一定的震慑作用。当前，在发挥外部社会力量监督作用的同时，也要为各类环保友好行为提供相应的激励，包括对各类企业和企业家的环保行为、绿色创新等进行广泛宣传，授予社会责任企业家、绿色企业、环保型企业等荣誉称号，为其主体提供社会荣誉，提高企业的美誉度等，进而引导包括国有企业在内的各类企业以及公民和社会组织投身经济绿色转型过程中，并推动经济绿色发展进程。

二、建立完善经济绿色发展测评体系

经济绿色发展是一个系统工程，涉及方方面面，需要政府、企业、民众、社会组织等各方共同努力，同时，经济绿色发展也是一个渐进的过程，正如系统性环境损害不是一天造成的一样，环境治理、绿色发展也不可能在较短的时间内依靠"冲锋"的方式来实现。国有企业作为一种市场经济组织，作为一支党和政府掌握的重要力量，在贯彻落实习近平总书记提出的"绿水青山就是金山银山"理念的要求下，既面临积极绿色转型的动力，也面临

制约绿色转型的现实因素，国有企业对经济绿色发展的引领作用也会因产业、市场、区域、技术等因素的影响而出现不同。因此，要全面了解国有企业对经济绿色发展的促进引领作用，需要我们建立完善经济绿色发展的测评体系。

国有企业推动经济绿色发展离不开客观公正的测评体系，有效的测评体系能够控制和监管国有企业对促进经济绿色发展发挥的作用。关于绿色发展，国内外不少学者做了大量的研究，但专门针对国有企业绿色测评体系的研究并不多。国有企业作为中国经济的重要支柱，无疑应成为绿色经济测评体系的核心主体之一，因此，基于国有企业特点的绿色经济测评体系，不仅能对今后国有企业推动经济绿色发展作用的发挥提供测评依据，也能为其他企业促进经济绿色发展作用的测评起到一定的借鉴作用。目前在绿色发展的整体测度方面，我国形成了以中国科学院发布的资源环境综合绩效指数（REPI）、北京师范大学等发布的中国绿色发展指数、北京工商大学发布的绿色经济指数、北京林业大学发布的绿色生态文明指数等为代表的绿色发展综合指数的研究。虽然国内绿色发展相关测评研究较多，但多数研究仅把国有企业履行生态责任看作一种外生变量，缺乏内在微观视角的分析，迫切需要对国有企业进行绿色决策和绿色管理的程度进行评估。因此，需要构建基于国有企业的经济绿色化程度的评价体系。

构建经济绿色发展的测评体系，需要建立在科学性、严谨性、数据可得性、精准性等要求的基础上，探索不同性质企业在推动经济绿色发展方面的差异，推动形成科学准确全面反映经济发展绿色化程度的指标体系。当然从实践来看，由于经济绿色发展的内涵不断演进，制度不断完善，绿色发展指标体系的研究也不断深入，但从国有企业这一主体来看，仍然存在着个体决策如何外推形成集体理性决策的问题，如何反映相互冲突或矛盾的不同主体绿色发展指标的权衡问题，如何赋予不同绿色发展指标权重，使得测评结果更具有说服力和现实意义，这些问题都需要不断研究尽快取得成果。另外，还要积极顺应绿色发展需要，推动第三方独立客观开展绿色治理评价，充分发挥专业机构在绿色治理中的监督、评价、协调、教育、培训及引导等作用。

三、以制度创新引领企业绿色转型

推动经济绿色发展，无论是减少污染物的排放，使经济增长与污染物排放脱钩，还是实现通过生态资源价值的市场化，使生态资源成为可持续的生产力，本质上都是资源配置方式和配置效率的结果。在推动经济绿色发展的初始阶段，打赢污染防治攻坚战，可能需要较多地采用行政、法律等强制性手段，但根本出路还在于形成市场规律作用下的经济绿色发展长效机制。党的十八届三中全会提出，让市场在资源配置中起决定性作用，更好发挥政府作用。这意味政府的环境规制需要更多地采用基于市场规律基础上的环境经济政策手段，而减少行政性强制命令的控制性管制。现代经济学也表明，经济绩效取决于人们之间的互动与合作，各种环境问题不断出现的原因就在于人们生产生活过程中的外部性、私人成本的社会化、自然资源资产产权主体虚化等因素，因此，作为对要素提供激励和规范要素主体行为边界的制度，特别是经济制度理应成为提高经济绩效的主要手段。

（一）确立绿色治理意识，倡导绿色治理实践

党的十八大以来，习近平总书记提出了"绿水青山就是金山银山"的重要理念，为实践中把自然资源环境和生态作为资本来管理运营，在社会宣传树立自然资本、生态资本理念奠定了基础。今后我们需要深入挖掘习近平生态文明思想的深刻内涵，大力宣传自然资源资产的价值，积极宣传国有资本和国有企业的生态责任，深入研究国有资本在生态文明建设中的作用机制以及发展路径，挖掘国有资本的生态价值。要坚持多种宣传途径方式，把国有资本的生态责任和生态价值纳入学校课程大纲，特别是经济类、管理类高等学校的课程教学。要针对国有资本规模大但国有企业数量相对较少的现实，针对国有企业领导人和国有资本监管机构举办国有企业、国有资本的生态价值与生态路径的相关研讨和培训，加强国有资本生态理念的树立。要坚持报

纸、电视、广播等传统媒体与微博、微信、QQ群、网络论坛、短视频等现代新兴媒体的结合，大力宣传国有资本的生态价值和生态责任，在社会上形成社会民众普遍关心、关注和监督国有资本履行生态责任的社会舆论氛围。国有企业经营行为要实现绿色合规，相应建立绿色治理架构，培育绿色文化，并在考核与监督、信息披露、风险控制等方面践行绿色治理理念。

（二）提升绿色治理制度供给，尽快出台《国有企业绿色治理准则》

制度是影响人们行为的规则，法律法规作为最严格的制度供给，具有最大的制度刚性。结合当前绿色治理起步阶段的特征，在全球首份《绿色治理准则》的基础上，加快推出适合我国现阶段绿色治理国情的《国有企业绿色治理准则》，完善国有企业绿色治理制度体系。推动经济绿色发展，培育绿色企业，必须不断完善环境保护的法律法规，用法治的力量对环境损害的行为进行有效的制止和惩罚，对环境友好的行为进行最强有力的支持和保护。出台环境保护和促进经济绿色发展的法律法规，要综合考虑环境保护与治理的现实需要和经济转型发展的客观规律，努力提高法律法规的针对性、实效性。在积极完善自然资源资产产权制度改革的基础上，通过财政补贴、税收优惠、信贷支持、融资便利、技术奖补、人才奖补等方式，探索优质生产要素向环境保护和绿色经济领域聚集的路径，积极探索和完善排污权交易、碳交易、环境责任保险、政府绿色采购、生态补偿、环境资源竞价、碳汇、合同能源管理、绿色贸易等多种环境经济政策，形成限制资源浪费、环境污染、生态破坏的负外部性行为，激励和引导各市场主体在趋利动机下的绿色正外部性行为，努力增强绿色生产方式、生活方式的比较优势，推动实现市场趋利与环境友好行为的激励兼容。引导民众开展绿色生活方式，鼓励节约、杜绝浪费，倡导绿色出行，减少能源消耗等。要完善绿色信息披露制度。在绿色治理框架下，统筹披露治理、社会和环境信息。上市公司应定期清晰、准确、充分披露其决策和活动对社会和环境的影响，并采取必要的防范措施。

(三) 建立国有企业绿色治理成本的分担机制

绿色治理具有很强的正外部性,一个企业的绿色转型探索,如果成功了则会实现绿色发展技术和效果的外溢,使整个社会出现福利改善,但绿色转型面临很多的不确定性,虽然国有企业有其制度优势,但国有企业首先是企业,必须遵循企业生存发展的规律,不能用行政手段侵占企业内部决策,不能忽视国有企业资源禀赋和成本负担盲目地要求国有企业承担生态责任,这不仅不会促进国有企业的绿色发展,还可能制约企业的发展,使企业面临经营困境,甚至破产倒闭。因此,需要建立绿色发展成本的分担机制,根据企业承担生态环境责任的大小以及企业实际运营情况,对生态环境保护与经济绿色发展的事项给予支持。要积极鼓励政府践行绿色采购,政府采购中要规定环保绿色产品的最低限度。从公平和效率的视角来看,绿色治理成本不应由企业单一来承担,还需政府和社会进行多方统筹,为通过市场化手段助推经济绿色转型提供内在动力。要鼓励绿色消费,支持国有企业为资源节约型环境友好型产品和服务确定既高于传统产品和服务又能够实现市场出清的定价机制,使国有企业绿色转型的成本负担有恰当的途径进行转换,努力实现国有企业绿色转型由制度规制驱动为主向经济激励驱动为主转变、由重视污染末端治理向全程绿化转变、从被动治理防控向主动投资转变,真正构建起国有企业促进经济绿色发展的长效机制。

第二节 优化国有经济产业布局

世界经济是在分工不断深化的基础上发展起来的,这也导致出现了不同的产业和行业,形成了不同的产业类型和行业特征。在生态文明建设过程中,不同的行业对资源环境和生态的影响是不同的,有的产业对资源环境生态影响很大,而有些产业对资源环境生态的影响则很少,有的行业发展会对资源环境生态具有改善和修复的功能,而有的行业发展则会对资源环境生态带来损害。因此，需要积极推动国有企业产业结构调整。

从理性角度出发，国有企业应充分履行环境社会责任，树立绿色发展理念与意识，其生产经营活动须基于充分考量自身行为产生的外部环境效应后合理开展，若现有的产业结构无法满足发展的需要，应尽快进行产业转型升级。产业结构转型升级包含技术升级、市场升级、管理升级等多个途径。要想实现产业结构的转型升级，必须依赖于政府行政法规的指导以及资金、政策支持。绿色发展将成为新常态下经济发展的新动能，产业结构的转型升级又是推动经济绿色发展的重要推手。

一、产业结构转型要以绿色发展为导向

调整产业结构的重点是调整行业结构和能源结构，培育壮大节能环保产业、清洁生产产业、清洁能源产业，实现生产系统和生活系统循环连接。推进我国产业转型升级，提升我国产业的全球竞争力，就必须坚持绿色发展的目标导向，更加自觉地推动绿色发展、低碳发展、循环发展，构建科技含量高、资源消耗低、环境污染少的绿色产业结构和绿色生产方式，形成经济社会发展新的增长点。要看到，产业转型升级就是为产业加"竞争力"，为生态环境减"破坏力"，要以问题为导向、以效率为中心，加快产业从低附加值转向高附加值，从粗放转向集约，促进我国产业基础高级化和产业链现代化，不断增强产业的综合实力和国际竞争力。

二、产业结构转型要以绿色发展为路径

当今的中国，社会主要矛盾已经由过去人民群众日益增长的物质文化需要同落后的社会生产力之间的矛盾，转变为人民群众美好生活的需要同发展的不平衡不充分之间的矛盾。因此，人们不仅对物质文化生活提出了更高的要求，而且对包括优美环境在内的各种高质量发展的需要也日益强烈。人们对于良好生态产品的需求越来越迫切，必须不断提升生态环境质量，增强人民群众的获得感、幸福感、安全感。要推动形成绿色发展方式和生活方式，

就要坚持把生态优先、绿色发展的要求落实到产业升级之中，走绿色发展新路。在模式和路径上，要坚持绿色循环低碳发展方向，通过优化产业结构，走科技先导型、资源节约型、生态保护型的发展之路，实现由经济发展与环境保护"两难"向两者协调发展的"双赢"转变，做到经济建设与生态建设同步推进。具体而言，要持之以恒地推进供给侧结构性改革，坚持淘汰落后产能、化解过剩产能，最大限度地减少资源浪费；要坚持打好污染防治攻坚战，推进产业绿色升级改造，降低能耗物耗，减少污染物排放；推动能源产业清洁化转型，加快发展生态利用型、循环高效型、低碳清洁型和环境治理型等产业，走具有鲜明特色的现代绿色产业发展之路。

三、产业结构转型要以绿色发展为抓手

以生态促发展，推动产业绿色化和绿色产业化是产业转型升级的必由之路。要把绿色发展作为产业转型升级的主要抓手，聚焦新一轮科技革命和产业变革方向，推动互联网、大数据、人工智能与产业转型升级相结合，突破一批工业绿色转型关键核心技术，促进传统产业智能化、清洁化改造。要实施创新驱动发展战略，推动先进制造业和现代服务业深度融合，适应5G、人工智能、智能网联汽车、数字经济、在线医疗、远程教育等产业发展需求，加快推动新型基础设施建设，支撑产业网络化、数字化、智能化转型升级，培育壮大新产业、新业态、新模式等发展新动能。此外，还要正确处理拉动消费与保护生态环境之间的关系，加快推动发展以商贸业、文化产业、旅游业、健康服务业、法律服务业、体育产业、养老服务业等为主要内容的生活性服务业，为人民提供绿色化程度更高的服务产品，通过促进绿色消费，提升产业绿色化水平。

四、产业结构转型升级应加强生态工业园区建设，促进循环低碳绿色发展

企业间共生形成的生态工业园区是循环经济的实现形式之一。生态工业

园区是依据工业生态学原理设计建立的一种新型工业组织形态，它要求把不同的企业连接起来共享资源和互换副产品，使得一家工厂的废水、废气、废热等废弃物成为另一家工厂的原料和能源，以实现减少对原生资源的需求和减少废弃物的排放量。国有企业应积极融入这样的工业生态链之中，通过相互利用废弃物作为自己的原材料，使废弃物得到充分利用，既节约了资源，又能把污染物消除在工艺过程之中，不但有效地治理了工业污染，降低了末端治理费用，而且提高了经济效益。

第三节　加大国有企业绿色技术研发

推进生态文明建设，提高资源能源的利用效率，降低污染排放，加强污染治理，完善生态修复，都需要建立在技术进步的基础之上。生态文明建设是一个系统工程，因此，推进生态文明建设相关的技术进步和创新涉及许多方面和内容，在学术界经常用"绿色技术"这个概念来概括。绿色技术一般是指"有利于改善环境质量的环境可靠性技术"[1]。绿色技术创新是指"经过研究开发或技术组合，到获得实际应用并产生经济社会效益的商业化全过程活动"[2]。在推进绿色技术研发和创新过程中，因为绿色技术不只是指代一种具体的技术，而且是一个技术整体和系统，它包括的内容广泛，技术研发需要大量的投资，回收周期长、研发失败率高，成功概率低，即使研发成功实现市场化的概率就更低，而且考虑到绿色技术的外溢效应等因素，仅仅依靠私人企业、私人资本的投入是不够的，还需要发挥国有企业、国有资本的作用，特别是在我国，国有企业、国有资本是技术创新的重要主体和中坚力量。而通过国有资金来支持绿色技术研发和绿色产业发展也是世界上的普遍

---

[1] 陈艳春等：《中国绿色技术的创新绩效与扩散动力》，《北京理工大学学报（社科版）》2014年第4期。
[2] 陈艳春等：《中国绿色技术的创新绩效与扩散动力》，《北京理工大学学报（社科版）》2014年第4期。

做法，如韩国政府出资 6.2 亿韩元作为政府贷款或担保资金来促进绿色技术研发和绿色产业发展[①]。当前，我国推进国有企业绿色技术研发和科技创新，需要不断破解制约科技创新的体制机制，探索适合我国特点的国有企业绿色技术创新体制。

一、要在国有企业设立相应的绿色技术研发中心，发挥国有企业的资金、人才、技术优势，重点围绕绿色产业技术进行研发创新

国有企业应以发展高新技术为基础，开发和建立包括环境工程技术、废物资源化技术、清洁生产技术等在内的"绿色技术"体系。甄选一批重大自主创新项目进行重点试点攻关。遴选出一批战略性新兴产业领域的重点示范应用项目和重大科技成果产业化工程，并选择国有大中型企业落户实施，以"一企一策"的方式重点支持，指导企业整合多方资源，配套各项措施，将各项优惠政策快速嵌入企业自主创新工作的关键节点。

二、要发挥公益性国有资本在资助、购买绿色技术服务方面的优势，用少量的国有资本撬动更多的社会资本来共同支持绿色技术创新和研发

实施企业自主创新"一把手"工程。主要负责人亲自抓，分管负责人具体抓，形成领导班子齐抓共管的格局。加大政府财政对基础研究的投入，推进重大科技基础设施建设和开放共享。加大财政资金对企业自主创新的引导和支持，从财税政策、政府采购政策、金融政策等方面，给予创新国有企业一些优惠政策，引导企业加大研发投入。设立各类激励企业自主创新的专项基金，为企业自主创新科研经费提供资金渠道。支持国有企业依托自身科技研发资源，自办技术研发中心、工程中心等研发机构。

---

① 权赫世：《政府应分担绿色技术研发风险》，2010 年 10 月 16 日，见 http://finance.sina.com.cn/hy/20101016/10148790267.shtml。

三、加强与高等院校、科研院所等科研协作

盘活高等院校、科研院所等研究机构的国有资本和国有资产，通过设立专项研究项目、划拨专项研究经费，针对制约生态建设的重点技术进行科技攻关，发挥大城市高等院校和科研院所聚集、高端人才集中、科研实力雄厚的优势，实现联合技术创新和攻关。探索多元化的分配机制，推进技术要素按贡献参与分配的制度建设，留住和吸引创新型人才，推动企业自主创新工作开展，完善国有企业的创新人才发展政策体系，提供国有企业自主创新的智力支撑。加快建立健全人才引进、培养、任用和评价制度。推进科研成果处置权和收益权改革试点工作。

四、深化科研体制改革，对于国有企业的绿色技术研发投入应视同利润考核，对研发投入费用税前加计扣除

对于科研人员探索采取分红激励、绩效奖励、增值权奖励或技术入股等方式，建立科学有效的激励机制。明确研发投入占年度销售收入的比例，确定企业重大创新项目和创新产品，在企业内部建立和完善自主创新的考核体系。推进创新成果和知识产权的转化和应用，完善和提升企业知识产权管理体系，保护自主创新成果。要继续完善国有企业自主创新考核体系，推进职业经理人制度建设，明确国有企业自主创新的职责，强化对国有企业自主创新能力和成效的考评。

五、发挥国有企业优势，加大技术交流与引进

利用国有企业和国有资本的平台优势、产业优势和资金优势，加大绿色技术的吸收引进，针对我国的产业特点、资源禀赋、生态环境状况，实现关键技术的引进吸收和再创新，并加速技术的宣传推广，以推进生态文明建设和绿色发展水平。重点引进一批从事国际前沿科学技术研究、带动新兴学科发展的杰出科学家和研究团队，培育一批基础研究、前沿技术和新兴产业领

域等方面的后备人才。

六、完善知识产权保护、转让和交易的政策体系

通过完善知识产权制度，强化知识产权保护，加大对侵权的制裁力度，支持自主技术标准的形成，保护产权所有人的权益，进一步促进知识产权的合法公平竞争。鼓励国有企业采取知识产权转让、许可、质押等方式，实现知识产权的市场价值。推进知识产权信息公共服务平台的构建，建设高质量的专利、商标、版权等知识产权信息库，促进知识产权系统集成、资源整合和信息共享。推进金融机构开展符合绿色科技企业特点的制度创新、产品创新、服务创新，引导和鼓励金融机构开展支持绿色企业自主创新的金融服务试点。完善绿色企业与银行信贷、科技保险和资本市场之间的市场联动机制。

第四节 深化国有资产监管体制改革

在人类发展中，人与自然的关系始终是一个基本关系，但其本质是一种资源配置方式和配置效率的结果，归根到底在于经济能否实现绿色发展。要发挥国有企业在经济绿色发展中的积极作用，使国有企业成为推动我国培育绿色生产力、绿色竞争力的重要力量，必须从国有资产管理体制入手深化改革，完善体制，使绿色责任纳入国有企业的目标函授，形成科学兼容的激励机制。

一、实现分类化管理，明晰国有企业目标函数

伴随社会生产力与生产效率的飞速提升，由于传统的自然开发与利用方式导致资源的粗放式利用，使资源面临枯竭、环境面临污染、生态面临破坏，由此造成社会经济与绿色可持续发展的矛盾凸显。同时，环境资源作为典型的公共产品，其自身属性决定了市场失灵的结果，很难依靠趋利的个体

理性来实现集体的理性，来自觉地转向绿色发展方式，因此需要进行环境规制。从我国国有企业来看，由于国有企业产业分布广、企业差异大，不同行业领域的国有企业对生态环境的影响差异也很大，有些国有企业主要产业分布于资源和环境领域，如采矿、钢铁、节能环保等产业领域，也有些国有企业主要产业分布于较少依赖资源和生态环境影响较弱的产业领域，如文化类、金融类国有企业，因此不同类型的国有企业绿色转型的动力、途径有很大差异。另外，从不同市场结构来看，有些国有企业处于竞争性领域，有的国有企业处于垄断性领域，即使处于垄断性领域的国有企业也存在自然垄断和行政垄断等差异，因此，要提高国有企业绿色转型的动力，拓展绿色转型的途径，需要实行分类化管理，根据国有企业所处的行业、市场、环境影响、经济影响等因素作出综合研判。

根据国有资本的战略定位和发展目标，结合不同国有企业在经济社会发展中的作用、现状和发展需要，在2015年印发的《中共中央国务院关于深化国有企业改革的指导意见》中，将国有企业分为商业类和公益类两大类。商业类国有企业根据主业性质的不同又分为两类：一类是主业处于充分竞争行业和领域的商业类国有企业，这类国有企业重在关注经营业绩指标、国有资产保值增值和市场竞争能力；另一类是主业处于关系国家安全、国民经济命脉的重要行业和关键领域、主要承担重大专项任务的商业类国有企业，这类国有企业要保持国有资本控股地位，支持非国有资本参股。公益类国有企业以保障民生、服务社会、提供公共产品和服务为主要目标，这类国有企业可以采取国有独资形式，也鼓励非国有企业参与经营。

经济绿色转型是各类经济主体均积极履行生态责任，推进绿色管理，构建绿色企业，各种经济产业都努力减少资源环境生态影响的过程，也是产业生态化的过程，而不仅仅是少数几种产业业态的事情。从目前政策供给来看，我国已经形成了国有企业、民营企业、外资企业等各种不同性质企业并存的格局。作为我国推进现代化、保障人民利益的重要力量的国有企业，无论产业布局、企业类型、规模大小等都应该积极融入绿色发展的大潮中。但考虑到行业差异等因素,还需要细化国有企业的分类管理。

(一)对于竞争类国有企业要构建基于全行业的绿色发展的环境规制制度

竞争性国有企业,如普通制造业、服务业等领域国有企业,面临激烈的市场竞争,国有企业难以通过影响产品或原材料的价格来影响企业利润,又面临严格的绩效考核,因此,不应该为竞争类国有企业制定专门的绿色发展的指标考核,否则可能会在短期加大竞争类国有企业的财务危机和考核压力,从而扭曲企业正常的决策。当然,对于竞争类国有企业可以多采取激励性的政策,实现增量效益的增量激励,使虽然身处竞争性领域的国有企业,在条件具备、市场允许的条件下仍然能够激发主动绿色转型的动力。

(二)对于功能类国有企业应强化突出行业特点的环境规制和企业贡献

按照我国对于国有企业的分类,商业二类主要是指主业处于关系国家安全、国民经济命脉的重要行业和关键领域,主要承担重要战略及功能类任务的商业类国有企业,这类国有企业多属于垄断性国有企业,如石油、电信、铁路、国防、军工等领域的国有企业。由于垄断性国有企业存在着垄断势力,在市场经营决策过程中,可以通过发挥垄断市场势力而对上游企业或下游企业以及同产业的其他类型企业形成一定的话语权和影响力,而且这类国有企业的财务指标考核因为很难具体厘清是企业决策的贡献还是垄断市场的贡献,因此,这类国有企业具备承担较多绿色转型责任的空间,而且这类国有企业率先绿色转型,能够发挥很好的技术溢出和示范引领作用,也会使企业提高品牌价值,从而增强企业的竞争能力,是一种多赢的结果。

(三)对于公益类国有企业,要分类明确环境责任

由于公益类国有企业市场类型多样,可以划分为较少依赖财政的国有企业、很大程度依赖财政的国有企业和完全依赖财政的国有企业三类。较少依赖财政的国有企业主要是指输气网络、电厂建设、供电网络等领域的国有企业。很大程度依赖财政的国有企业主要是指公交、地铁等类国有企业。完全

依赖财政的国有企业主要是指环卫行业、居民健身、城市照明等类国有企业。对于公益类国有企业，特别是其中很少依赖财政的国有企业，因为能够主要依靠市场来生存但又具有垄断性，所以可以参考功能类国有企业的做法，制定符合行业或企业特点的绿色环境标准和环境制度。对于很大程度依赖财政和完全依赖财政的国有企业，一般都是地方的完全垄断企业，这类企业多属于服务类企业，该类企业应在生态文明理念和绿色发展理念宣传教育、管理模式创新等方面提出具体的要求，以体现国有企业的生态责任和促进经济绿色发展的作用。

对国有企业开展分类管理的目的是针对不同行业和领域的国有企业，制定出不同的环境规制政策，进而使生态环境保护纳入企业的目标函数，使企业的财务目标和绿色发展目标实现激励相容。因为从经济学角度来看，作为市场中的"理性人""经济人"，企业的一切行为均为利益驱动。国有企业的经济行为选择与所受精神、物质激励或约束紧密相关，只有根据不同企业的类型和特点，制定出有针对性的政策，才能使绿色环保成为影响企业决策的重要因素，纳入企业决策的目标函数，使国有企业积极履行生态责任，进而为引导经济绿色转型发展提供动力。

二、加快推进国有资本监管体制改革，完善国有企业激励机制

资源匮乏的日本，由曾经的"公害国"成功转变为如今绿色观念深入人心、绿色经济持续发展的低碳社会，可以说对市场主体的激励约束机制日益健全发挥了重要作用。我国要实现经济绿色转型，特别是国有企业要成为引领绿色发展的重要力量，必须构建起企业自觉履行生态责任、积极绿色转型的内在驱动力量，而从国有企业委托代理以及国有企业管理模式的现实，必须完善绿色管理导向的国有资本监管体制，构建起高效完善的激励机制。国有企业的激励包括外部激励和企业内部激励。外部激励主要是构建同类竞争主体，使企业为了实现激励目标而努力形成比竞争主体更有效率的管理绩效。内部激励主要是通过规章制度、薪酬安排、声誉激励、职务晋升等方

式，使企业形成符合激励目标的行为选择。

（一）深化自然资源资产管理体制改革

制约我国经济绿色发展的问题之一是生态资源效率低下，效率低下的根源很大程度上可以归结为自然资源资产产权制度不健全。自然资源资产产权属于国家，但是分散在不同的部门和地区，各个部门和地区存在履行主体责任不足、缺乏统筹协调、履责动力不足等问题，归根到底是自然资源资产管理体制的制约。因此，需要深化自然资源资产管理体制改革，进一步明晰自然资源资产产权。这里需要说明的是，明晰自然资源资产产权绝不等于私有化，而且自然资源资产产权也很难真正私有化，因此，"公有产权私有化"未必就是提高其效率的出路，激发"公有产权"在绿色经济发展中的积极性显得尤为重要。在国有资本监管体制改革过程中，既要引入激励性机制，建立市场化的生态环境公共产权规制，又要打破传统的生态资源运行范式，把使用权和经营权按生态资源公共性、外部性做技术性分离，明确使用权和经营权各自权能。在产权明晰的基础上，在自然资源资产运营管理过程中，要按照市场规则、生态效益规则等原则，既要发挥国有企业的积极性，也要引入民营企业、外资企业等非国有企业参与自然资源资产产权的经营和竞争，形成多元化、市场化的生态资源经营制度和生态产权混合型管理模式，实现我国生态环境的有效保护，促进绿色经济的发展。

（二）深化国有资本投资体制改革。

生态文明建设离不开投资，无论是污染防治、生态恢复、环境治理，还是产业培育、技术研发、企业转型，都需要不断加大投资力度和调整投资方向。正如生态文明贵阳国际论坛2014年年会强调的"资金供给也是世界可持续发展的核心挑战，也是生态文明转型的核心挑战"[①]，国有资本作为全体国民的共同财产，作为由政府代表人民行使出资人职能并由具体的国有资本监管和运营主体行使经营管理权的资本形态，其投资的方向、投资的力

---

① 靳斯慰、汪建华：《绿色投资推动绿色转型》，《金融时报》2014年7月12日。

度、投资的重点等都受到社会的普遍关注，并会对经济社会发展产生重要的影响。建设生态文明，推进生态山东建设，也需要深化国有资本投资体制改革。一是要树立绿色投资的理念，在确立投资项目时要深入分析投资对资源环境的可能影响，坚持把"资源节约、环境友好"作为投资的重要理念，加大对环境改善和生态修复的投资，减少那些导致环境污染、生态破坏的投资项目。二是加大国有资本投资的环境影响评价、实际环境效果、决策过程等信息的公开透明力度，变内部人决策为"内部人决策＋社会监督"的投资决策模式，减少国有资本投资管理机构与环境影响利益相关者的"合谋"行为，让国有资本投资真正置于阳光之下，置于人民群众的监督之中。三是通过国有资本出资设立专门的环境保护基金，通过奖励、补贴、资助、购买等多种方式运作，利用这部分公益性国有资本撬动社会投资，吸引更多的社会资本投入促进生态文明建设的过程中来，以实现生态文明建设投资的社会化和多元化。四是坚持国有资本投资的分类化管理，经营性国有资本投资以国有资本运营公司决策为主，在坚持利润导向下的基础上发挥社会舆论、环保政策、环保法规等的外在约束功能，引导经营性国有资本加大环境保护力度。公益性国有资本投资以政府决策为主，在坚持社会整体利益最大化的基础上，发挥国有资本在污染治理、生态修复、生态理念培育、生态技术研发资助等方面的积极作用，以更好地履行国有资本促进生态环境保护的政治责任。

（三）拓展国有资本绿色投资形式

党的十八届三中全会中提出要深化国有资本投资体制改革，明确国有资本投资运营的目标和范围，其中包括"保护生态环境、支持科技进步"等关系国家安全、国民经济命脉的重要行业和关键领域，同时提出要积极发展混合所有制经济。国有资本投资体制改革的方向是，大力发展国有资本与其他形态资本交叉持股、相互融合的混合所有制经济，并组建若干国有资本运营公司，创新国有资产监管体制和国有企业管理模式。其中，国有资产运营公司的运作是国有资本投资体制改革的关键一环，新形势下国有资产运营公司需要加强绿色产业布局能力的建设，创新工作思路，结合所在地的绿色产业优势和政府重点扶持的环保对象，多渠道、多途径地加大对相关绿色企业的投入，重点开展基础设施、能源资源、公共服务、战略性新兴产业、金融行业等重要领域的投资，形成以投资业务为主体，核心产业经营、资源持有与经营为两翼的业务生态系统，充分发挥国有资本的资源整合价值优势，进而实现生态圈企业总体价值最大化。在国有资产运营公司的生态系统中，需要探索混合所有制改革，充分发挥绿色经济领域中民营企业和国有企业的各自优势，实现互惠共赢。同时，采取重点扶持政策和超常规发展措施，整合财政专项资金，通过贴息贷款、税收返还、建立产业发展基金等方式扶持优势绿色产业集群中的重点企业，制定绿色产业发展扶持政策，鼓励国有资本控股上市公司的绿色企业集团通过换股并购等形式实现整体上市，对经营状况和资产质量不高的国有资本控股上市公司进行重组，支持有实力的境内外战略投资者参与国有资本控股上市公司的重组。国有资本投资运营公司可以在二级公司优先探索混合所有制改革，结合绿色经济领域民营企业创新性强、效率高、激励机制灵活等优势，能够更好地促进经济绿色发展创新。

（四）构建绿色管理的内部激励机制

激励是引导行为趋目的性的基础。为了推动国有企业绿色转型，需要把绿色发展的相关指标纳入激励制度体系，积极开展国有企业生态考核。要把绿色责任纳入企业的价值和目标体系，积极开展 ESG 投资，把国有企业高管人员的薪金报酬、职务晋升、在职消费、社会声誉等与企业履行生态责任、开展绿色投资、推进绿色管理、加强绿色技术研发、发挥绿色发展示范引领作用等情况相结合，使推进企业绿色转型、在引领经济绿色发展中作出突出贡献的企业高管人员获得较高的薪金报酬，具有更多的职务晋升机会，获得更高水平的在职消费，也要通过评选优秀企业家、绿色发展企业家等荣誉称号提供社会声誉，以实现激励兼容。激励和约束是一个事物的两个方面，在加大正向激励的同时，也要加大约束机制，对于那些造成严重环境事件，履行绿色发展责任不力的国有企业高管人员要进行严厉的问责，通过报酬、职务、声誉等多种方式进行相应的惩罚，使其感受到环境保护和绿色发展责任的刚性，形成对生态环境保护的责任意识。

参考文献

马克思:《资本论》,人民出版社1979年版。

马克思、恩格斯:《共产党宣言》,人民出版社1997年版。

苏蕊芯:《产权因素对企业绿色投资行为的影响效应》,《投资研究》2015年第8期。

苏蕊芯、仲伟周:《企业生态责任:性质本源、目标约束与政策导向》,《生态经济》2015年第6期。

黄速建、余菁:《国有企业的性质、目标与社会责任》,《中国工业经济》2006年第2期。

诸大建:《生态文明与绿色发展》,上海人民出版社2008年版。

北京师范大学科学发展观与经济可持续发展研究基地等:《2012中国绿色发展指数报告:区域比较》,北京师范大学出版社2012年版。

北京师范大学科学发展观与经济可持续发展研究基地等:《2013中国绿色发展指数报告:区域比较》,北京师范大学出版社2013年版。

北京师范大学经济与资源管理研究院等:《2014中国绿色发展指数报告:区域比较》,科学出版社2014年版。

北京师范大学经济与资源管理研究院等:《2015中国绿色发展指数报告:区域比较》,北京师范大学出版社2015年版。

胡子明、李俊莉:《中国绿色发展研究现状及趋势分析》,《经济研究导刊》2020年第8期。

郭砚莉、汤吉军:《经济新常态下国有企业绿色发展研究》,《长白学刊》2017

年第 5 期。

严兵：《日本发展绿色经济经验及其对我国的启示》，《企业经济》2010 年第 6 期。

潮伦：《各国大力发展绿色经济应对经济衰退》，《生态经济》2010 年第 1 期。

李维安、郝臣：《绿色治理：企业社会责任新思路》，《董事会》2017 年第 8 期。

[美] 詹姆斯·布坎南：《财产与自由》，韩旭译，中国社会科学出版社 2002 年版。

[美] 阿奇·B.卡罗尔、安·K.巴克霍尔茨：《企业与社会——伦理与利益相关者》，黄煜平等译，机械工业出版社 2004 年版。

NUEP, "Towards a Green Economy: Pathways to Sustainable Development and Poverty Eradication", New York, 2011.

O'Laughlin, B., "Governing Capital? Corporate Social Responsibility and the Limits of Regulation", *Development and Change*, Vol.39, No.6（2008）, pp.945–957.

Victor, D. G., *Oil and Governance: State-Owned Enterprises and the World Energy Supply*, Cambridge University Press, 2011.

Schwartz, M. and Carroll, A., "Corporate Social Responsibility: A Three-domain Approach", *Business Ethics Quarterly*, Vol.13, No.4（2003）, pp.503–530.

Friedman, M., "The Social Responsibility of Business is to Increase its Profits", *New York Times Magazine*, September 13th, 1970.

陈孜昕：《我国国有企业社会责任在不同时期的变迁研究》，硕士学位论文，复旦大学，2014 年。

王媛：《未竟的公共性：我国国有企业社会责任研究》，硕士学位论文，南京大学，2017 年。

刘清泉：《关于国有企业社会责任履行情况的调查研究》，硕士学位论文，武汉科技大学，2019 年。

李小璐等：《国企环保业务三类模式》，《企业管理》2019 年第 10 期。

郑国恩：《国企绿色经济责任审计评价的 AHP 模型思考与改进》，《西南政法大学学报》2017 年第 1 期。

郑欣:《国企应引领 ESG 领域发展》,《董事会》2020 年第 10 期。

齐绍洲等:《环境权益交易市场能否诱发绿色创新——基于我国上市公司绿色专业数据的证据》,《经济研究》2018 年第 12 期。

李岩:《以绿色消费推动绿色发展》,《光明日报》2018 年 10 月 26 日。

[美] 恩斯特·迈尔:《进化是什么》,田洺译,上海科学技术出版社 2009 年版。

[美] 威廉·H.麦克尼尔等编著:《世界环境史》,王玉山译,中信出版集团 2020 年版。

[美] 詹姆斯·奥唐纳:《自然的理由:生态学马克思主义研究》,唐正东、臧佩洪译,南京大学出版社 2003 年版。

[美] 威廉姆森、温特主编:《企业的性质——起源、演变和发展》,姚海鑫、邢源源译,商务印书馆 2007 年版。

[美] 乔治·施蒂格勒:《产业组织和政府管制》,潘振民译,上海三联出版社、上海人民出版社 1996 年版。

[日] 植草益:《微观规制经济学》,朱绍文等译校,中国发展出版社 1992 年版。

安艳玲:《绿色企业》,中国环境出版社 2015 年版。

张春晓:《生态文明融入中国特色社会主义经济建设研究》,博士学位论文,东北师范大学,2018 年。

中国国际经济交流中心课题组:《中国实施绿色发展的公共政策研究》,中国经济出版社 2013 年版。

阳盼盼:《企业社会责任履行:理论逻辑、实践要义与推进路径》,《财会月刊》2020 年第 22 期。

彭海珍、任荣明:《可持续发展的三重底线》,《企业管理》2003 年第 12 期。

黄朝晖:《品牌的伦理价值演技》,博士学位论文,湖南师范大学,2013 年。

李雪娇、何爱平:《绿色发展的制约因素及其路径拿捏》,《改革》2016 年第 6 期。

陈宗兴主编:《生态文明建设(理论卷)》,学习出版社 2014 年版。

陈宗兴主编:《生态文明建设(实践卷)》,学习出版社 2014 年版。

鞠芳辉、谭福河:《企业的绿色责任与绿色战略——理论、方法与实践》,浙江大学出版社 2008 年版。

陈国铁：《中国企业生态化建设》，福建人民出版社 2013 年版。

李茜：《跨国公司与中国企业的绿色管理》，企业管理出版社 2015 年版。

王传玲、杨建民：《资本逻辑与生态文明》，山东人民出版社 2019 年版。

孟根龙等：《绿色经济导论》，厦门大学出版社 2019 年版。

周鸿：《生态文化与生态文明》，北京出版社 2020 年版。

[美] 热拉尔·罗兰主编：《私有化》，张宏胜等译，中国人民大学出版社 2013 年版。

[美] 斯科拉：《关于私有化的经济学：不一定总能得到你想要的》，李雪松、王磊译，科学出版社 2013 年版。

徐大伟：《企业绿色合作的机制分析与案例研究》，北京大学出版社 2008 年版。

《国企公开课》编辑组：《国企公开课（第二辑）》，人民出版社 2020 年版。

黄速建：《国有企业改革和发展：制度安排与现实选择》，经济管理出版社 2014 年版。

林红主编：《生态文明建设案例教程》，中共中央党校出版社 2013 年版。

[英] Giselle Weybrecht：《绿色企业管理指南》，李雪松译，科学出版社 2014 年版。

屈晓婷：《绿色低碳发展中的企业社会责任》，北京交通大学出版社 2015 年版。

张可云等：《生态文明与区域经济协调发展战略》，北京大学出版社 2014 年版。

吴重言：《绿色创新：我国企业自主环境管理的理论与实践》，世界图书出版广东有限公司 2012 年版。

[美] 赫尔曼·达利、小约翰·柯布：《21 世纪生态经济学》，王俊、韩冬筠译，中央编译出版社 2015 年版。

林毅夫等：《充分信息与国有企业改革》，格致出版社、上海人民出版社 2014 年版。

全国干部培训教材编审指导委员会组织编写：《生态文明建设与可持续发展》，人民出版社、党建读物出版社 2011 年版。

［美］保罗·萨缪尔森、威廉·诺德豪斯：《谈效率、公平与混合经济》，萧琛主译，商务印书馆2011年版。

［美］威廉·鲍莫尔：《企业家精神》，孙智君等译，武汉大学出版社2010年版。

王春益主编：《生态文明与美丽中国梦》，社会科学文献出版社2014年版。

［美］杰弗里·希尔：《生态价值链：在自然与市场中建构》，胡颖廉译，中信出版集团2016年版。

杨瑞龙主编：《社会主义经济理论》（第二版），中国人民大学出版社2008年版。

［英］庞廷：《绿色世界史：环境与伟大文明的衰落》，王毅译，中国政法大学出版社2015年版。

杨莉：《中国特色社会主义生态思想研究》，红旗出版社2016年版。

刘铮等：《生态文明与区域发展》，中国财政经济出版社2010年版。

杨春学等：《增长方式转变的理论基础和国际经验》，社会科学文献出版社2012年版。

［德］恩德勒：《面向行动的经济伦理学》，高国希等译，上海社会科学院出版社2002年版。

金碚等：《中国国有企业发展道路》，经济管理出版社2013年版。

［西］卡里略·赫莫斯拉等：《生态创新：社会可持续发展和企业竞争力提高的双赢》，闻朝君译，上海科学技术出版社2014年版。

严汉平等：《国有经济逻辑边界及战略调整》，中国经济出版社2007年版。

［美］迈尔斯：《最终的安全：政治稳定的环境基础》，王正平、金辉译，上海译文出版社2001年版。

［美］霍肯：《商业生态学：可持续发展的宣言》，夏善晨等译，上海译文出版社2001年版。

［美］康芒纳：《与地球和平共处》，王喜六等译，上海译文出版社2002年版。

［美］休伯：《硬绿：从环境主义者手中拯救环境——保守主义宣言》，戴星翼、徐立青译，上海译文出版社2002年版。

［美］弗伦奇：《消失的边界：全球化时代如何保护对我们的地球》，李丹译，

上海译文出版社 2002 年版。

[美] 梅多斯等：《超越极限：正视全球性崩溃，展望可持续的未来》，赵旭等译，上海译文出版社 2001 年版。

[美] 诺伊迈耶：《强与弱：两种对立的可持续性范式》，王寅通译，上海译文出版社 2002 年版。

[美] 科尔曼：《生态政治：建设一个绿色社会》，梅俊杰译，上海译文出版社 2002 年版。

徐崇温：《全球问题与人类困境》，辽宁人民出版社 1986 年版。

石敏俊等：《中国绿色转型的轨迹》，科学出版社 2015 年版。

[英] 大卫·皮尔斯：《绿色经济的蓝图——绿化世界经济》，初兆丰等译，北京师范大学出版社 1999 年版。

[美] 蕾切尔·卡森：《寂静的春天》，庞洋译，台海出版社 2014 年版。

李惠斌等：《生态文明与马克思主义》，中央编译出版社 2008 年版。

董静怡：《大战略：深化国有企业改革研究》，中国言实出版社 2015 年版。

《绿色未来丛书》编委会编：《绿色经典：改变世界的新思维》，广东世界图书出版公司 2009 年版。

刘诗园、杜江：《地方官员更替、政治关联与企业绿色创新》，《经济经纬》2021 年第 7 期。

徐建中等：《制度压力、高管环保意识与企业绿色创新实践：基于新制度主义理论和高阶理论视角》，《管理评论》2017 年第 9 期。

王晓琪等：《新〈环保法〉与企业绿色创新："倒逼"抑或"挤出"?》，《中国人口·资源与环境》2020 年第 7 期。

许罡：《企业社会责任履行抑制商誉泡沫吗?》，《审计与经济研究》2020 年第 1 期。

[秘鲁] 赫尔南多·德·索托：《资本的秘密》，王晓冬译，江苏人民出版社 2001 年版。

林毅夫：《新结构经济学》，北京大学出版社 2012 年版。

刘春济、朱梦兰：《谁影响了谁：产权性质、企业社会责任溢出与表现》，《经济管理》2018年第12期。

俞跃：《生态文明：以马克思异化劳动理论为视角》，《学术探索》2017年第2期。

［美］弗雷德·马格多夫：《和谐与生态文明：超越资本主义异化的本性》，赵云姣译，常欣欣校，《科学社会主义》2013年第3期。

彭红利：《构建国有企业履行社会责任的长效机制》，《河北经贸大学学报》2015年第1期。

程秀波、张金金：《国有企业社会责任建设的生态伦理学分析》，《河南师范大学学报》2012年第11期。

张春晓：《生态文明融入中国特色社会主义经济建设研究》，博士学位论文，东北师范大学，2018年。

李晓琳：《中国特色国有企业社会责任论》，博士学位论文，吉林大学，2015年。

王艳婷：《基于社会责任的企业品牌价值影响因素及提升路径研究》，博士学位论文，天津财经大学，2013年。

于晓晓：《企业绿色竞争力研究综述》，《现代商业》2021年第20期。

苏媛、李广培：《绿色技术创新能力、产品差异化与企业竞争力》，《中国管理科学》2021年第4期。

徐建中等：《互补性资产视角下绿色创新与企业绩效关系研究——战略柔性和组织冗余的调节作用》，《科技进步与对策》2016年第20期。

石敏俊、徐瑛：《中国经济绿色发展的现状与实现路径》，《环境保护》2018年第10期。

石敏俊：《中国经济绿色发展的理论研究的若干问题》，《环境经济研究》2017年第4期。

管永林等：《中国经济绿色发展综合评价研究》，《生态经济》2020年第12期。

韩晶：《我国经济绿色发展的桎梏与路径》，《中国国情国力》2016年第12期。

程覃思等：《"新时代"国有经济布局优化研究》，《企业经济》2018年第2期。

徐传谌等：《中国国有经济结构性调整研究》，《经济体制改革》2017年第2期。

于洋:《新型国有企业界定、性质及监管目标的理论综述》,《辽宁工业大学学报》2013 年第 2 期。

李云:《国有企业界定的国际比较及启示》,《延安大学学报》1999 年第 1 期。

孙宇:《马克思主义视角下的国企环境责任研究》,《现代国企研究》2020 年第 10 期。

郑国洪:《国有企业绿色经济责任审计评价的 AHP 模型思考与改进》,《西南政法大学学报》2017 年第 2 期。

李维安:《〈绿色治理准则〉及其解说》,《南开管理评论》2017 年第 5 期。

李维安:《中国上市公司绿色治理及其评价研究》,《管理世界》2019 年第 5 期。

李维安、李元帧:《中国公司治理改革迈向新阶段》,《董事会》2020 年第 10 期。

李维安等:《绿色治理:实现人与自然的包容性发展》,《南开管理评论》2017 年第 5 期。

史云贵、刘晓燕:《绿色治理:概念内涵、研究现状与未来展望》,《兰州大学学报》2019 年第 3 期。

覃丽华:《国有资本的资源环境保护作用刍议》,《贵州大学学报》2013 年第 6 期。

胡鞍钢、周绍杰:《绿色发展:功能界定、机制分析与发展战略》,《中国人口资源与环境》2014 年第 1 期。

责任编辑：曹　春

图书在版编目（CIP）数据

我国国有企业促进经济绿色发展机制与路径研究／王金胜　著．—北京：
　人民出版社，2023.10
ISBN 978－7－01－025816－4

Ⅰ.①我…　Ⅱ.①王…　Ⅲ.①国有企业－企业发展－关系－绿色经济－
　经济发展－研究－中国　Ⅳ.① F279.241 ② F124.5

中国国家版本馆 CIP 数据核字（2023）第 135386 号

我国国有企业促进经济绿色发展机制与路径研究
WOGUO GUOYOU QIYE CUJIN JINGJI LÜSE
FAZHAN JIZHI YU LUJING YANJIU

王金胜　著

人民出版社 出版发行
（100706　北京市东城区隆福寺街 99 号）

北京汇林印务有限公司印刷　新华书店经销
2023 年 10 月第 1 版　2023 年 10 月北京第 1 次印刷
开本：710 毫米 × 1000 毫米 1/16　印张：15
字数：222 千字

ISBN 978－7－01－025816－4　定价：78.00 元

邮购地址 100706　北京市东城区隆福寺街 99 号
人民东方图书销售中心　电话（010）65250042　65289539

版权所有·侵权必究
凡购买本社图书，如有印制质量问题，我社负责调换。
服务电话：（010）65250042